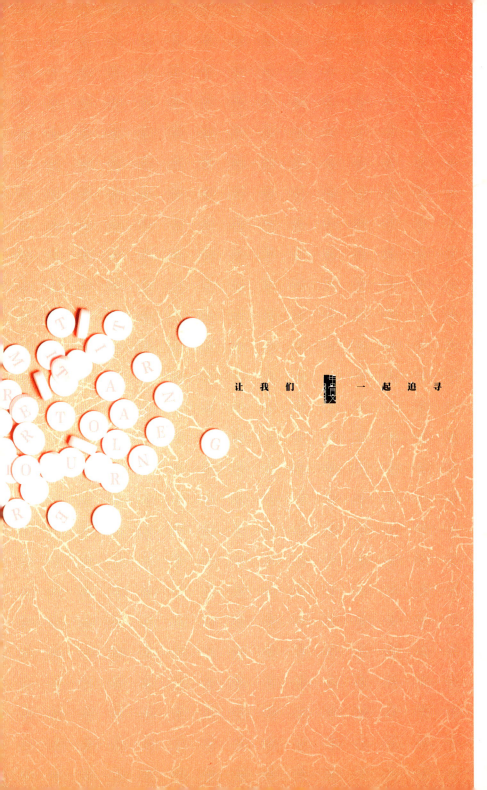

让 我 们 一 起 追 寻

〔德〕诺曼·奥勒 ｜著　　强朝晖 ｜译

纯粹在嗑药史战

DER TOTALE RAUSCH

by Norman Ohler

社会科学文献出版社
SOCIAL SCIENCES ACADEMIC PRESS (CHINA)

中文版序

　　我最初的打算是写一本关于纳粹和毒品的小说。但是，当我开始为写作做调研时，我才发现，史实本身远比虚构更有趣。于是我决定改变计划，写作一本非虚构作品。身为一名小说家，这个决定对我来说，仿佛纵身跃入一池冷水，或只身闯入一片陌生的山林。然而，这一点恰恰是令我着迷之处。如今，得知自己的研究成果能有幸与中国读者见面，我感觉分外高兴。随着我们所处的不同社会制度之间的关系不断拉近，交流的重要性日益凸显，特别是那些容易被忽视的与政治相关的原则性问题，更应当成为各方交流的内容。

　　本书探讨的主题是毒品在某种特定政治体制下所扮演的角色，但其实在世界上的许多地方，我们都可以观察到类似的现象。对所谓"管制药物"的监管是一种有效的权力手段。执政者通过这种方式来调控，哪些用于刺激大脑的药物是合法的，哪些是违法的。这种调控并不是以科学认知为根据，而是出于意识形态的考虑。受美国发动的禁毒战的影响，毒品研究迄今仍然停留于初始阶段。对于那些能够让我们变得更聪明、更敏感的药物，我们无权了解，更无权服用；相反，那些可以把我们变成工作和战斗机器的药物，只要凭处方便可以在药店买到。

　　当然，在德国的例子中最有意思的是，纳粹一直努力在外界面前为自己打造一副清白形象。

墨索里尼对法西斯主义的原始定义是："法西斯主义应该被称为社团主义才更为正确，因为它结合了国家和社团的力量。"在今天人类建立的庞大世界共同体中，我们应当时刻保持警觉，及早发现和遏止一切仿效法西斯主义的苗头。

《亢奋战》讲述的这段历史会让我们发现，中国人自己也曾有过类似的经历：一个政治体制试图通过对某种强效物质的控制，来行使自己的权力，就像英帝国为了满足自身的殖民经济利益，以武力逼迫清朝接受鸦片进口一样。

值得一提的是，我最初接触到这个严肃的题目纯粹是出于偶然。有一天，柏林一位名叫亚历克斯·克莱默（Alex Kraemer）的 DJ 给我讲了这样一段故事：一位古董商发现了一些 20 世纪 30 年代遗留下来的甲基苯丙胺药片，他尝试后发现，这种药具有很强的兴奋作用。

对一个独裁体制而言，既然有这样的药物存在，那么何不在某个需要的时刻利用它，为受其摆布的民众"提神"，以让他们更好地为自己服务呢？

这自然引发了一个疑问——为什么这个问题一直为学界所忽视呢？或许是因为这段历史有价值的地方太多，故而不能将它全部交由历史学家去研究。汉斯·蒙森表示，这种历史"琐事"令他深感震惊。可是，这些真的只是"琐事"吗？对于写作者来说，了解其笔下人物的"前额叶皮质状态"难道不是最要紧的事情吗？

我在写作中感觉最快乐的，并不仅仅是在档案馆度过的五年所得到的种种收获，而是这项工作让在此之前我因整日在柏林泡吧而以为荒废的十年，突然重新找回了意义，因为这段经历同样也是创作体验的一部分。而且正是在那家名为"幻想家俱乐部"(Club der Visionäre)的酒吧里,我遇到了亚历克斯。因此,我由衷地希望,您在阅读这本真正意义上的反法西斯主义作品时获得的乐趣,和写作它带给我的快乐一样多。

诺曼·奥勒

2018 年 9 月 5 日于柏林

一个注定要灭亡的政治体制，必然会本能地做出许多事情，来加速这一灭亡。

——让－保罗·萨特

目　录

产品说明书（代序）

我最早是在科布伦茨发现这条线索的。具体地讲，是在德
国联邦档案馆，一栋1980年代的水泥建筑里。当时，四周一
片静寂。希特勒御医莫雷尔的遗稿摊开在我面前，我被它深深
地吸引，欲罢不能。我一遍又一遍地翻看着莫雷尔的日程本：
一条条神秘的笔记和标注，每一条都指向同一个人——"病
人A"。我举着放大镜，努力辨认着那些模糊潦草的字迹，它
们几乎涂满了每一页纸。有些记录只是几个简单的字母，例如
"Inj. w. i."，或只有一个字母"X"。随着时间的流逝，我眼
前的世界变得豁然明朗：（这些字迹标注的是）注射如常、成
分奇怪的药物，以及不断增大的剂量。

病象

所有与纳粹相关的话题，如今都已成为老生常谈。在这方面，
我们的历史课从不允许有任何遗漏，我们的媒体界也唯恐留下一
处空白。这个话题的每个边边角角，每一条脉络，都经过了千百
遍梳理。德国国防军是自古以来被研究得最透彻的军队。对于当
年的那段历史，我们自恃无所不知。第三帝国就像是一处被封存
的遗迹，每一个想要从中觅得新发现的尝试，都近似于妄想，甚
至显得滑稽可笑。但是，即便如此，我们仍然没有知晓一切。

12   **诊断**

关于第三帝国的毒品问题，公众迄今了解甚少，即使在历史学家中，大多数人也对此所知甚少。尽管一些学术论文和新闻报道对此偶有提及，然而直到今天，人们对这一问题仍然缺乏整体性认识。[1]目前还没有一本内容全面、数据翔实的论著能够阐明，毒品对纳粹政权和二战战场上发生的事件究竟产生了怎样的影响。但是，假若一位研究者不了解毒品在第三帝国扮演的角色，对这一视角下的意识状态没有深入研究，那么从某种意义上讲，他的认识永远是有缺陷的。

人们之所以对毒品——能够改变人类意识的药物——这一德国历史最黑暗章节的影响缺乏认识，其原因与纳粹自身的"禁毒"主张有关。在"反毒品"旗帜下，纳粹建立了对毒品的国家监管机制，并实行全面禁毒政策。毒品因此脱离了学术界（在各大院校，人们迄今仍未对该问题有过深入研究）、经济界、公共意识乃至史学界的视野，而是被简单地归入了以黑色经济、欺诈、犯罪和愚昧无知为特征的不端行为之列。

但是，这一缺憾是可以弥补的。我们不妨尝试依据史料，以工匠般的细致和耐心，厘清其中的结构性关联，努力去探寻历史真相，而不是粗暴地妄下结论（无论对历史的真实性还是残酷性而言，这样做都未免有失公允）。[2]

13   **成分和作用**

本书旨在抛开表象，从内部对那些"热血沸腾"的杀人魔王，以及温顺盲从、努力与劣等种族和其他毒素划清界限的民众加以观察，让视线透过每一根静脉和动脉，深入纳粹的肌体。那里面流淌的绝不是纯粹的雅利安血液，而是化学的德意志之血，并且充满了毒素。因为当意识形态不足以作为支撑时，人们只能不顾禁令，肆无忌惮地使用药物作为辅助，无论是底层还是高层。在这方面，希特勒同样是当之无愧的"元首"。就连军队也把兴奋剂甲基苯丙胺（今天的"冰毒"）当作配给品，大规模发放给士兵，以保证进攻行动的顺利实施。透过这些战争元凶对毒品的态度，我们可以发现一种虚伪的圣洁。揭穿它，能够让我们对这些人所作所为的决定性因素获得新的认识。一张面具将由此被撕下，而这张面具，我们以往甚至都不曾知道它的存在。

风险

阅读时读者很容易遇到一种诱惑，这就是透过毒品的有色眼镜，为这一视角赋予过重的分量，并据此构建一部新的历史神话。因此，我们时刻都要警惕：历史书写从来都不仅仅是一门科学，它同时也是一种虚构。从严格意义上讲，"非虚构作品"是不存在的，因为数据和史料的归纳总是离不开编撰，或至少在诠释模式上，永远都无法摆脱外部文化的影响。时刻让自己意识到历史编纂学也有可能是文学，有助于降低阅读时被错觉蒙蔽的风险。本书所呈现的是一个非常规、扭曲变形的视角，其意是通过变形，使某些局部变得更加清晰可见。德国的历史并不会因此被改写，甚至被重写。只是当人们在未来讲述它时，有些部分或许会变得更具体、更精确。

14

不良反应

药物总会有副作用，但不一定会发生在每个人身上。<u>常见的不良反应</u>：世界观产生动摇，由此使大脑受到刺激，时而伴随恶心或腹痛。这些不适大多表现轻微，并往往会随着阅读逐渐得到缓解。<u>偶发的不良反应</u>：超敏反应。<u>罕见的不良反应</u>：严重和持续性认知障碍。针对性建议是努力把阅读坚持到底，以达到消除恐惧和痉挛治愈的目标。

贮藏方法

请放置于儿童不易接触的地方。保质期视研究水平的发展而定。

第一部分

大众毒品——甲基苯丙胺
（1933～1938 年）

纳粹主义是有毒的，从字面意义上讲也名副其实。它 17
给世界留下了一份贻害至今的化学遗产，一种无法轻易被根
除的毒品。尽管纳粹曾精心为自身打造清白的形象，并通过
声势浩大的宣传和严厉的惩罚措施，推行富有意识形态色彩
的禁毒政策，但实际上，正是在希特勒的统治下，一种具有
强烈兴奋作用并极具成瘾性的邪恶药剂，变成了泛滥一时的
消费品。1930年代时，这种药剂被制成药片，贴上"柏飞丁"
（Pervitin）的商标，以合法形式风靡整个德意志帝国以及后来
的欧洲被占领国，成为广受认可、在每一家药房都可以轻松买
到的"大众毒品"。柏飞丁直到1939年才成为处方药，并于
1941年被纳入《帝国鸦片管理法》（Reichsopiumgesetz）的管
控之下。

这种药品的成分是甲基苯丙胺（Methamphetamin），今天
在世界各地都属于违禁品或严控对象。[3] 但同时，它也是最受
瘾君子青睐的毒品之一，目前全球吸食者人数近1亿，且数
量仍呈上升趋势。这些毒品大多是由化学门外汉在地下实验
室提纯加工，并被媒体称为"冰毒"（Crystal Meth）。吸毒者
通常是采用吸食的方式大剂量摄入。这种结晶状的"恶魔毒
品"有着人们难以想象的普及度，在德国也不例外。在这里，
初次尝试毒品的人数一直在增多。在派对上，在公司、议会 18
和大学那些渴望有卓越表现的人群中，这种危险但具有强烈
刺激作用的兴奋剂都有可能派上用场。它能够消除睡意和饥
饿感，使人产生幻觉，但同时，它也是危害健康、对人体具
有潜在毁灭性作用的毒品（尤其是以目前常见的方法加工合成

的冰毒①），并且很容易上瘾。这种毒品在第三帝国的兴旺史，
多年来一直鲜为人知。

绝命毒师：帝都的毒品作坊

　　这是一次 21 世纪的历史探秘之旅。在一个晴朗的夏日，
我坐上开往东南方向的轻轨列车，驶向柏林郊外，寻访当年的
柏飞丁制造商泰姆勒（Temmler）药厂的遗址。一路上，列车
驶过一座座工厂和一排排如克隆般样式单一的新建住宅楼。我
在阿德勒斯霍夫站（Adlershof）下了车，这里被称为当今
"德国最现代化的科技园区"。我绕过园区，走过一块闲置的
空地和几间破败的厂房，穿过一片遍布碎瓦和锈铁的荒地。

　　泰姆勒药厂是 1933 年搬到这里的。一年后，当滕伯尔霍
夫（Tempelhof）化工厂的犹太股东阿尔伯特·孟德尔（Albert
Mendel）被没收资产后，特奥多尔·泰姆勒（Theodor Temmler）
接手了他留下的股份并开始加速扩张。当时正值德国化工业的
黄金期，至少是在雅利安人掌控整个行业特别是制药业后，更
是呈现出一派繁荣的势头。各家企业都在孜孜不倦地研发新型
药物，以帮助现代人减轻病痛，消除疾患。许多对当今制药业
具有开创性意义的试验和发明，都是在这些试验室里诞生的。

　　如今，位于柏林约翰内斯塔尔（Johannisthal）的泰姆勒制
药厂已是一片废墟。这里没有丝毫能让人联想起它曾经的辉煌
的迹象。当年，每周有数百万粒柏飞丁药片在这里制成。现如

---

　　① 甲基苯丙胺作为一种具有兴奋作用的合成物，其原始成分的毒性并不像
地下加工厂用简陋方法制作的冰毒那样强，因为后者在合成过程中往往
添加了如汽油、蓄电池酸液或防冻液等有毒物质。

今，整个厂区都被废弃，到处一片死寂。我走过破败的停车场，穿过一片荒草丛生的树林，又翻过一道墙头插满碎玻璃片的围墙。在灌木和藤蔓植物的包围中，一栋破旧的木屋映入眼帘。这就是泰姆勒的"炼丹炉"，是其创立的泰姆勒药厂最早起步的地方。旁边，在茂密交错的赤杨树枝杈背后，矗立着一座红砖结构的房子，和木屋一样，也早已废弃。我从一扇破烂的铁框窗户爬了进去。里面是一条长长的、昏暗的走廊，墙壁和天花板上到处结满了蛛网。走廊尽头，一扇门半掩着，门板绿漆斑驳。门背后，阳光透过右侧两扇残破的窗户照射进来。与屋外草木繁盛的景象相反，整个屋子里空荡荡的，只有一个破旧的鸟窝，孤零零地藏在角落里。整个墙壁，从地面一直到有许多圆形通风口的天花板，都贴满了白色瓷砖，部分已经剥落。

　　这里是当年泰姆勒药厂首席药理学家弗里茨·豪席尔德博士（Dr. Fritz Hauschild）的实验室。1937~1941年任职期间，他受命在这里研发一种新型药品，一种具有兴奋作用的"能量剂"。这间实验室就是第三帝国的毒品作坊。当年，化学师们在这里用一堆陶瓷坩埚和一套由导管、玻璃瓶组成的冷凝设备，成功提炼出这种如冰晶般纯净剔透的药剂。我仿佛看到了当年热火朝天的场面：大肚烧瓶里的液体沸腾着，蒸汽顶得盖子噼啪作响，一缕缕橙红色的烟雾透过盖子冒出来，在空气中袅袅上升；乳液在导管中缓缓流动，在过滤器旁边，一只只戴着白手套的手不停地忙碌着，做着各种各样的调试。就这样，甲基苯丙胺问世了。其纯度之高，就连美剧《绝命毒师》（Breaking Bad）中的虚构人物——毒师沃尔特·怀特（Walter White）在其事业的巅峰期也不曾达到。这部高人气的经典美剧，

22

位于柏林－约翰内斯塔尔的泰姆勒药厂的过去……

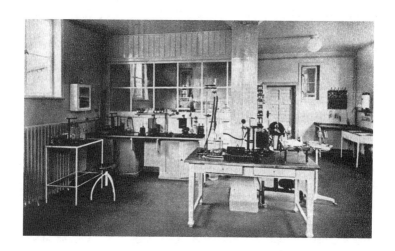

……与今天

把"冰毒"变成了当今整个时代的象征。

"Breaking Bad"这句美国俚语的原意是"误入歧途"，用它来形容 1933 ~ 1945 年的那些年头，倒也恰如其分。

19 世纪的前奏曲：原始毒品

自愿的依赖是最美好的状态。

——歌德

要了解毒品对纳粹德国发生的各种事件的历史性意义，我们必须将目光投向过去。正如经济发展离不开技术的进步一样，现代社会的发展历史与兴奋剂的诞生和传播同样密不可分。故事的开始是这样的：1805 年，歌德在古典主义时期的魏玛写下了名著《浮士德》，并在书中以文学化手法提出了这样的观点：人的存在本身是容易受药物诱导的——我改变我的大脑，故我在。在歌德写下《浮士德》的同一时间，威斯特法伦（Westfalen）默默无闻的小城帕德博恩（Paderborn）中，一位名叫弗里德里希·威廉·塞尔杜纳（Friedrich Wilhelm Sertürner）的药剂师助理正在专注于用罂粟进行试验。他发现，从罂粟中提取的浓缩汁液——鸦片——具有很强的麻醉作用，可以有效缓解疼痛。歌德试图以诗意和戏剧化的手法来阐释世界的内在统一性，而塞尔杜纳想要解决的是一个延续数千年的古老难题，它对人类行为的影响同样至关重要。

这位年方 21 岁的天才化学家面对的具体挑战是：罂粟植物中的有效成分在提炼后的制剂中，会因生长环境的不同而呈现出截然不同的药效。有的镇痛效果不明显，有的却药劲过

23

猛，甚至有可能导致中毒。与嗜好鸦片酊、在书房中埋首创作的歌德一样，塞尔杜纳依靠自身努力，最终完成了他的杰作：成功分离出鸦片中的关键成分，一种叫吗啡的生物碱，并以此化身为药学界的"梅菲斯特"，用魔法般的手段为人们驱逐疼痛。这不仅是药物史上的一个转折点，同时也是刚刚开始的19 世纪乃至整个人类史上的一个重要时刻。疼痛这个人类甩不掉的恶魔，如今可以按照剂量通过药品得到缓解，甚至被彻底消除。过去，欧洲各地的药店都是用自家花园里种植的药草，或是从供应商那里得到的原料，按照各自的知识和经验制作药丸。如今，在短短几年里，各大药店纷纷建起了正规药厂，并制定了统一的药品标准。① 吗啡不仅是一种缓解病痛的药品，同时也是一笔巨大的生意。

达姆施塔特（Darmstadt）恩格尔药房的老板埃曼努埃尔·默克（Emanuel Merck）是这场浪潮的先驱。1827 年，他为企业制定了目标，要为市场供应质量稳定的生物碱和其他药物制品。这是今天的药业巨头默克公司起步的一刻，也是德国 24 制药业繁荣的开端。自 1850 年针剂发明后，吗啡的势头更是变得一发而不可收。在 1861~1865 年美国内战和 1870~1871 年普法战争中，这种"疼痛杀手"的身影可谓无处不在，[4]吗啡针管几乎泛滥成灾。吗啡带来的影响是决定性的，不论是在好的还是坏的意义上。一方面，它可以为伤员减轻痛苦；另一方面，它也使战争规模进一步扩大。以往，那些受伤的士兵会

---

① 这些药企的前身是基督教修道院，早在中世纪，许多修道院便开始大规模加工和生产药品，并销往教区之外的其他地区。从 14 世纪起，威尼斯（1647 年，欧洲最早的咖啡馆在这里开张）也出现了从事化学和生物药品生产的加工厂。

在很长时间里失去战斗力，而有了吗啡后，他们可以用更快的速度恢复元气，重返战场，甚至回到战斗的最前线。

吗啡的发明将止痛和麻醉技术的发展推向了高峰，无论军队还是民间社会，都深受其影响。它成为众人眼中的万能灵药，从欧美到亚洲，到处都有它的消费者，他们当中既有普通工人，也有王公贵族。当时，在美国西海岸到东海岸的各地药店里，有两种具有兴奋作用的药剂是不需要处方的：一种是含吗啡成分的安神剂，另一种是含有可卡因的合成饮料［如名为马里亚尼的古柯碱药酒（Vin Mariani），还有后来的可口可乐①］，这些饮料具有提神作用，同时还有能令人愉悦的致幻效应。但这一切只是开始。很快，方兴未艾的兴奋剂产业便开始大力投入研发，不断将新产品推向市场。1897 年 8 月 10 日，拜耳公司化学家费利克斯·霍夫曼（Felix Hoffmann）用从柳树皮中提炼的有效成分，成功合成了乙酰水杨酸（Acetylsalicylsäure），这种药品被命名为阿司匹林，并迅速风靡全球。仅仅十一天后，这个人又发明了另一种驰名世界的药品：二乙酰吗啡——一种吗啡衍生品。这是人类历史上第一种人工合成毒品，它的商品名称是海洛因。海洛因自上市之日起，销量便一路高奏凯歌。拜耳公司的经理们骄傲地宣布，"海洛因是个好生意"，并把它作为治疗头痛和不适的药物，甚至配制成小儿止咳糖浆投向市场。如果宝宝肚子疼或睡不好觉，父母也会拿出海洛因给他/她吃。[6]

---

① 1885 年前后，美国药剂师彭伯顿（Pemberton）将可卡因和咖啡因混合在一起，制成了一种名为可口可乐的饮料，这种提神饮品很快成为人们眼中包治百病的灵药。1903 年之前，每公升原配方可乐中的可卡因成分含量据说高达 250 毫克。[5]

靠药品发财的不仅仅是拜耳公司一家。19世纪最后三十多年，莱茵河沿岸出现了许多大大小小的现代制药企业。从国家体制的角度看，当时德国所处的环境对制药业的发展来说可谓天时地利俱备：在处于分裂状态的德意志帝国，银行业和金融业尚不发达，很难为大额投资提供资金和风险保障；但这恰恰是化工产业不需要的，因为和传统重工业相比，化工业需要的设备和原料要简单得多。在这个行业里，低投入、高产出并不是稀罕事。最重要的是创业者的直觉和精明，更何况在德国，由于人力资本雄厚，高素质的化学家和工程师比比皆是。这首先要归功于德国全球领先的教育体系，其由综合性大学和理工类大学构成的网络在全世界堪称典范。科学界和企业界的合作十分密切，研究领域硕果累累，各类发明和专利层出不穷。早在世纪之交前，德国已然成为"世界工厂"，支柱产业正是化工业。"德国制造"成为高质量的标识，毒品也不例外。 26

德国——毒品之国

第一次世界大战结束后，情况短时间内并没有发生变化。英法两国可以凭借从海外殖民地进口的天然兴奋剂——咖啡、茶叶、胡椒和其他天然药物——占领市场，而因《凡尔赛和约》失去了（原本屈指可数的）海外领地的德国，只能另谋出路，具体来讲，就是人工制造。此时国家迫切需要的，正是能够振奋人心的"能量剂"。战争失败给德国带来了深重的创伤和难以平复的痛苦，无论是身体还是精神层面。1920年代时，在整个德国，从波罗的海到阿尔卑斯山，在情绪低迷的民众中，毒品的重要性日益凸显。巧合的是，生产毒品的技术也是现成的。

从此，现代制药业成为德国经济的发展重点，今天人们熟悉的许多化学类产品都是当时在很短的时间内被研发出来，并成为注册专利。德国企业一举成为全球市场的佼佼者。它们不仅占据了全球药品市场的大部分份额，同时还成为世界各地化学原料的主要供应商。一种新型经济就此问世，上乌瑟尔（Oberursel）和奥登瓦尔德（Odenwald）之间的地区成为"化学硅谷"。许多过去默默无闻的小企业，一夜间成为叱咤风云的行业巨头。1925 年，几家大型化工企业合并成立了法本公司（IG Farben）①，地点设在法兰克福。这是当时全球实力最强的大型企业之一。鸦片制剂仍然是德国的特色产品。1926 年，德国跃居吗啡第一制造国，并成为海洛因第一大出口国：98% 的产品销往国外。[7]1925 ~ 1930 年，德国制造的海洛因达到 91 吨，占世界总产量的 40%。[8]1925 年，德国迫于《凡尔赛和约》的压力，在权利有所保留的条件下签署了限制鸦片贸易的《国际鸦片公约》。直到 1929 年，柏林政府才批准了该协议。但就在 1928 年，德国生产的鸦片总量仍然高达约 200 吨。[9]

在另一种药品的生产中，德国同样名列前茅：默克（Merck）、勃林格殷格翰（Boehringer）和基诺（Knoll）三大药厂的可卡因产量占全球产量的八成之多。特别是默克公司的可卡因产品更是成为全球第一大名牌，仅盗版商到中国印制的仿冒商标就有几百万张。[10]汉堡成为欧洲最大的可卡因原料中转地：每年都有几千公斤可卡因从这里非法进口，如秘鲁每年

27

① 全称"染料工业利益集团"，Interessen-Gemeinschaft Farbenindustrie AG。——译者注

生产的可卡因原料（年均 5 吨）全部出口德国，用于再加工。由德国药品生产商组成的"鸦片与可卡因专业协会"（Fachgruppe Opium und Kokain）作为利益集团，为协调政府与化工行业之间的密切合作关系积极奔走。由几家大企业分别成立的两大垄断联盟按照《卡特尔协议》，瓜分了整个"地球圈"[11]利润丰厚的市场。这两大联盟便是所谓的"可卡因协定"与"鸦片协定"。在两家组织中，默克公司都扮演了领导者的角色。[12]年轻的共和国深深地迷醉于这些能够改变人的意识、有致幻效应的药物，它将海洛因和可卡因传播到四面八方，一举成为全球毒品业的操盘手。

28

化学的 1920 年代

科学和经济进步与时代精神可谓一拍即合。在魏玛共和国，"人造天堂"成为人人追逐的时尚。人们宁愿以逃避的方式躲进迷幻世界，而不愿直面不尽如人意的现实。这种现象给德国土地上的第一个民主政权烙上了深刻印迹，无论是政治还是文化。人们不愿承认战争失败的真实原因，并为帝国旧政权寻找借口，推卸责任。"背后一刀"（Dolchstoß）传说在社会上广泛流传，按照这种说法，德军之所以没有赢得胜利，是国内左派政党出卖所致。[13]

这种逃避现世的趋势很容易转化为不假思索的仇恨和文化上的狂热。德布林（Alfred Döblin）在小说《亚历山大广场》（Alexanderplatz）中将柏林比喻为巴比伦淫妇，它有着所有城市中最堕落肮脏的黑暗面，人们只能用纵情享乐的方式来寻求解脱，其中就有吸毒。作家克劳斯·曼（Klaus Mann）曾经写道：

"柏林的夜生活，少年哦少年，这是前所未有的新世界！过去，我们有伟大的军队；今天，我们有刺激的新玩意！"[14]这座施普雷河畔的大都市俨然变成了道德沦丧的同义词。为了偿还巨额债务，政府大幅增加货币量，从而引发恶性通货膨胀。到 1923 年秋天时，42 亿马克的价值仅仅相当于 1 美元。这时，全社会的道德观念也像纸币价值一样，一落千丈，不再有任何底线。

整个国家都陷入了毒品带来的迷幻状态。当红女明星、演员和舞蹈家安妮塔·柏柏尔（Anita Berber）早餐时便用白色玫瑰花瓣蘸着氯仿和乙醚勾兑的鸡尾酒，用嘴吸吮：瘾君子们称之为 "wake and bake"①。影院里播放着与可卡因或吗啡有关的影片，在每一处街边小店，人们无须处方就可以买到所有种类的毒品。据说，当时的柏林从业医生中，40％ 的人都有吗啡瘾。[15]弗里德里希大街上，华人商贩兜售着从德国前租借地胶州湾运来的罂粟壳；在米特区，地下酒吧遍布，拉客的伙计们在火车站散发传单，为非法派对和"良夜春宵"招徕生意。不论是波茨坦广场旁"祖国大宅"（Haus Vaterland）或是鲜花大街上以明星云集闻名的"蕾茜舞厅"（Ballhaus Resi）那样的大型夜总会，还是像"卡卡杜酒吧"（Kakadu-Bar）或"白鼠"（Weiße Maus）之类在门口发放面具以保护客人身份的小型娱乐场所，在当时都是宾客盈门，一派热闹景象。随着欧美游客的增多，娱乐－毒品－旅游业渐成规模，因为对旅游者来说，柏林既刺激，又便宜。

既然输掉了战争，索性一切都随它去吧：柏林摇身一变，成了欧洲的冒险家乐园。墙上的海报用醒目的表现主义风格

---

① 意思是睡醒后抽一支，一整天精神百倍。——译者注

字体发出警示："柏林，请驻足思考，你的舞蹈便是死亡！"
警察不再四处巡视，社会治安一片混乱，开始是暂时的，后来
渐渐变成常态。娱乐业填补了战争留下的虚空，就像当时一首
流行歌里唱的：

> 从前是美酒，
> 那甜蜜的魔鬼，
> 陪我们尽享逍遥时光，
> 如今，它价格飞涨。
> 好在我们柏林人
> 还有可卡因和吗啡，
> 任屋外雷鸣电闪
> 我们吮吸，我们注射！

30

> 餐馆里的酒保
> 乐颠颠地奉上可卡因，
> 只需小小一份
> 就能换来几个美妙的时辰；
> 吗啡更是个刺激的玩意儿
> 它直抵肺腑，
> 点燃灵魂，
> 我们吮吸，我们注射！

> 虽然上面有令，
> 把这小小的玩意儿
> 变成了违禁品。

可道高一尺魔高一丈

只要有亢奋和快感作陪，

纵使敌人似虎狼般

把我们撕咬，

又有何惧，

我们吮吸，我们注射！

我们注射，

哪怕被送进疯人院；

我们吮吸，

哪怕因此命丧黄泉。

在这样的世道下，

亲爱的上帝，

谁又会在乎这些！

欧洲原本就是一座疯人院，

倒不如让吮吸和注射

把我们早早送上天堂！[16]

1928 年，仅柏林一地，药房按处方合法出售的吗啡和海洛因就达到 73 公斤。[17]每个人只要花点儿钱，就可以轻松地买到可卡因。对吸食者来说，它是排解烦恼的利器，只消用鼻子一吸，就会顿觉神清气爽，就像浮士德一样，不觉萌生出这样的念头：让时间停下来吧，这一刻实在太美妙了。在整个德国，可卡因大受欢迎，成为民众眼中逃避现世、享受人生的标志。但与此同时，反对者的态度也变得越来越激烈。正处于权力争夺中的共产党和纳粹党，都把可卡因斥为让人意志消沉的

"堕落之毒"。德意志民族人民党（DNVP）对这种"世风日下"的现象发起抨击，保守派阵营同样不例外。即使是那些为柏林成为文化之都感到骄傲的人，特别是 1920 年代地位大幅下降的中产阶级，也对此表示不安，他们以极端的言辞对大众娱乐文化提出谴责，称之为西方颓废的表现。

对魏玛时期全民嗑药现象批判最猛烈的是纳粹党。他们通过大张旗鼓的宣传，大肆抨击"犹太共和国"的道德沦丧风气，并以旗帜鲜明的口号，明确地表达了对议会民主制以及以社会开放为标志的城市文化的反感。

同时，纳粹还提出了自己的疗伤药方，并向民众承诺，要通过意识形态来达到治愈的目标。在纳粹看来，合法毒品只能有一种，就是纳粹主义。因为纳粹主义同样可以产生致幻效应。为吸引德国民众，纳粹为人们描绘出一幅梦幻世界的景象，在手法上，这种宣传从一开始便和毒品的原理无异。希特勒在《我的奋斗》一书中写道，只有在近乎癫狂的欣喜乃至歇斯底里的状态下，才能做出改变世界的决策。因此，纳粹党一方面用通俗的语言来解释自己的观点，另一方面则通过火炬接力跑、授旗仪式、群众性集会和公开演说等方式，来制造集体狂欢的效果。此外，在所谓"斗争时期"①，冲锋队的"暴力狂欢"也是纳粹采用的手段之一，这种狂欢往往都离不开酒精的作用。② 在纳粹看来，现实政治（Realpolitik）更多是一种

32

---

① Kampfzeit，指纳粹初期。——译者注
② 纳粹党 1920 年 2 月 24 日在慕尼黑皇家啤酒馆的成立仪式也不例外。在褐衫党及其冲锋队的拜盟仪式上，酒精很早便发挥了重要作用。关于酒精在第三帝国扮演的角色问题，本书未予论述，因为它超出了本书的既定框架，需要另择机会，单独进行讨论。

脏脏的政治交易，是令人不齿的，因此，不如用某种类似全民嗑药的方式来代替政治。[18]如果从历史心理学角度看，魏玛共和国可以被称作一个排斥异己的社会（Verdrängergesellschaft）的话，那么其表面的反对者——纳粹，恰恰是这股潮流的先锋。纳粹仇恨毒品，因为他们想用自身来取代它。

权力转换就是换一种药方

信奉禁欲主义的元首对此采取默许的态度……[19]

——君特·格拉斯

早在魏玛时期，希特勒就在身边的亲信圈子里，为自身打造了一副夜以继日、一心为"他的"人民服务的形象。他是一位完美得无可挑剔的领袖，他一人身上肩负着解决社会矛盾、消除战败不良后果的千钧重担。1930年，希特勒身边的一位工作人员写道："他是天才和肉身的结合。他吃的那些肉体上的苦，是我们这些常人根本吃不消的！他不抽烟，不喝酒，只吃青菜，不近女色。"[20]按照这位亲信的说法，希特勒连咖啡都不喝。一战结束后，希特勒把最后一包烟扔进了多瑙河，从此再没有沾染过任何不良嗜好。

一个禁欲主义者组织在会员通告中写道："顺带一提，我们这些禁欲主义者都应当对元首怀有特别的谢意，因为他以自身生活方式和对毒品的态度，为我们所有人树立了绝佳的榜样。"[21]这位帝国总理是人们眼中的完人，他没有私生活，并且厌恶一切世俗癖好。他是清心寡欲、自我牺牲的代表，是健康生活的化身。用神话的形式，把希特勒打造为一位禁毒斗士和

禁欲主义者，是纳粹主义意识形态的重要部分，并借助大众媒
体大肆宣扬。这个神话在公共舆论，包括反对派的意识中深深
扎下了根，迄今仍然余音未绝。这是一个有待解构的神话。

　　1933 年 1 月 30 日夺取政权后，纳粹在很短的时间内便将
魏玛共和国包括开放和多元化在内的享乐文化彻底剿杀。毒品
被禁止，因为它会带给人纳粹主义以外的其他幻想。在一个只
有元首一人拥有诱惑权的体制里，任何"诱惑品"[22]都是没有
存在空间的。纳粹在禁毒运动中采取的手段，并不是简单地强
化魏玛时期制定的鸦片法，[23]而是颁布了一系列新的法令，其
目的是要为贯彻"种族净化"这一纳粹主义核心思想服务。
"Droge"这个本意为"干草药"① 的中性概念，从此变成了
"毒品"这个彻头彻尾的贬义词。吸毒被视为一种罪孽，由警
察局扩编增设的禁毒部负责稽查，并严加惩治。

　　这一系列新法令的颁布从 1933 年 11 月就开始了。当时，
"统一思想"后的帝国议会通过了一项法律，允许在封闭机构
内对吸毒者实行强制戒毒，时间可长达两年。在法院批准的情
况下，戒毒期可以无限延长。[24]其他措施还包括，医生一旦被
发现吸毒，将被吊销行医执照，时间最长为五年。当警方对非
法药物使用情况进行调查时，患者保密条款将自动失效。柏林
医生协会主席规定，如果医生发现病人有连续三周以上服用麻
醉品的情况，应立即做出"涉毒举报"，因为"每一起长期滥

34

---

① 从词源学角度看，这个概念来自荷兰语中的"droog"一词，意思是"干
燥"。在荷兰殖民时期，这个词被用来描述从海外输入的经过干燥加工的
嗜好品，如香料、茶叶等。过去在德国，所有药用（干燥）植物和植物
成分、蘑菇、动物、矿物制品等都被统称为"Drogen"，后来这个词逐渐
被用来指代所有药物和药品，并由此衍生出"Drogerie"（保健品专卖店）
这一概念。

用生物碱的病例，都有可能对公共安全造成威胁"。[25]收到举报后，两位调查员将对当事人进行调查。如果确认"属实"，吸毒者必须接受强制戒毒。在魏玛共和国时期，人们通常会采取缓慢温和的方法，帮助瘾君子一步步摆脱毒瘾。纳粹却不是这样。为了达到震慑的目的，没有人会考虑在戒毒时采取措施减轻当事人的痛苦。[26]当强制戒毒期结束后，如果经鉴定戒毒无效，法院有权将戒毒期无限延长，吸毒者很快就会被收押送入集中营。[27]

– Zentralkartei –
Nummernreiter bedeuten:

1 Händler [inländische]	10 Betrüger u. Etikettfälscher	19 Händler [internationale]
2 Verbraucher	11 Suchtgefährdete	20 Dicodidsüchtige
3 Kokainsüchtige	12 Ärzte [allgemein]	21 Kriegsbeschädigte
4 Sonstige Süchtige	13 Apotheker [allgemein]	22 Künstler
5 Rezeptfälscher	14 Apotheker [Verstoße ges. d VVO]	23 Heil-u. Pflegepersonal
6 Rezeptdiebe	15 Dolantinsüchtige	24
7 Btm.-Diebe u.-Einbrecher	16 Pervitinsüchtige	25 Berufsuntersagung
8 Pantoponsüchtige	17 Opiumsüchtige	26 Eukodalsüchtige
9 Ärzte [Vielverschreiber]	18 Morphiumsüchtige	27
		28 Selbstmörder

Farbige Reiter bedeuten:

Lila: Juden — Rot: Zur Entziehungskur Untergebrachte
Gelb: Berliner Täter aus den Jahren 1927-36 — Grün: Nach 1931 Süchtiggewordene
Schwarz: In polizeiliche Vorbeugungshaft genommene Täter — Blau:

禁毒中心制作的调查卡片可以决定一个人的生死。[28]你将被一个数字定义（商人、伪造处方者、优可达成瘾者、艺术家，等等），或一种颜色（紫色：犹太人；红色：因戒毒而留置）。

此外，法律还要求每一位德国人，"一旦发现亲属和朋友 35
中有人染有毒瘾，必须立即上报，以便及时采取纠正措施"。[29]
为此，纳粹禁毒部门还制作了专门的卡片，为全面掌握吸毒者
信息提供便利。由此可以看出，当年纳粹在开展禁毒运动时，
便将禁毒与建立国家监控体系绑在了一起。独裁政权将所谓卫
生政策推进到帝国的每个角落：每个纳粹党大区（Gau）都成
立了"禁毒工作委员会"。在这些委员会中，医生、药剂师、
社保和司法部门代表，以及军队、警方与纳粹公共福利组织代
表密切合作，组成了结构严密的反毒品网络。这个网络的每一 36
条线最后都汇集到一处，即柏林的帝国卫生局，帝国大众卫生
委员会第二总局。纳粹大力宣传所谓的"卫生义务"，宣称将
以此消除"一切因滥用毒品、酒精和烟草所导致的危害身心
与社会的行为"。烟草广告受到严格限制，毒品禁令的目标是
"堵住国外生活方式向人民渗透的最后漏洞"。[30]

1935 年秋，纳粹政府颁布了《婚姻卫生法》（即《保护
德意志民族遗传卫生法》），禁止一方患有精神疾病的男女结
婚。麻醉品依赖者也被自动列入了这一范畴，并被打上"患
有人格障碍"且无法治愈的标签。这条禁令旨在避免"将毒
瘾传染给配偶并通过遗传传播给下一代的潜在危险"，因为在
"毒品依赖者的遗传细胞中含有大量的变态因子"。[31]《预防遗
传病患者新生儿法令》（即"绝育法"）还引入了强制绝育的
极端措施："从种族卫生的角度出发，我们应当考虑采取措
施，制止严重毒瘾患者的生育。"[32]

事情远不止于此。在战争开始的最初几年里，纳粹还以
"无痛死亡"为名，杀死了大量"有犯罪行为的精神病人"，
这些人中就有吸毒者。具体人数如今已无从查证。[33]决定一个人

命运的关键是调查卡片上的鉴定结果："＋"代表注射毒针或
送入毒气室，"－"代表"延期执行"。其中，通过注射过量
海洛因行刑的做法是由纳粹德国禁毒中心发明的，这是 1936
年以柏林毒品局为前身成立的第一家全国性毒品稽查机构。那
些授命行刑的医生，都怀有一种"令人陶醉的崇高感"。[34] 纳粹
的反毒品政策正是以这样的方式，成为隔离、镇压乃至灭绝边
缘人群和少数族群的工具。

为种族政策服务的反毒品政策

犹太人妄想以技术高超的手段，毒害德意志人民的精神和
灵魂，将其思想引入非德意志式的道路，并最终引向毁灭……
将这颗有可能导致全民疾病和死亡的犹太毒瘤全面彻底地从人
民机体中清除出去，同样也是卫生政策的义务之一。[35]

——《下萨克森州医生报》，1939 年

纳粹种族主义从一开始就习惯用传染病、毒品和毒药一类
的形象来打比方。犹太人被称为细菌和病原体，是毒害帝国、
使健康的社会组织感染疾病的异类，因此必须予以清除或灭
绝。希特勒曾公开表示："（对犹太人）绝不能有任何妥协，
因为他们是危害我们自身的毒药。"[36]

在实施大屠杀之前，纳粹首先用"毒药"的说法把犹太
人划入了非人类群体。1935 年颁布的《纽伦堡种族法》以及
雅利安血统证书制度的实行，明确宣示了对血统纯正的要
求——纯正的血统是德意志人民至高无上、亟待保护的财富。
于是，在种族清洗与禁毒政策之间出现了一个交叉点：决定

毒性大小的不再是剂量，而是是否属于"异类"。正如当时被很多人奉为经典的《神奇的毒药》（*Magische Gifte*）一书所说："毒性最强的永远是那些来自外国和其他种族的迷惑物。"[37]犹太人和毒品变成了有毒并具有传染性的统一体，共同威胁着德意志的安全。"几十年来，马克思主义和犹太人总是不断地向我们人民灌输这样的思想，即'你的身体属于你自己'，所以在男人们之间或男人和女人交往的时候，可以尽享美酒之娱，哪怕对身体造成伤害也在所不惜。这种马克思主义和犹太人的观点与日耳曼 - 德意志的思想是水火不容的，我们是祖先血脉的延续者，因此我们的身体是属于民族和人民的。"[38]

武装党卫军突击队长、自1941年起担任纳粹禁毒总部负责人的埃尔文·科斯梅尔（Erwin Kosmehl）警官严格奉行这一宗旨并表示，在跨国毒品交易中，"犹太人扮演着非同寻常的角色"，因此，"剿灭这些大多出身犹太人的国际犯罪分子"，乃是其职责所在。[39]纳粹党种族政策部宣称，犹太人的本性就是依赖毒品的，大城市中的犹太知识分子都喜欢借助可卡因或吗啡来安抚其"躁动的神经"，并以此寻找内心的平和与安宁。通过犹太医生的四处兜售，在这些人当中，"吗啡瘾……成为一种十分普遍的现象"。[40]

在宣传种族主义的儿童读物《毒蘑菇》（*Der Giftpilz*）[41]中，纳粹将犹太人和毒品这两个仇敌合二为一，变成了种族净化论宣传中的靶子，在学校和幼儿园里广泛传播。书中的故事浅显易懂，它传递了一个简单明了的信息：要识别危险的毒蘑菇，并把它们清理干净。

因此，在纳粹主义宣传中，禁毒与种族主义自动合流，禁

40

„Wie die Giftpilze oft schwer von den guten Pilzen zu unterscheiden sind, so ist es oft sehr schwer, die Juden als Gauner und Verbrecher zu erkennen …“

　　禁毒与反犹宣传的合流同样反映在儿童读物中。"就像难以从好蘑菇里发现有毒的蘑菇，辨别老道的骗子、罪犯和犹太人常常也是很困难的。"

毒运动中的甄别对象从瘾君子转向了对自身有威胁的异类，其目的是清除所有与社会理想不符的元素。凡是吸食毒品的人，都是被"外国瘟疫"感染的病患。[42]毒品贩子被描绘成毫无廉耻、贪婪、与人民为敌的恶人，吸毒是"劣等种族"的行为，毒品犯罪是对社会最严重的威胁。

可怕的是，这些宣传中的很多说法在今天听起来仍然毫不陌生。尽管纳粹言论早已被摒弃，但是，与反毒品相关的那些词语已深入我们的骨髓和血肉。今天的问题所在，不再是犹太人和德意志人之分，因为那些危险的毒贩已被归入了其他文化圈。此外，我们的身体究竟是属于自己，还是属于由社会利益和公共卫生利益所构成的法治社会体系，仍然是一个具有传染性的重大政治问题。

选帝侯大街上的名医

1933年的一个深夜，柏林夏洛特堡区拜罗伊特大街一家诊所的门牌被涂上了"犹太人"三个大字。第二天早晨，在门牌上，这位皮肤病和性病专科医生的名字被遮盖，能够看到的只有诊所的营业时间：工作日11～13时，17～19时（周六下午除外）。面对这起攻击性事件，身材肥胖、剃着光头的特奥多尔·莫雷尔博士（Dr. Theodor Morell）做出的反应既果断又颇具典型性：[43]他当即决定加入纳粹党，以避免今后再次受到这类攻击。莫雷尔医生并不是犹太人，只是因为肤色较深才招来了纳粹冲锋队的怀疑。

自从注册成为纳粹党党员后，莫雷尔诊所的生意很快兴旺起来。诊所门面扩大了，不久就搬到了选帝侯大街和法萨内恩大街交会处的一栋旧式公寓里。识时务者为俊杰——这是莫雷尔铭记一生的箴言。不过在当时，他和政治还没有丝毫瓜葛。给病人治好病，让他们乖乖付钱，成为自己的回头客，这是让莫雷尔获得存在感的唯一途径。为了做到这一点，莫雷尔在经营诊所的这些年积累了一套独门经验。依靠这些经验，他成功打败了同一条街上的其他医生，成为整个城区西部最负盛名、最会赚钱的医生。他的时髦诊所里拥有最现代化的 X 光仪，还有先进的热疗法、四槽浴和各种理疗设备，据莫雷尔讲，这些设备都是用妻子汉妮的钱置办的。这位曾在热带地区轮船上工作过的船医，逐渐成为柏林名流最信任的医生。这些人当中有世界级拳王马克斯·施梅林（Max Schmeling），著名演员汉斯·阿尔伯斯（Hans Albers）的情妇、女演员玛丽安娜·霍佩（Marianne Hoppe），还有各种头衔的贵族、外交使节、体育明星、经济界和科学界的大腕，再加上政客和大半个电影圈。所有人都是慕名而来，请莫雷尔这位擅长新式疗法的名医为自己治病——用恶毒的话说，这位名医最擅长的，是治疗那些根本不存在的疾病。

但在一个特殊领域里，这位自恋而精明的当红医生的确是一位当之无愧的先驱，这个领域就是维生素。当时，人们对这种人体自身不能分泌、对新陈代谢来说又不可或缺的有益元素还所知甚少。为营养不良的患者注射维生素针剂，效果可谓立竿见影。莫雷尔的策略，就是利用它来拴住病人的心。如果维生素的药效不尽如人意，他会往针管里偷偷加入一些激素。如果是男性病人的话，也许会掺入有助于增肌和提高性能力的睾丸酮（又称睾酮）；遇到女性病人，他会选择能够补充能量、使人容光焕发的颠茄素。假如有一位性格抑郁的话剧女演员找上门来，请他帮忙开些能够让她在舞台上放松紧张的神经，好让全场观众为她的演技折服的药物，莫雷尔医生就会毫不犹豫地拿出针管，为她打上一针。他十分自信，在这方面没有任何人能够超过他。当时甚至流传着一种说法，说在莫雷尔下针时，病人没有一点儿感觉。想想当时的针头尺寸，要做到这一点几乎是不可能的。

莫雷尔的名声很快便传到了柏林以外的城市。1936年春季的一天，诊室中的电话铃声大作。尽管莫雷尔早就嘱咐自己的助手，绝不能在他接诊病人时把电话接进来。但是，这个电话非同一般。它来自"褐宫"（das Braune Haus）——位于慕尼黑的纳粹党总部。对方自我介绍说，他叫绍普（Schaub），是希特勒的副官，"纳粹党的官方摄影师"海因里希·霍夫曼（Heinrich Hoffmann）得了一种很棘手的病，党部想请莫雷尔这位大名鼎鼎并以注重保护病人隐私闻名的性病专家前去问诊，因为出于保密的考虑，不方便找慕尼黑的本地医生。绍普还用郑重的口气告诉莫雷尔，元首本人亲自安排了一架飞机，在柏林加图机场迎候他。

莫雷尔受宠若惊，接到这样的邀请是他无论如何也想不到的事。他到了慕尼黑，被安排在豪华的蕾佳娜宫酒店（Regina-Palast-Hotel）下榻。莫雷尔经过检查做出诊断，霍夫曼所患疾病是由淋病导致的肾盂肾炎。在安排好相应的治疗后，这位身份显赫的病人为表示答谢，邀请莫雷尔夫妇陪自己一起去威尼斯疗养。

返回慕尼黑后，霍夫曼在位于慕尼黑富人区博根豪森的私人别墅举办了一场晚宴。宴席上的菜肴有豆蔻通心粉、番茄汤和青菜沙拉，这些都是希特勒最喜欢吃的菜。希特勒是霍夫曼家的常客，两人的交往从 1920 年代就开始了。在希特勒的政治发迹史中，霍夫曼用他的摄影才能，为希特勒走上元首神坛以及纳粹主义的兴旺立下了汗马功劳。希特勒的许多重要拍摄都是由霍夫曼完成的。后者还出版了《你所不知道的希特勒》《人民爱戴的元首》等多本画册，每本画册的发行量都达到几百万册。除此之外，这两个男人的私密关系还有另一层原因：希特勒的情妇爱娃·勃劳恩（Eva Braun）曾是霍夫曼的助手，这对情侣是 1929 年在慕尼黑霍夫曼的摄影工作室初次相识的。

希特勒已经从霍夫曼那里听到了许多对莫雷尔医术的赞誉之辞，在宴会开始前，他感谢莫雷尔治好了自己老朋友的病，并表示，很遗憾没能早些认识他，不然的话，他的司机尤利乌斯·施雷克（Julius Schreck）可能就不会死了。施雷克是在几周前因突患脑膜炎而去世的。莫雷尔诚惶诚恐地向元首表示感谢，在整个晚宴期间，几乎再没说过一句话。这个长着一张圆脸、圆球状鼻子上架着一副圆形眼镜的医生，从头至尾都在不停地擦汗。他清楚地知道，自己不是个擅长和上层人物打交道的人，他唯一能够赢得认可的资本，就是自己的医术。因此，当希特勒无意间提到自己多年来饱受胃肠病折磨时，他立刻竖起了耳朵，并且不失时机地插话道，他知道一种特殊的治疗方法，或许对治疗元首的病能有帮助。希特勒用审视的眼光打量着对方，然后提出，请莫雷尔和夫人一起到上萨尔茨堡贝希特斯加登（Berchtesgaden）的贝格霍夫别墅来一趟，仔细聊聊这件事。

几天后，在和莫雷尔的一场私人谈话中，这位独裁者坦白地告诉对方，他的身体状况越来越糟糕，连应付日常工作都变得很困难。主要问题是，以往给他看病的医生一直都没找到有效的治疗手段，那些医生的唯一办法就是让他节食。然后，每次他只要吃过一顿正常餐食，就会出现严重的腹胀，两条腿也会长满湿疹，瘙痒难耐。于是，他不得不打上绑腿，连靴子都穿不了。

听了希特勒的一番话后，莫雷尔立刻意识到了病因所在。他判断，希特勒的病是由某种肠道菌群导致的消化功能障碍，并建议希特勒服用一种名为穆他弗洛（Mutaflor）的药品。这种药是莫雷尔的好友、弗莱堡的医生和细菌学家阿尔弗雷德·尼斯勒（Alfred Nißle）研制的，其成分是有助消化的益生菌。这些益生菌最早是在1917年从一名下级军官的肠道中提取的。这名士官曾参加巴尔干战争，当时，他的许多战友都患上了肠道疾病，可他却始终安然无恙。这些活的益生菌被制成胶囊，在进入人体后，可以在肠道中大量繁殖，并取代肠道中原有的致病菌株。[44]希特勒对莫雷尔的建议十分信服，或许在他听来，对方描述的这场体内细菌大战就像真正的战争一样富有吸引力。他当即向莫雷尔做出许诺，如果这种药真的有效，他将送给对方一栋房子作为答谢，并任命这位身材肥胖的医生当自己的私人医生。

45

当莫雷尔把任命的事情告诉妻子汉妮时，后者的反应并不热烈。她觉得这完全是没事找事，还不如守着柏林的自家诊所更让人踏实。也许当时她已经意识到，一旦丈夫接受了这个差事，今后想要再见他一面都会变得很困难。因为从这一天起，希特勒和他的御医之间即将建立起一种非同寻常的密切关系。

为"病人A"调配的针剂鸡尾酒

他是我们民族的奇迹、秘密和神话。[45]

——约瑟夫·戈培尔

希特勒一直都很害怕别人触碰自己的身体，因此，他原则上不允许医生看病时为他做检查。他从来都不相信有哪个专家会比他本人更了解自己的身体。但是，这位长着一副和蔼面孔、阅历丰富的莫雷尔大夫是例外。从初次见面起，他就给希特勒带来一种莫名的安全感。莫雷尔从不会为了打探病因，而对病人盘根问底。他的治疗手段全部只限于注射，如果元首感觉疲惫，想让自己精神迅速振作起来的话，莫雷尔就会像对待柏林的女明星病人一样，毫不犹豫地抓起针筒，给希特勒打上一针默克药厂生产的20%葡萄糖溶液，或是维生素针剂。"药到病除"是大家对莫雷尔的一致称赞，无论是柏林的艺术界名流，还是刚刚授予其要职的"病人A"。

身体状况的迅速好转让希特勒惊讶不已。往往是针头还没有拔出，他的眼神已开始焕发出光彩。私人医生对注射疗法的解释是：由于元首肩负着千钧重担，所以能量消耗远大于常人，因此，如果要等口服药物通过消化系统进入血液，再一点点起效，那就太慢了，更何况元首的肠胃消化功能本来就不好。希特勒对此欣然接受："莫雷尔今天还要再给我打一针碘剂，再加上心脏和肝脏针剂，还有钙和维生素。这是他在热带地区学到的知识，药应当打到静脉里，效果才更好。"[46]

这位日理万机的独裁者以往总是担心自己会因为身体状况

不佳而难以应付头绪繁杂的工作，况且他也不可能因病告假，因为他的职责是没有任何人能够替代的。所以，从 1937 年起，莫雷尔的非常规治疗手段变得越来越重要。每天多次注射很快就变成了常事，希特勒也已经习惯了让针头一次次刺破皮肤，让神奇的药液缓缓流入自己的血管。每次打完针，他都会有一种满血复活的感觉。那刺穿皮肤、产生"速效"的细细的不锈钢针头，与希特勒的气质禀性十分合拍。面对严峻的形势，他必须让自己具备这样的条件：清醒的头脑、充满活力的身体和强大的决断力，神经或心理上的障碍必须及时清除，无论哪一刻都要保持饱满的活力。 47

　　很快，这位新任私人医生和他的病人就变得形影不离了，汉妮曾经担心的事情果然成真：她的丈夫再也没有时间打理他在柏林选帝侯大街上的诊所了，诊所的事务只好交给他人打理。后来，莫雷尔曾用充满骄傲和激情的语气称，1936 年以后，他是唯一一个每天或至少每两天都能亲眼见到希特勒的人。

　　每次在发表重要演讲之前，帝国总理都会让莫雷尔给自己打一针"能量剂"，以便在现场能有完美的发挥。感冒着凉之类有可能对公众形象造成影响的小病，刚露苗头就会被一管维生素针剂"扼杀"。为了在致"德意志礼"时能让胳膊抬起的时间足够长，希特勒在坚持拉伸训练的同时，还要求医生用葡萄糖和维生素喂饱自己的身体。静脉注射的葡萄糖只需要短短 20 秒，就能让大脑充满能量；多种维生素营养剂能够让希特勒在最寒冷的冬日身着单薄的冲锋队制服，精神抖擞地检阅部队或群众游行队伍。1938 年时，有一次在因斯布鲁克演讲前，希特勒突然发烧，莫雷尔一针下去，症状立刻就消除了。

之后，就连消化方面的问题也开始出现好转的迹象。希特勒兑现了当初的承诺，给他的私人医生提供了一栋豪宅：在柏林最昂贵的住宅区——天鹅岛上，与宣传部部长戈培尔为邻。这座位于岛屿街 24 - 26 号的用铁栅栏围起来的别墅并不是免费赠送的，莫雷尔夫妇需为此支付 33.8 万马克房款。不过，在希特勒的安排下，莫雷尔可以得到 20 万马克的无息贷款，分期从诊费中扣除。对这位平步青云的名医来说，这个新家带来的不全是好处：他需要为此雇用家仆和一位园丁，虽然收入提高了，但固定支出也大大增加。然而，开弓没有回头箭。作为离权力中心最近的人，莫雷尔怡然自得地陶醉于新生活带来的种种快乐之中。

希特勒对莫雷尔的态度不仅仅是习惯和依赖。当身边的亲信们为了争风吃醋，对这个长着一副讨厌面孔的胖子说三道四时，帝国总理冷冷地回应说：莫雷尔不是给你们观赏用的，他的工作是保证我的健康。为了抬高这位前门诊医生的身份，1938 年，希特勒利用职权，在没有经过资格考试的情况下向莫雷尔授予了教授头衔。

全民嗑药

在接受莫雷尔治疗后的头几年，希特勒步入了人生道路上的一段黄金期。在摆脱肠痉挛的折磨后，在大剂量维生素的陪伴下，他展现在众人面前的形象总是生龙活虎、神采奕奕。民众支持率持续上升，这主要归功于德国经济的繁荣。经济上的自给自足成为政策核心，它不仅为生活水平的提高提供了保障，同时也给未来的战争创造了条件。这时，德国的扩张计划已经开始酝酿。

　　一战的失败经历让人们看到了一点：德国缺少武装冲突所需要的自然资源。要弥补这一不足，必须大力发展人造物品产业：作为纳粹德国龙头企业和全球巨头的法本公司，将合成材料、煤制汽油和布纳橡胶（合成橡胶）列为研发重点。[47]公司监事会甚至为自己冠名为"众神会"（Rat der Götter）。在赫尔曼·戈林（Hermann Göring）领导下，德国开始实行四年计划，其目标是要实现所有资源的独立生产，彻底摆脱对外国的依赖。这其中当然也包括毒品。在这一领域，德国依然是全球先驱。尽管受纳粹禁毒运动的影响，吗啡和可卡因产量大幅下降，但是，合成兴奋剂类产品的发展却不断向前推进，德国药品企业也由此迎来了新一轮繁荣。达姆施塔特的默克公司、莱茵兰的拜耳公司以及因格尔海姆的勃林格殷格翰公司的生产规模不断扩大，工资水平持续上升。

　　泰姆勒药厂也出现了扩张的迹象。首席化学家豪席尔德博士①听说，在 1936 年柏林奥运会上，一种名为苯丙胺（Benzedrin）的药物十分走俏，它是从美国进口的畅销品，当时还属于合法兴奋剂的范畴。于是，他当即决定将泰姆勒公司所有研发资源全部投入对苯丙胺的研究，因为他相信，这种药效强大的能量剂正是全面繁荣时期所需要的产品。在研发过程中，豪席尔德借鉴了日本科学家的经验。后者早在 1887 年便首次合成了一种名为甲基苯丙胺（N-Methylamphetamin）的强力

50

---

　　①　战后，豪席尔德成为民主德国的顶尖运动生理学家，并于 1950 年代以莱比锡大学研究所负责人的身份，大力推进民主德国的兴奋剂计划，使民主德国从一个工农业国家一跃成为体育大国。1957 年，豪席尔德因为发明柏飞丁获得民主德国国家奖。

兴奋剂，并于 1919 年实现了结晶化。① 这种兴奋剂是用天然药物麻黄碱（Ephedrin）合成的，它具有扩张支气管、刺激心脏和抑制饥饿感等作用。在欧美和亚洲各国的民间医学界，麻黄碱作为麻黄植物中的主要成分很早便为人所知，并被制成所谓的"麻黄汤"用于临床治疗。

豪席尔德对产品进行改进，并于 1937 年秋天成功研究出一种全新的甲基苯丙胺合成方法。[48] 不久后，在 1937 年 10 月 31 日，泰姆勒药厂正式向德国专利局提交了甲基苯丙胺专利申请，这是首例由德国人自行研制的甲基苯丙胺产品，其药效远远超过了美国生产的苯丙胺。它的商标名称是：柏飞丁。[49]

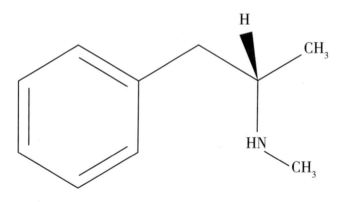

柏飞丁的化学分子式

从化学分子式来看，这种具有开创性的新型药物与肾上腺素十分相近，因此它可以凭借这种几乎与肾上腺素无异的分子结构，轻松地突破所谓的血脑屏障。与肾上腺素不同的是，甲

---

① 当地零售的商品名称为 Philopon/Hiropon。二战时，神风特攻队的飞行员也用过此药。

基苯丙胺不会导致血压骤然上升，其作用更温和，也更持久。　51
它的作用原理是，刺激大脑神经细胞分泌神经递质多巴胺和去
甲肾上腺素，释放到神经突触间隙，使脑细胞之间的信息交换
变得异常活跃，从而在大脑中引发类似连锁反应的活动。神经
元似焰火般不停燃烧，一场枪战式的生物化学变化促使大脑不
断迸发新的念头。服药者会感觉头脑异常清醒，身体能量充
沛，意识变得极度敏锐，整个人从上到下、每一根发丝和每一
个指尖都充满了活力。人的自信心也随之提高，思维速度加
快，并产生奇妙的幻觉，一种轻松舒爽的欣快感。它类似于一
种紧急状态效应，就像人在遇到突发危险时，体内的全部力量
都会被瞬间调动起来——尽管危险实际并不存在。这是一种用
药物制造的人为刺激。

　　甲基苯丙胺不仅将神经递质释放到突触间隙，同时还阻断
了神经组织对这些神经递质的再摄取，因此它所产生的兴奋作
用可以长时间持续，往往超过十二小时。如果服用剂量过大，
很可能会损伤神经细胞，因为细胞内的能量传递也同时受到了
刺激。神经元因运动而过热，大脑飞速转个不停：就像一台关
不上的收音机。最后，神经细胞会纷纷坏死，再也无法修复，
从而导致语言表达障碍和注意力缺失，甚至是大脑记忆、感知
和奖赏系统的全面受损。一旦服药者失去了这种人为刺激，他
就会感觉情绪低落，这是荷尔蒙储存耗尽的症状，而要重新恢
复荷尔蒙水平，往往需要几周的时间。在此期间，由于神经递　52
质不足，很可能会导致情绪低落、抑郁、兴趣缺乏和认知障碍
等一系列后果。

　　对甲基苯丙胺的各种副作用，如今人们早已有了充分认
识。然而，对于刚刚发明这种新产品并为此满怀骄傲的泰姆勒

药厂而言，这些问题还远远没有来得及考虑。公司很快便从中嗅出了商机，并委托柏林著名广告公司 Mathes & Sohn 为该产品制订市场推广计划。这是德国史无前例的一场广告战，它的榜样是可口可乐——一种同样具有兴奋作用的产品，一句广告词"冰冰凉"（eisgekühlt）使这种褐色带汽饮料变得家喻户晓。

泰姆勒药厂生产糖衣的车间

1938 年年初，在柏飞丁刚刚上市的几周和几个月里，柏林街头的广告柱和地铁、电车、公交车的车厢外，到处都贴满了宣传海报。海报采用现代简约设计，画面底部是醒目的商标名称，上方是一些与疾患相关的医学名词：血液循环不佳、情绪低落、抑郁，等等。画面正中是一个橙蓝相间的柏飞丁药瓶，在这具有标志性的包装上写着斜体字的药名——柏飞丁。同时，作为市场推广战略的一部分，泰姆勒公司还向每一位柏林从业医生寄去了一封信，信中直言不讳地写道：泰姆勒公司的目标是用事实说服每一位医生，让他们亲身体验到这种新型药物的好处，因为只有自己真心觉得好的东西，才能推荐给别人。信中附有一份 3 毫克的柏飞丁试用品，还有一张贴了邮票的意见反馈卡。卡片上的文字是这样写的："尊敬的医生先生！您的经验是帮助我们完善产品的莫大财富。请将您的意见和建议写在卡片上寄回给我们，对此我们将不胜感激。"[50]这是一种还处于试验期的药品，搭配最古老的推销伎俩：第一份免费。

泰姆勒药厂派出代表，走访德国各地的大小诊所、医院和大学门诊部，分发试用装药品，通过报告和演讲，大力宣传这种具有提神醒脑作用的新型能量剂。公司宣传材料中说，通过柏飞丁"让情绪抑郁的人们重新找回生活的快乐，是践行治病救人宗旨的绝佳范例"。"柏飞丁还能够有效治疗女性的性冷淡，方法十分简单：每月 10 天，每天 4 次（晚间勿用），每次半片。连续 3 个月，就可以使患者的性欲和性能力得到明显改善。"[51]包装说明书上还写着：本药品还能有效缓解酒精、可卡因甚至包括鸦片的戒断症状。它所采取的方法是以毒攻毒，即以合法药物替代各种毒品，特别是那些非法毒品。换言之，服用**这种**药品是不受禁毒令限制的；相反，在人们眼中，甲基苯丙胺被误认为是一种万能的灵丹妙药。

人们甚至宣称，柏飞丁还可以起到"稳定体制"的作用。"我们生活在一个高耗能的时代里，我们肩负的任务之重和责任之大是前所未有的"，某医院的主任医师这样写道，并称，这种在工业实验室条件下制造的高品质药片可以帮助人们改善负面情绪，"使装病的人、不愿工作的人、整天牢骚不断和惹是生非的人"顺利融入劳动者行列。[52]图宾根药学家费利克

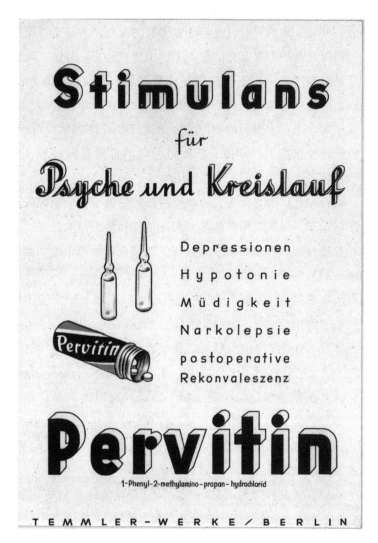

被视作万能灵药的柏飞丁广告海报。它能刺激心智和体内循环，有（未被证实的）抵御抑郁、张力减退、疲劳、嗜睡病和术后抑郁的效果。

斯·哈弗纳（Felix Haffner）甚至将为病人开处柏飞丁称作"服务全社会"的"至高谕令"，一道"化学命令"。[53]

但是，在嗑药这件事上，德国人根本无须命令。人们对强力补脑剂的饥渴是明摆着的事。可以说，嗑药并不像人们想象的专制国家中常见的那样，是从上至下的，而是一种由下而上的自发行为。[54]这种"强力提神剂"的出现便如天降甘露，并以病毒增殖般的速度大肆蔓延，消费者对待它的态度就像是对待面包或咖啡一样平常。"柏飞丁简直就是个奇迹，"一位心理学医生说，"它遍地开花，无处不在：学生吃它是为了考出好成绩，电话接线员和护士吃它是为了在值夜班时不打瞌睡，体力和脑力劳动者吃它是为了在工作时更有效率。"[55]

无论是打字员、舞台上的演员还是习惯于夜间写作的作家，各个阶层都把柏飞丁当成了离不开的灵药。吃了它，搬运工干起活儿来会更麻利，消防队员灭火会更快，理发师剪起头发会更灵巧，值夜班的人会更有精神，火车司机开车时会更专注，行驶在新建成的高速公路上的长途司机们可以不用休息，以破纪录的速度直达目的地。在整个国家，再没有人需要午睡了。很多医生自己也成了吃柏飞丁的瘾君子，还有在各种谈判间穿梭的商人，甚至连纳粹党部和党卫军成员也不例外。[56]疲劳感消除，性欲增强，人人都精神百倍，干劲十足。

一位医务人员这样写道："通过亲身试验，我观察到自己的身体和精神都获得了更大的能量，所以半年来，我一直在向各种人推荐柏飞丁，例如周围的同事，体力和脑力劳动者，特别是肩负艰巨任务的民族同志，还有（容易怯场的）演说家、演员和面临重要考试的人……有位女士说，她喜欢在出席社交活动前吃药（每日两次，每次两片）；另一位是在工作压力

56

大的时候（最多每日三次，每次两片）。"[57]

柏飞丁成为德国这个发展中的成就型社会的标志。市场上甚至还出现了添加柏飞丁成分的巧克力，每块巧克力中含有14毫克甲基苯丙胺，含量几乎是柏飞丁药片的5倍。这种提神美味食品的广告词是"希尔德勃兰特巧克力让你天天开心"，相当于说它是"妈妈的小帮手"（Mothers Little Helper）。它的宣传广告中甚至说，可以每天吃3块到9块，而且和可卡因不同，它对身体是无害的。[58]它可以让家务变得更轻松，甚至有减肥的功效，因为柏飞丁能够控制食欲，是一种可以减肥的美味甜品。

58　　　在这场大规模宣传攻势中，豪席尔德博士在权威医学杂志《医学周刊》（Klinische Wochenschrift）上发表的一篇论文也发挥了重要作用。三个月后，他再次在同一本刊物上以《新特色产品》[59]为题发表了另一篇论文，介绍柏飞丁的强力兴奋和刺激作用，称该产品可以增强能量，提高人的自我意识和决断力。它使思维速度变得更快，使体力劳动变得更轻松。它适用范围广泛，从内科、外科到精神科，柏飞丁几乎可用于所有医疗门类的疾病治疗。此外，它还可以引发人们对科学问题的新探讨。

在德国各地的大学里，很快便掀起了一场有关柏飞丁的讨论热潮。第一个发声的是莱比锡大学医院的施恩（Schoen）教授。他表示，柏飞丁"具有持续数小时的物理刺激作用，可以消除睡意和疲倦，代之以活力、表达欲和亢奋"。[60]柏飞丁在医生圈里也开始流行起来，或许是因为这一发现最初带给了他们太大的惊喜，所以忍不住要身体力行地尝试一番。自我试验甚至变成了惯例："只有当一个人每天服用3～5片（9～15毫克）

让家务变得更轻松：添加甲基苯丙胺成分的巧克力

柏飞丁，对它有了亲身体验之后，才能通过这些经验对其药理作用获得清楚的认识。"①61 人们对柏飞丁的好处总是有新的发现，但它的副作用却始终无人提及。柯尼斯堡大学教授莱默尔（Lemmel）和哈尔特维希（Hartwig）确认柏飞丁具有集中精神、提高注意力的作用，并提议称："在这个冲突与扩张不断的风云时代里，医生的重大职责之一就是保持并尽可能提高每个个体的行动力和创造力。"62 图宾根的两位脑科专家在一份研究报告中证实，柏飞丁的确具有提高思维速度和全面增强肌体活力的作用。此外，它还有助于消除决策障碍、各种形式的畏惧感和抑郁情绪。测试结果显示，它对提高智力也有明显好处。慕尼黑的普伦（Püllen）教授从数百份病例分析中得出的数据，同样证实了上述结论。他确认，柏飞丁对大脑、血液循环和植物神经系统具有明显的刺激作用。另外他还发现，如果"一次性大剂量服用 20 毫克柏飞丁，可以使恐惧感明显降低"。63 因此，泰姆勒公司用通信的方式与医生们保持联系并定期征询他们的意见，也就不足为怪了。

柏飞丁与时代精神是如此合拍，正如久旱后的一场甘霖。当整个市场都被柏飞丁征服时，人们似乎有理由相信，所有的萎靡不振都将从此一扫而光。至少是那些在经济上从纳粹极权体制中得到好处的人，而这些人在老百姓当中属于大多数。1933 年时，还有很多人对希特勒抱有怀疑，并且预言，这位新总理很快就会下台。可过了几年之后，他们的看法已彻底改变。希特勒一手创造了两个奇迹，一个是在经济领域，另一个是在军事领域。1930 年代德国社会最紧迫的两大问题由此迎刃而

---

① 这个剂量大致相当于吸毒者每次静脉注射冰毒的摄入量。

解。纳粹刚上台时，德国有 600 万失业者和装备落后、仅有
10 万兵力的军队。到 1936 年时，尽管全球经济危机依然在持
续，但德国实现了近乎零失业率的全民就业，并创建了欧洲最
富战斗力的军队之———德国国防军。[64]

　　德国在外交方面的收获同样硕果累累，不论是占领莱茵兰
非军事区，吞并奥地利，还是"将苏台德区收归帝国怀抱"。60
西方列强对德国违反《凡尔赛和约》的行为并没有追究，而
是一再妥协，并希望以此方式避免欧洲再次陷入战争。但是，
希特勒对外交上的收获并不感到满足。"就像一个无法摆脱毒
品的瘾君子一样，他深深陶醉于自己的计划之中，一心只想攫
取更大权力，秘密出兵，发动偷袭，夺取新的地盘。"历史学家
和作家戈洛·曼（Golo Mann）对这位来自布劳瑙（Braunau）
的帝国主义分子如此形容道。[65]西方盟国错判了形势：希特勒
是**永不**满足的，他总是尝试以各种方式超越界线，特别是国家
间的界线。从德意志帝国到大德意志帝国，再到其梦想中的日
耳曼世界帝国——胃口的不断扩大正是纳粹的天性，其中最首
要的就是对领土扩张的欲求。它宣扬的"回归帝国"（Heim
ins Reich）、"没有空间的人民"（Volk ohne Raum）等口号充
分暴露了这一点。

　　在肢解捷克斯洛伐克一事上，希特勒的私人医生莫雷尔甚
至亲自参与了"游戏"。1939 年 3 月 15 日夜，病中的捷克斯
洛伐克总统伊米尔·哈卡（Emil Hácha）在一半是被迫的情况
下到访德国新总理府。面对德国人递给他的实为投降书的文
件，他拒绝签字。情急之下，他整个人瘫倒下来，失去了意
识。希特勒急忙让人招呼自己的御医。莫雷尔拎着急救箱和注
射器赶了过来，给昏迷的外国客人打了一针。在兴奋剂的作用

61 下，没过几秒钟，哈卡总统便如起死回生般苏醒了过来。他在文件上签了字，把自己的国家拱手让出。第二天一早，希特勒便在一枪未鸣的情况下进驻了布拉格。在接下来的几年里，哈卡作为捷克傀儡政权波希米亚和摩拉维亚保护国（Protektorat Böhmen und Mähren）的首脑，一直是莫雷尔的忠实病人。药物成为政策实施的另一种手段。

1939 年上半年，在最后的和平岁月里，希特勒的声望一时间达到了巅峰。当时，人们口中讲得最多的一句话就是："瞧这个人干的事情，多么了不起！"许多"民族同志"（Volksgenossen）都想学他的样子，向周围人证明自己的能力。这是一个有望通过努力得到回报的年代，同时也是一个社会对个体有所要求的时代：每个人都**必须**成为社会的一员，**必须创**造自己的成绩，哪怕只为了一个目的，那就是不成为遭人怀疑的对象。社会的蓬勃发展同时也给人们带来了危机感，每个人都唯恐自己跟不上时代的快节奏。劳动的程式化趋势对个体提出了新的要求，每个人都要成为这台机器中合格的齿轮。为达到这一目的，任何手段都是受欢迎的，即使化学手段也不例外。

柏飞丁正是推动个体跟上时代发展的助力剂，是帮助德国人民实现"自我治愈"的良药。这种功效强大的药品俨然变成了一种**食品**，就连它的制造者也不再将目光局限于医疗领域。"德国，觉醒吧！"在纳粹的召唤下，甲基苯丙胺应运而生，其任务是让国家永远**保持**"苏醒"。在宣传和药物的双重作用下，整个国家的民众都陷入了大规模嗑药的状态中。

建立社会和谐、以信仰为支撑的共同体是纳粹一贯宣扬的乌托邦理想，然而，现代成就型社会中个体经济利益之间的

搏杀却让人们看到，这种理想不过是一种幻觉。在社会断裂逐　62
渐显现的情况下，甲基苯丙胺成为跨越断层的一道桥梁，对兴
奋剂的依赖在帝国的每一个角落蔓延。柏飞丁实现了独裁体制
在个体身上的顺利运转，它是药片形式的纳粹主义。

第二部分

"嗑药的胜利！"① ——
闪电战就是冰毒战
（1939～1941 年）

---

① 此处为作者的文字游戏，原文"Sieg High"与纳粹口号"Sieg Heil"（胜利万岁）发音相似，"high"在这里指嗑药，下一部分标题中"High Hitler"与此同理。——译者注

二等兵海因里希·伯尔（Heinrich Böll）很早
就体会到了毒品的妙处

很多时候，音乐于我的确是莫大的安慰（不过也不能 65
忘记柏飞丁，特别是在熬过一个个警报嘶鸣的长夜时，它的功
效真是太神奇了）。[66]

一位前线士兵在给父母的家书中写下了上面这些文字。这
位士兵后来成为诺贝尔文学奖得主。即使在战争结束后，当他
在书桌前埋首写作时，仍然离不开甲基苯丙胺的"神奇功效"。
他是在当兵时染上药瘾的。当时，他吃药是为了让自己能跟上
队伍，不被战争的磨难压垮。在另一封战地家书中，伯尔写道：
"别忘了下次有机会的时候给我寄点儿柏飞丁来，最好是装在信
封里，钱可以从爸爸跟我打赌输的那部分钱里出。"

伯尔在谈到自己服用柏飞丁的习惯时，口吻十分坦然，这
是因为他体会到了这种药物的好处，但对它的危险性却一无所
知。"如果接下来的这周能过得像上周那样轻松，就太让人开心
了。抽空再给我寄点儿柏飞丁，我在夜里站岗时经常需要它。
另外再寄些干火腿，有条件的时候，我可以用它来煎土豆。"[68]从
伯尔对兴奋剂的不经意态度可以看出，他的家人对这种东西也
十分熟悉，并且没有阻止他服用。"亲爱的父母和兄弟姐妹们，
我现在没有足够的时间和精力给你们写信，我实在太累了，因
为昨晚我只睡了两个小时，而且今天看样子也不会超过三个小
时。不过，我现在绝不能睡着。好在过不了多久，柏飞丁的药 67
劲就上来了，那样我就不会犯困了。外面月光很明亮，星星挂
满了天空，天冷极了。"[69]从这些信里可以看出，睡眠是伯尔最
大的敌人。"我真是困得要死，好想赶紧结束。尽快找机会再
给我寄点儿柏飞丁来，还有希尔哈尔（Hillhall）或卡米尔牌

（Kamil）香烟。"[70] "值勤太辛苦了，如果接下来我每隔三四天才写一封信的话，希望你们能理解。今天我写信的目的，主要是为了柏飞丁！"[71]

后来的诺贝尔文学奖得主伯尔向家人索要柏飞丁的众多家书之一

莫非二等兵伯尔是一个例外？还是说当时的军队就像民间社会一样，同样存在大规模嗑药的现象？难道说在那些奉命出征的德国士兵当中，有数十万乃至数百万人是受药物控制，以至于我们有理由猜测，这种能够补充能量的成瘾性毒品曾对二战的战局走向产生了影响？一场揭开历史迷局的探索之旅就此启程。

取证：弗莱堡，联邦军事档案馆

德国联邦军事档案馆位于弗莱堡市，建筑物四周是一道带有铁丝网的防护栅栏，门口由一位满口萨克森方言的警卫值守。来这里查找档案的研究人员在获得许可后，从大门进入，穿过一道光控的自动安全门后，便走进了整洁明亮的阅览室。每间阅览室的窗户都装有遮光的百叶帘，可以根据阳光强度自动调节室内光线的明暗。在档案贮藏室里，一个个底部带轮子的文件架从上到下堆满了卷宗，查阅者可以借助电脑，找到自己需要的文件。数百万战争死难者留下的数百万份卷宗，都被存放在这里。这是一部可供查阅的德国战争史。

至少理论上如此。因为这些档案是如此卷帙浩繁，尽管经过了细心整理，但要想从这个由官僚机构搜集和建立的大数据库里找到有价值的信息，其难度几如大海捞针。电脑中录入的可供搜索的关键词大多十分笼统，远远无法涵盖每份卷宗的所有内容。另外一个困难是，这些关键词都是几十年前编排的，而今天的研究重点与当时已是大相径庭。例如，在战争结束后的几年里，人们对医学史的细节问题远不像今天这样重视。另外，档案整理作为一种官方行为，个体的主观

68

感受和心理状态也很难成为被看重的视角。因此，尽管有最先进的技术支持，但这些对历史过往的追忆，仍然是建立在陈旧的历史观之上。

德意志军队找到了德意志毒品

甲基苯丙胺在德国国防军中的流行与一位少校军医的"功劳"是分不开的。在留存后世的为数不多的几张照片上，这位军医的模样和气质看起来颇像一位苦行僧：脸庞清瘦，一双深褐色的眼瞳总是透着几分神经质。这位名叫奥托·F. 兰克（Otto F. Ranke）的博士和教授在 38 岁时，被任命为普通生理学和军人生理学研究所所长。这是一个至关重要的职位，尽管当时并没有人意识到这一点。

69　　在当时的医学界，生理学属于边缘学科。其研究对象是人体细胞、组织和器官的物理与生化活动及其相互作用，是一种以了解人体机能为目的的宏观和基础性研究。军人生理学的研究对象则是士兵所承受的特殊生理压力，目的是通过医学手段改善士兵的身体机能，避免因压力过大和外部影响对人体造成危害。当时，人们逐渐开始把军队看作一种现代化组织，将士兵视为"有灵魂的发动机"。[72]在这种形势下，兰克的职责在于保护这些"发动机"，避免因过度消耗导致丧失战斗力。他要给一个个"零件"上机油，让机器能够顺畅运转。换句话讲，他是德军的体能教练，外加"发明家"：那些年，他发明了许多各式各样的小玩意，比如说识别伪装色（如在林中识别迷彩服）的目视仪，摩托兵专用的防尘眼镜，为非洲军团设计的既防弹又透汗的热带钢盔，可提高听声辨位能力的定向监听仪等。

　　兰克主管的军人生理学研究所是柏林军医大学的下属机构，地址是在柏林因瓦登大街一栋普鲁士时代修建的新巴洛克式大楼里。今天，这里是德国联邦经济事务与能源部的办公地。大门的门楣上用金色花体字镌刻着一行拉丁文：SCIENTIAE HUMANITATI PATRIAE——"科学、人类和祖国"。1934～1945年，这里是为德军培养年轻军医的基地。当年，这所简称"军大"（MA）的精英学府拥有欧洲最大的医学图书馆，在两层的实验楼里有技术最先进的全套实验设备，另外还有宽敞的教室、阅览室、礼堂、活动厅和一间名人堂，名人堂里陈列着病理学家菲尔绍（Rudolf Virchow）、生理学家冯·亥姆霍兹（Hermann von Helmholtz）、医学家冯·贝林（Emil von Behring）和其他许多曾在此为科学研究做出重要贡献的医学家的胸像。此外，校园里还有现代化的体操房和游泳馆，以及一栋五层的宿舍楼。在舒适的双人间宿舍里，住着800名预备役军医。这些人被称为"Pfeifehähne"，这是柏林年轻人对法语词"Pépin"的戏称。"Pépin"出自"Pépinière"一词（意为"苗圃"），它是普鲁士时期由威廉皇帝建立的军医培训学院的法语名称。19世纪时，这里曾培养了一大批德国医学界精英。作为接班人，那些身着佩有鹰徽和"ϟϟ"字符军服的学子，和他们的学长一样自恃为天之骄子。在校园里，还有一间马厩、70匹赛马、许多条马道，以及配有兽医和马掌工的兽医站。

　　学院的科研部门设在一座高大的环形建筑里，中间是一个天井式的庭院。这些部门包括药理学和防御毒理学研究所，血清实验室，由胡伯图斯·斯图格霍尔德［Hubertus Strughold，战后他与沃纳·冯·布劳恩（Wernher von Braun）一起为美国航天做出了重要贡献］教授领导的航空医学研究所，以及奥

70

托·兰克负责的军人生理学研究所。1938 年时，在兰克的研究所里，只有 1 名助理医生、3 名实习生和几个平民身份的打字员。但是，雄心勃勃的兰克并不甘于此，他一心要做出一番大事业，凭借的是他为国防军开发的"神器"——一种有大威力的小药片。

71

从黑面包到补脑剂

作为第三帝国首屈一指的军人生理学家，兰克眼中有一位劲敌：既不是东线战场的俄国人，也不是西线的法国人和英国人。这个他一心要战胜的对手是疲劳——一个出入无形却又颇有规律的劲敌。它让战士打不起精神，无力战斗，只能被迫躺下休息。一位身在睡梦中的战士是一个废人，同时也是一个被危险包围的人，因为在对面的阵地上，敌人或许并没有睡觉。困倦让步兵瞄不准目标，让摩托兵开不好车，让坦克兵驾驭不了坦克。用兰克的话讲："在双方交战时，精神涣散很可能会直接导致败局。……决定战争胜败的往往是最后一刻钟的坚持。"[73]

兰克将战胜疲劳列为研究的主要课题。1938 年春，在距离战争爆发一年半之时，兰克在《医学周刊》上看到对泰姆勒公司化学师豪席尔德的研究成果柏飞丁的无数赞誉之辞，他眼前顿时一亮。专家在论文中称，柏飞丁可以增加 20% 肺活量，并大幅提高氧气摄入量，在当时，这些都是标志人体机能的重要数值。看到这些说法，兰克再也沉不住气了，他决定要彻底搞清楚这件事。为此，他从"军大"学生中招募志愿者，用盲测形式展开试验，先是 90 人，然后增加到 150 人。他把测试者分成组，让他们分别服用不同药物：柏飞丁（P），咖啡因（C）和安慰剂（S）。然后让所有人彻夜不睡（第二次测试时甚至是从晚上8点一直到第二天下午4点），做各种数学题和其他题目。试验结果一目了然：天亮后，S组的测试者都困得东倒西歪，服用柏飞丁的P组同学却还在专注地答题，正如试验记录上所写的：这些人"面色红润，身体和精神都很活跃"。即使在集中注意力超过10小时之后，他们仍然觉得自己"有精力出门活动"。[74]

但是，兰克从试验数据中发现，结果并不都是积极的。服用柏飞丁的测试者在完成抽象类题目方面，并没有超常表现。在算术方面，虽然速度略有提高，但错误率也有所增加。此外，在解答综合类题目时，测试者的注意力和记忆力也没有明显提高，只有在完成简单题目时表现稍好。柏飞丁无疑可以消除睡意，但并不能把人变得更聪明——对士兵来说简直再完美不过。这是军事史上首例系统性毒品试验得出的结论，听起来多少有些嘲讽的味道。"这是一种让疲乏困顿的部队振作精神的绝佳药物。……可以想象，如果我们能够借助医学手段，让部队在作战日暂时摆脱疲劳这一自然反应，将有多大的军事意义。……这是一种极具军事价值的药品。"[①][75]

在试验结果的激励下，兰克提出建议，在常规部队中进行更大规模的试验。[76]令其意外的是，他的呼声如石沉大海，没有得到任何回应。在陆军事务局（今天德国联邦国防部）所在的本德勒大楼（Bendlerblock）里，人们对兴奋剂还毫无认识，不论是它带来的机会还是风险。当一心想出人头地的科学

74

75

---

① 而且这种药品很廉价。按照兰克的计算，如果每人每天服用4片，按药店进价折算为16芬尼；相比之下，夜间每人配给一杯咖啡的成本大约为50芬尼。"所以，醒脑剂的价格明显便宜得多。"

400 Uhr 3.5.39. Müdigkeit der S-Leute.

415 Uhr Krampfhaftes Wachhalten der S-Leute.

5⁴⁰ Uhr 26.4.39. Teilnahmslosigkeit der S-Leute.

5²⁰ Uhr Schlafen und Teilnahmslosigkeit der S- Leute.

军事史上最早的系统化毒品试验，**S** = 安慰剂，**B** = 苯丙胺，**C** = 咖啡因，**P** = 柏飞丁（图片上是在不同时间段表现出精力不集中、困倦或睡意的 **S** 组受测者）。

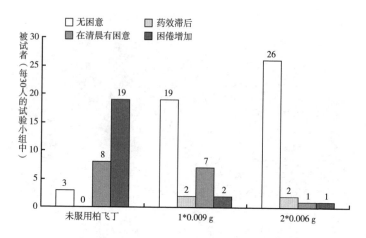

抗睡眠药柏飞丁——"一种极具军事价值的药品"

家兰克已经着手打造未来型战士（包括用合成生物碱这种尚不为人知的方式来干预大脑活动）[77]时，他的顶头上司——负责卫生监管的军事官僚们却还是一副老脑筋。这些人整天还在纠结，部队伙食是配黑面包还是白面包更好，而在同一时刻，兰克却已经在考虑让士兵服用补脑剂的问题了。在这方面，兰克无疑是一位先驱。几年后，曾于威廉时代在军医学院受训的柏林医生和作家戈特弗里德·本（Gottfried Benn）在对现代人的描述中写下了这样的经典语句："要使头脑变得强大，不仅要依靠牛奶，还要依靠生物碱。这个小小的脆弱的人体器官不仅能够想象出金字塔和伽马射线，还有狮子和冰山，而且还能一手创造它们，设计它们。这样的器官怎能像勿忘我花那样，只需浇浇水就可以打发。那些没用的东西，它早就受够了。"[78]

76 这些话摘自作家的散文集《挑战生命》（Provoziertes Leben），所谓"挑战"即是改变大脑神经活动，通过非常规营养素的输入，让大脑催生出新的思想和新的理念。

有关柏飞丁这种兴奋剂药效神奇的消息，很快就在年轻的预备役军医中不胫而走。这一点并不令人奇怪。在沉重的学业压力下，他们每个人都怀着强烈的成功欲望，因此都希望能亲眼见识下这种传说中的能量剂的神奇魔力。于是，他们开始大把大把地嗑药。对今天世界各地大学里那些想借助利他林（Ritalin，又名哌甲酯）或苯丙胺来提高学习成绩的瘾君子来说，当年德国军医大学的学生堪称他们的元老。不久，兰克便听说了这场因自己主持的试验而引发的潮流。他还听说，在慕尼黑大学，人们甚至专门安排了一间屋子，供服药过量的学生——人称"柏飞丁活死人"——醒神用。这时，兰克意识到了问题的严重性。他同时还得知，在自己所在的"军大"里，考试前大量嗑药的现象几乎已成为惯例。但是，服药并没有给学生们带来他们希望的好成绩，一位学生忧心忡忡地说："那些承认自己嗑药的人，考试成绩非常差，所以说，兜售这种玩意儿的肯定不会是正常人。"[79]

兰克立刻叫停了1939年再次进行柏飞丁试验的计划，并写信给其他研究所负责人，警告服药成瘾的危险性，要求在整个"军大"范围内全面禁用柏飞丁。[80]然而，这个由兰克亲手召唤的恶灵，已不再听从任何人的驱使，无论是兰克，还是国防军。在接下来的几周和几个月里，柏飞丁像插上了翅膀，在军营里迅速传播开来。

和平的日子已屈指可数。军医们开始为即将发动的波兰攻击战做准备，并买空了各地药房的所有库存，因为这时候柏飞丁还没有成为德国国防军的官方配给药品，暂时还没有。面对这一切，兰克感到束手无策。开战前不到一周，他写信给总参

77

谋部的一位军医少将，并在信中指出："给部队供应一种有可能导致滥用的特殊药物，将会是一柄双刃剑。"[81]然而事已至此，所有警告都已为时过晚。于是，一场失去控制的大规模试验开始了：在没有任何剂量提示的情况下，柏飞丁在士兵们中间泛滥开来。就这样，在兴奋剂的助力下，国防军向毫无防备，也不知兴奋剂为何物的东部邻国发动了袭击。

机器人

我是负责运送伤员的医疗列车驾驶员，工作总是处于超负荷状态，你们的药片给我和我的同事们带来了极大帮助。

克服艰苦似乎不再是难事。

现在我又变得精神抖擞了。[82]

在弗莱堡军事档案馆一本厚厚的文件夹里，塞满了关于波兰袭击战中甲基苯丙胺服用情况的军医报告。这场始于1939年9月1日的战役，成为引发第二次世界大战的导火索。这些报告中的描述十分琐碎，从中看不出任何连贯性和代表性。但可以想见的是，对兰克这位在战争之初被任命为陆军卫生监察局防御心理学顾问的当事人来讲，他所得到的信息也仅限于此。当年，从没有人对此做过有计划的调查，因为嗑药本身并不是一件有计划的事情，而是按照每一位指挥官、军医甚至是士兵个人的喜好随意进行的。

78 例如，来自第3装甲师的报告是这样写的："常有幻觉，注意力提高，体能明显上升，精力十足，头脑清醒，可以保持一整天，抑郁感消除，情绪回归正常状态。"[83]在波兰战役中，第 3 装甲师的任务是在格劳登茨（Graudenz）横渡维斯瓦河（Weichsel），向东普鲁士方向行进，然后向布列斯特－立陶夫斯克（Brest-Litowsk）发起进攻。

对士兵而言，战争就是职责。毒品或许能让坦克兵们少些胡思乱想，不去思考自己为什么要攻打另一个国家，而是按照命令履行自己的职责，哪怕这项职责是去杀人。"每个士兵都充满了生机和活力，纪律严明。略有亢奋，行动欲明显提高。精神振作，情绪高昂。没有意外出现。药效持久。服用 4 片后会有重影和眼花现象。"[84] 药物甚至会让一路所向披靡的士兵们产生轻微而愉悦的幻觉，然而正是这场由他们亲手实施的违反国际法的侵略战，为纳粹后来在波兰犯下的一系列罪行铺平了道路。"（服药后）饥饿感明显减轻，特别是能让服药者产生强烈的工作欲望，药物作用非常明显，不可能是基于想象。"

一位中尉在报告中记录了自己服药后的良好体验："没有副作用，没有头痛，没有耳鸣，头脑异常清醒。"在整整三天三夜的时间里，他情绪镇定地主持了在布列斯特－立陶夫斯克与苏联人的谈判，谈判核心是如何瓜分波兰占领区的问题。当他在返回路上遭遇波兰抵抗者袭击时，是柏飞丁让他"快速做出正确的反应"。[85] 关于这次交火中的伤亡情况，该报告则只字未提。

在许多人眼中，毒品是士兵奔赴战场时的理想伴侣。它能 79
够消除恐惧，让战斗变得相对轻松：无论是夜间行军——"所有坦克兵和驾驶员都会借助嗑药来提高注意力"——还是从战场上拖走坏掉的坦克，或是枪战以及其他"机械式操作"。[86]

在这场导致 10 万波兰士兵和 6 万平民丧生的战役中，柏飞丁这种能量剂在战争的每一个方面都发挥了作用，使战斗能够"在没有疲劳现象出现的情况下"顺利推进，"直到任务结束"。柏飞丁带来的额外能量，让一切都变得易如反掌。第 9 军的一名军医兴奋地说："我相信，在大规模战役中，当整个军都被派上战场时，那些有柏飞丁助力的部队总是比其他部队拥有更大的优势。所以，负责签字的军医早就把柏飞丁列入了医疗必需品清单。"[87]

另一份报告写道："那些经历了 1939 年 9 月 1 ~ 4 日艰苦鏖战的装甲兵和装甲师军官，还有那些经常要夜间长途行军，或在执行侦察任务时必须保持高度警觉的侦察营士兵，都深深体会到了柏飞丁的好处。""特别是对于承受巨大压力的装甲师指挥官而言，柏飞丁在提高精力和改善情绪方面的表现尤其突出，他们对柏飞丁提高人体机能的主观和客观作用给予了一致肯定。"

"注意力的提高"不只是装甲兵们的嗑药经验。一位军医上校描述道："摩托化部队承担的任务尤其艰苦：炎热的天气，漫天飞扬的尘土，颠簸不平的公路，遥远漫长的征程——从黎明到黑夜，从西里西亚横穿波希米亚 - 摩拉维亚和斯洛伐克，一直到波兰的伦贝格（Lemberg，今乌克兰利沃夫）。发药的时候，并没有人告诉士兵这些药的用处。不过，神奇的药效让他们很快懂得这些药到底是做什么用的。"[88]吃着泰姆勒公司制造的兴奋剂，戴着兰克博士研制的防尘眼镜——"条顿骑士团"就这样一路冲上了战场。

但是，一旦兴奋剂供应中断，危险也随即而至。一位军医上校用遗憾的口吻写道："运输车辆发生的事故，大部分都是由过劳造成的。假如能够给驾驶员及时补充柏飞丁之类的兴奋

```
Sanitätskompanie 2/59                O.U., den 30.12.1939
-------------------
Bezug: Div.-Arzt 8.Pz.-Div. v.28.12.39
Betr.: Verwendung von Pervitin als Stärkungsmittel.

        Dem
        Div.-Arzt der 8. Panzer-Division
        B i e l e f e l d
        -------------------

        Eigene Erfahrungen sehr günstig. Wirkung bei allge-
meiner Unlust, deprimierter   Stimmung ausgezeichnet.

                -----------

        Bei der Kompanie wurde Pervitin mehrmals an Einzelpersonen aus-
gegeben. Truppenversuch fand nicht statt. Die gemachten Erfah-
rungen sind sehr günstig. 1 Tablette hält von dem Fahrer Ermü-
dungserscheinungen fern. Selbstbeobachtung bei Ärzten ergab
Verschwinden von deprimierter Stimmung und Auftreten eines
subjektiven Frischegefühls. Überdosierungserscheinungen (Herz-
klopfen) treten erst bei Einnahme von 2 Tabletten auf.
                        gez. Dr. Wirth
                        Stabsarzt
```

　　"抑郁情绪一扫而空"：一份来自战争时期的柏飞丁药物记录。"我的感觉非常棒……对消除抑郁情绪的效果极佳。"

剂，很多事故是可以避免的。"[89]冰毒可以避免交通事故？不妨　　81
把这样的话告诉今天的交警，看看会有什么结果。

　　即使在当时，同样也不乏批评的声音。（后来在斯大林格勒全军覆没的）第 6 集团军军医总管将几位下属军医呈交的报告加以汇总，然后致函兰克："从这些内容矛盾的报告中可以清楚地看出，柏飞丁绝不是一种安全无害的药物。把柏飞丁分发给士兵，让其随意服用，这种做法是极不妥当的。"[90]很显然，在嗑药这件事上，很多人仍然心存疑虑。但是，整个部队从上到下，都已对毒品上了瘾。第 4 军药物调查报告中的最后一句话，清楚地反映了当时的普遍状况："请求供应更多柏飞丁药片，以便将试验继续下去……"[91]

倦怠期

德国人侵波兰后，英法两国于 1939 年 9 月 3 日向德国宣战。嗑药暂时停了下来，因为在西线，枪声一时间并没有打响。在这场所谓的"静坐战"中，敌对双方在长达数月的时间里始终按兵不动，一枪未发。没有人愿意打仗。耗时四年、吞噬了几百万士兵性命的第一次世界大战，还深深地铭刻在每个人的脑海里。阵地上挂起了横幅："只要你们不开枪，我们就不开。"[92] 各方都没有好战或民族主义情绪的表现，这种情形与 1914 年完全是两样。"战争是德国人发动的，"戈洛·曼写道，"不过，他们其实并不愿这样做，平民不愿意，士兵不愿意，将领们更不愿意。"[93]

只有一个人不这样看。希特勒一心希望尽快对法国发动进攻，可能的话，最好在 1939 年秋天就行动。但是，一个棘手的问题摆在他的面前：和德国相比，西方盟国无论是在装备还是兵力上，都占据明显优势。德国并不像纳粹对外宣传的那样，拥有一支坚不可摧的军队。相反，在攻打波兰后，德军在装备上亟待更新。大部分步兵师都面临兵力不足的问题，能上阵打仗的部队不足半数。[94] 相比之下，法国拥有全世界战斗力最强的军队，英国可以依靠遍及全球的英帝国属地，为战争经济提供充足的资源保障。

数字说明一切：德方兵力总共不到 300 万，英法联军兵力比德国超出近 100 万；德国国防军要以 135 个师对抗联军 151 个师，用 7378 门大炮对峙联军的 1.4 万门。在装甲车数量上，双方实力对比也是一目了然：德国共有 2439 辆装甲车，联军是 4204 辆。后者的装甲厚度至少是前者的两倍：德军是 30 毫米，法军是 60 毫米，英军甚至厚达 80 毫米。空军的战斗机数量比是 3578 架（德军）对 4469 架（联军）。[95]

军事领域的一条铁律是：进攻者必须投入 3 倍于敌人的兵力，才能保证攻击行动的成功。因此，国防军总司令部迟迟拿不出一份有制胜把握的行动计划是情有可原的。但是，希特勒不肯接受这一现实，他坚定地相信：雅利安人的斗志是无坚不摧的。波兰战役中德军在兴奋剂助力下的出色表现，更让其心生幻想，所以他一再宣称："德国士兵的勇猛定能创造奇迹。"[96]

然而实际上，这位独裁者本人也无计可施。英法对德宣战给他泼了一盆冷水，因为他满心以为，西方国家对待德国入侵波兰会像当时捷克斯洛伐克被瓜分时一样，仍然采取绥靖主义的态度。但结果并非如此，于是突然间，德国不得不在没有做好战争准备的情况下，孤身与整个西欧开战。希特勒带领德国走上了一条不归路。德国陆军总参谋长弗朗茨·哈尔德（Franz Halder）警告说："如果不抓紧时间及时找到对策，我们将越来越被动。对方的经济实力要比我们强得多。"[97] 怎么办？对希特勒而言，除了破釜沉舟、背水一战外，他再也想不出其他计策。然而，在主张冷静计算的国防军总司令部看来，希特勒的这种想法无异于飞蛾扑火。况且，在陆军司令部的普鲁士军官眼中，这个只会偷袭和凭直觉行事的"波希米亚二等兵"在军事方面向来就是个不懂行的"半吊子"。如果德国在没有准备好的情况下仓促出击，结果必然像一战时那样，再次以失败告终。这时，一场推翻独裁者的秘密行动甚至开始酝酿。冯·布劳希奇（Walther von Brauchitsch）和总参谋长哈尔德打

83

算，一旦希特勒发布进攻命令，就立即逮捕他。1939 年 11 月
8 日，乔治·埃尔塞（Georg Elser）计划在慕尼黑贝格勃劳凯
勒啤酒馆刺杀希特勒，行动失败后，上述计划也随之化为
泡影。

1939 年秋天，两位德军高级将领在科布伦茨（Koblenz）
会面，就一个大胆计划进行商议。这是一场具有历史性意义的
会见。这两人当中，一位是 52 岁的埃里希·冯·曼施泰因
（Erich von Manstein）将军——脾气暴躁的柏林红脸汉子，另
一位是比他小一岁的装甲部队指挥官、来自东普鲁士的海因
茨·古德里安（Heinz Wilhelm Guderian）上将。两人的想法
是，德军的唯一机会是派出大规模装甲部队，以闪电般速度翻
越有天堑之称的比利时阿登高地，在几天内拿下法国边境城市
色当（Sedan），进而向大西洋海岸发动突击。由于英法联军
预计德军将从北方展开进攻，因此将兵力都集结在了北路。如
果按照上述"镰刀收割计划"（Sichel-Schnitt），德军便可以绕
过联军防线，从后方形成包围之势。这样一来，就可以避免重
蹈一战时阵地战和消耗战的覆辙，通过对敌人后方的偷袭，战
胜实力强大的英法联军并逼迫其投降。正所谓"出其不意方
能克敌制胜"。

但在德军总参谋部里，人们听了这一大胆计划后却纷纷摇
头。当时，装甲车在人们眼中仍然被看作一种笨重的庞然大
物，它尽管可以为其他兵种提供支援，但无法作为独立作战的
部队开展行动，更不可能像计划中那样穿越崎岖险峻的山路，
以意想不到的速度对敌军实施偷袭。在人们看来，这一计划完
全是丧失理性。为了教训冯·曼施泰因这个喜欢冒险的疯子，
司令部决定将他调到波罗的海港口什切青（Stettin），远离未来

的西线战场。与此同时，面对希特勒要求立即发动进攻的不断催促，司令部的高级参谋们只能以各种各样的借口来敷衍推搪。为了拖延行动，仅天气恶劣的借口就被用了不下十次。用这些人的话讲，国防军只具备在晴天发动攻击的装备条件，因为只有在万里无云的天气下，作为德军主力的空军才能发挥威力。

因此，西线战场一直保持着近乎休眠的状态。1939年10月，当兰克来到普法尔茨州靠近德法边境的巴洛克小镇茨魏布吕肯（Zweibrücken）走访时，看到的是两排炮口朝向天空的装甲车，还有一群悠闲的、无所事事的士兵。这些士兵整天玩着扑克牌，抽着分配的香烟——一天7根，踢着足球，帮老乡到地里收土豆，用一副优哉游哉的样子来麻痹数公里之外、同样按兵不动的法国兵。

但是，这并不代表德国士兵没有能力随时进入作战状态。他们每人的裤兜里都揣着提神用的能量剂。兰克很快发现，"大部分军官都把柏飞丁带在身上……所有被问到的人，无论是摩托化部队，还是其他兵种的部队，都对药效持肯定态度"。[98]在寂静的表象下，所有人都对一点心知肚明：战争随时有可能打响，因此每个人都必须做好抖擞精神、奔赴战场的准备，这些准备事项当中也包括嗑药。

在给上级的信函中，兰克对这种预防性嗑药的做法发出了警示："问题并不在于要不要使用柏飞丁，而是如何将它的使用重新纳入掌控。目前，柏飞丁正在没有医生控制的情况下被大规模滥用。"他一再呼吁就此制定规章，要求在分发药物时附加药品说明，对药品使用加以规范，从而使"东线（波兰

85

战役）的经验能够在西线得到有效运用"。[99]但在这方面，事情迟迟没有进展。

人们对柏飞丁的习以为常态度在兰克身上同样得到了反映：他本人也是一位瘾君子，在战时日记和各种书信中，他在谈到这一问题时从不避讳。在工作日，他每天平均服用两片泰姆勒药片，以此来缓解工作压力，调节情绪。尽管他对药物的成瘾性了如指掌，但身为柏飞丁专家，他也无法现身说法，成功摆脱对药物的依赖。对其本人而言，柏飞丁就是一种药物，他只需按照自己认为正确的剂量去服用它。即便出现了副作用，他也不肯承认，而是另外寻找借口来安慰自己："虽然吃了柏飞丁，可是晚上 11 点过后，我的头疼和消化不良问题还是越来越严重……"在给同事的信中，他甚至大言不惭地说："服药让我更容易集中注意力，更轻松地面对工作的压力。因此，它不只是一种提神剂，而是一种效果良好的情绪调节剂。即使偶尔服用过量，也不会给人体带来永久性损害。……柏飞丁可以让人在没有明显疲劳感的情况下连续工作 36 ~ 40小时。"[100]

两天两夜不合眼，成为这位军人生理学家的作息常态。在战争开始后的最初几个月里，他一直马不停蹄，在前线和首都之间奔波，做关于柏飞丁的报告，为扩大研究所的规模忙碌。随着精神压力的不断增大，他只能通过加大药量来保持状态。没过多久，兰克就患上了典型的职业倦怠症（Burn-out），尽管这个医学概念当时还没有出现。他在日记里以冷静的口吻写道："个人情况：我的抑郁症已经痊愈，从 11 月 8 日中午开始，我重新进入了工作状态。"[101]但实际上，他夜里睡得越来越晚，经常"彻底不眠"，到了第二天，"整个人近乎崩溃"。兰克一步步染上毒瘾的过程颇具代表性。他试图借助化学品来不断提升自己的极限，即使没有效果也依然不罢休。但是，这种情况 87 总有一天会撑不下去："1939年11月19日，接下来的演讲和考察压力太大，我感觉自己完全无法再继续工作了。"[102]兰克并不是唯一受到战争压力和柏飞丁药瘾困扰的人。在他留下的日记中可以看到，这些日子里，依靠药物来应对压力的军官人数不断上升。

在军队以外的民间社会里，嗑药也变成了一种普遍现象。1939年，柏飞丁热潮在第三帝国进一步蔓延。在瘾君子当中有更年期妇女，她们"吃药的样子就像吃糖豆一样"；[103]有在产褥期的产妇，她们用柏飞丁来镇定神经，不让自己因为婴儿的哭闹和频繁哺乳而烦躁；还有在婚介安排下相亲的寡妇，她们吞下大把药片，以克服初次见面时的紧张情绪。柏飞丁的适用范围几乎无所不包：晕船，恐高症，花粉过敏，精神分裂症，妄想症，抑郁症，情绪低落，思维障碍，等等。每当德国人感觉不适时，他或她总会习惯性地把手伸向这种蓝白红相间的小药瓶。[104]

由于战争爆发后咖啡脱销，人们在早餐时就会用上柏飞丁，拿它来作为添加剂，好让麦芽咖啡喝起来更带劲。"柏飞丁不再是飞行员或工兵的专属品，作为提神用的醒脑剂，它在学校里也会有目的性地被派上用场，"戈特弗里德·本也曾在书中从化学品角度描述这一特殊时期，"这些听上去有些荒唐，但这一切不过是人类思维的一种自然延展。无论是音乐还是毒品，或是现代生物反馈疗法——都是人类为克服难以忍受的焦虑而寻找解脱的本能需求。"[105]

1939年秋末，帝国卫生局对这一日趋泛滥的潮流做出了 88

反应。人称"帝国卫生领袖"——身份类似于卫生部部长——的国务秘书利奥·康蒂（Leo Conti）决心要采取措施，哪怕只是亡羊补牢，以免"整个民族都沉迷于嗑药"。[106]他指出，"令人不安的后遗症完全抵消了服药后所带来的积极效果"。为了加强法律监管，他向司法部表达了他的忧虑："随着柏飞丁耐药性的出现，大批百姓将会陷入麻痹状态……那些想用柏飞丁消除疲劳的人必将面临同一个结果，那就是身体和心理机能的逐渐衰退直至衰竭。"

在一份个人倡议书中，他以典型的纳粹宣传式口吻向所有禁毒局高官发出呼吁："时代的严峻性要求我们，必须禁止每一个德意志男性和德意志女性被不良癖好所迷惑。我们必须以身作则，抵制毒品。在今天的时代里，这比任何时候都更加紧迫，更加义不容辞。……请用您的行动来保护和帮助那些受毒品威胁的德意志家庭，您的付出将使我们民族的内在抵抗力变得更加强大。"[107]

1939 年 11 月，康蒂下令将柏飞丁列入处方药名单。[108]数周后，他在柏林市议会面对纳粹德国医生联盟成员时发表的演讲中，提醒人们警惕"这一新的巨大危险"，"在毒瘾等一系列副作用所导致的危机面前，每个人都将在劫难逃"。[109]但是，这些言论并没能得到充分重视，人们对药物的需求还在不断增长。许多药房对新颁布的处方药规定置若罔闻，甚至在没有处方的情况下把柏飞丁成箱地卖给顾客。要每天搞来几管柏飞丁针剂，或是从药房一次买到几百片柏飞丁药片，依然不是什么难事。[110]

军队的情况与此相仿。况且，处方药规定原本也只针对民间，军队向来不受此限。但康蒂并不肯就此放弃。于是，在现实战争的背景下，一场围绕毒品的战斗爆发了。这位帝国卫生领袖要求国防军就兴奋剂"使用、滥用以及后果"做出表态，因为他观察到，"我们的年轻士兵状态非常差，经常是面色灰暗，毫无生气"。然而康蒂领导的帝国卫生局属于民间机构，因此，军方立即对他的干预发出了抗议。陆军卫生监察官瓦尔德曼（Waldmann）在复函中以毫不客气的口吻回应道："国防军不会放弃借助包括药物在内的手段……达到临时提升体能或消除疲劳的目的。"[111]

1940 年 2 月 17 日，就在康蒂向陆军卫生监察局寄出抗议信的同一天，在帝国总理府，一次决定历史进程的会面正在举行。会面的一方是希特勒，另一方是冯·曼施泰因将军和新近被任命为某装甲师指挥官的埃尔温·隆美尔（Erwin Rommel）将军。冯·曼施泰因像平时一样两手插在衣兜里，依希特勒之命，向其汇报自己在司令部遇阻的大胆进攻计划：如何翻越地势艰险的阿登高地，如何趁敌不备，从英法联军意想不到的后方发起攻击。一向喜欢打断别人讲话的希特勒这次一改平日习惯，专心致志地倾听着。[112]尽管希特勒对这位傲气十足、满口军事用语的将军从来没有好感——"他是个很有战略眼光的聪明人，可我不信任他"[113]——但这一次，希特勒却被他的闪击计划完全说服了。时间决定胜败，速度、意识（而非装备）才是关键。转眼间，德军装备上的劣势已不再是阻挠进攻的障碍。希特勒毫不犹豫，立刻抓住了这根救命稻草。冯·曼施泰因在会谈记录中骄傲地写道："元首对这些设想给予了肯定，不久后，新的最终行动方案就宣布了。"[114]

但问题在于，德军是否真的能够以迅雷不及掩耳的速度实现阿登突破。由于山区地形复杂，军队随时都有可能被困，被

91

Anlage 1

Anweisung für den Sanitätsoffizier über das Weckmittel Pervitin

1. Wirkungsweise.

Pervitin ist ein Arzneimittel, das durch zentrale Erregung das Schlafbedürfnis beseitigt. Eine Leistungssteigerung über die Wachleistung hinaus kann nicht erzielt werden. Bei richtiger Dosierung ist das Selbstgefühl deutlich gehoben, die Scheu vor Inangriffnahme auch schwieriger Arbeit gesenkt; damit sind Hemmungen beseitigt, ohne daß eine Herabsetzung der Sinnesleistungen wie bei Alkohol eintritt. Bei Überdosierung tritt hinzu Schwindelgefühl und Kopfschmerz sowie gesteigerter Blutdruck. Rund in 1/10 der Fälle versagen die Weckmittel auch bei richtiger Dosierung.

2. Dosierung.

Zur Überwindung der Müdigkeit nach eingenommener Mahlzeit genügt gewöhnlich 1 Tablette mit 0,003 g Pervitin. Bei starkem Schlafbedürfnis nach Anstrengung besonders in der Zeit zwischen 0 Uhr und dem Morgengrauen sind vorbeugend 2 Tabletten kurz nacheinander und nötigenfalls weitere 1—2 Tabletten nach 3—4 Stunden einzunehmen. Weckmittel sind überflüssig, solange die Kampferregung anhält.

Werden 0,04 g = etwa 12 Tabletten und mehr auf einmal einverleibt, ist mit Vergiftung zu rechnen.

3. Anwendungsbereich.

Die Weckmittel dürfen nicht eingenommen werden, solange unvorhergesehene Rasten zum Schlaf ausgenutzt werden können. Die Anwendung verspricht in erster Linie Erfolg beim Kolonnenmarsch mot. Verbände bei Nacht sowie bei übermüdeten Personen nach Wegfall der Kampferregung. Nur in zwingenden Ausnahmefällen darf mehr als 24 Stunden lang der Schlaf durch Weckmittel verhindert werden.

4. Ausgabe.

Nur auf Anweisung eines San. Offiziers wird durch das San. Personal nur je eine Tagesmenge ausgegeben. Der Verbrauch ist zu kontrollieren.

5. Wirkungszeit.

Die volle Wirkung tritt bei leerem Magen 15 Minuten nach der Einnahme, bei vollem Magen nach etwa ½—1 Stunde ein. Die schnelle Aufnahme bei leerem Magen führt gelegentlich zu rasch vorübergehenden Überdosierungserscheinungen.

6. Darreichung.

Zweckmäßig in einem Schluck nicht zu heißen Getränkes gelöst, notfalls auch als trockene fast geschmacklose Tablette.

7. Wirkungsdauer.

Einmal 2 Tabletten beseitigen das Schlafbedürfnis für 3—8 Stunden, zweimal 2 Tabletten gewöhnlich für etwa 24 Stunden. Bei starker Übermüdung ist die Wirkung verkürzt und vermindert.

8. Gegenanzeige.

Bei Nervösen und Vagotonikern (langsamer Ruhepuls) können die Weckmittel zu harmlosen aber leistungsmindernden Erregungszuständen mit Kopfschmerzen und Herzklopfen führen. Wer einmal so auf diese Weckmittel anspricht, soll keine Weckmittel mehr nehmen. Bei Anlage zu Nierenkrankheiten, Herzkrankheiten und schweren Blutgefäßkrankheiten sowie bei allen fieberhaften Erkrankungen sind Weckmittel verboten. Im Alkoholrausch sind sie unwirksam.

1940 年 4 月 17 日颁布的"提神剂公告"：为国防军准备的药品说明书。柏飞丁是一种通过刺激中枢神经系统来消除睡眠需求的药物。无法实现提高清醒时表现的效果……过量服用会产生眩晕和头痛，以及血压升高。在大约 1/10 的情况下，兴奋剂即使在正确的剂量下也会失效。

人数不多的敌军发现并发生交火。届时，英法联军将有足够多的时间从北方调动兵力前来增援，将德军一举歼灭。"镰刀收割计划"的唯一胜算是，突击部队必须做到日夜兼程，一刻不歇地行军，睡眠当然更是不允许的。面对质疑，希特勒坚决予以驳回。用他的话讲，当形势需要时，作为德意志军人，每个人都理所当然地可以凭借强大的意志力做到昼夜不眠，时刻保持旺盛的斗志。当年一战时，在佛兰德斯的战壕里，他作为一名传令兵就是这样做的。

况且对德国士兵们来说，强大的意志力甚至都是多余的。想想看，柏飞丁是做什么用的?! 在德军司令部里，人们开始热火朝天地为新的作战计划做准备，其中也包括战地医疗方面的筹备工作。这时，人们又记起了军医大学的那些试验。1940年4月13日，在发动进攻前大约三周时，陆军卫生监察官瓦尔德曼依命到陆军总指挥冯·布劳希奇上将处做汇报。汇报题目是"柏飞丁问题——关于慎用药物以及特殊形势下使用药物之必要性的说明"。[115]兰克也多次被召去谈话。那段时间，他总是不停地在因瓦登大街的"军大"和陆军总部所在地本德勒大楼之间往返奔波。他必须马上起草一份报告，然后到陆军总参谋部做汇报。另外，他还要编写一份柏飞丁简介，作为国防军专用的药品说明书。[116]

92

4月15日，兰克收到了一封来信，写信人是冯·克莱斯特（von Kleist）将军麾下某装甲集团军的军医。该装甲部队将在此次阿登突击中承担打头阵的任务。在这支部队里，大家正在热情高涨地做着嗑药预备练习："柏飞丁的提神作用十分显著，它可以有效缓解体力和脑力严重消耗后的疲劳症状，特别是对那些需要时刻保持头脑清醒以及敏锐的感受力、注意力和判断力的人来说，它在缓解疲劳和消除困倦方面的表现尤其突出。……这些观察结果一部分是通过波兰战役，还有一部分是通过集团化行军或行驶训练，以及无数军医和军官的亲身体验积累起来的。"[117] 此刻，大局已定，倒计时开始。兰克命令泰姆勒药厂立即加大产量，保证供应。两天后，1940 年 4 月 17日，一份通告书开始在国防军中流传，这是军事史上绝无仅有的一例。

这份所谓的"能量剂公告书"被分发给数千名部队军医、数百位集团军卫生监察官以及武装党卫军中的相关人员。通告的第一段以简明扼要的文字写道："波兰战役的经验显示，在特定形势下，军事上的成败在很大程度上是由损耗严重的部队能否战胜疲劳决定的。在特殊环境里，消除睡意比预防有可能因睡眠而导致军事失败的危险更重要。打败睡眠……正是能量剂的作用所在。柏飞丁将作为军需药品有计划地得到应用。"[118]

这份通告中的文字是出自兰克之手，签字人是陆军总司令冯·布劳希奇。规定剂量是每日 1 片，"夜间作为预防可在有较短间隔前提下连续服用 2 片，必要时可在三四小时后加服 1~2 片"。在特殊情况下，可借助药物"阻断睡眠 24小时以上"。那么，军事进攻难道不是特殊情况吗？关于有可能出现的药物中毒症状，通告中称其表现是"好斗情绪"。这究竟是警告还是鼓励呢？此外，通告还称："按剂量正确服用，可明显提高自我意识，降低对行动和艰巨工作的恐惧感，有效消除畏惧心理，同时不会像酗酒那样导致自我意识水平的降低。"[119]

因此可以说，德国国防军是全世界第一支以化学毒品为武器的军队。军事生理学家、柏飞丁瘾君子兰克是签署这道命令的责任人。一场前所未有的新型战争就此拉开了序幕。

摩登时代

在泰姆勒药厂的生产车间里，几十位身穿白色大褂的女工围坐在外形像是机械蛋糕的圆盘状机器旁。金属活门一刻不停地将压制好的白色药片推到传送带上，成百上千粒药片在传送带上蹦跳着，被输送到女质检员们面前。一双双戴着白手套的手如蜜蜂触角一般上下翻飞，灵巧地把一堆堆雪白的药片分拣成两类：次品扔进废品筐，合格品放入国防军特制的军需食品袋，接着把袋子装进盒子，再装进印有纳粹鹰徽图案的木箱。所有人都在加班加点地工作，因为军令刻不容缓：必须以最快的速度把货物交到顾客手中。

96

柏飞丁日产量最多时达到 83.3 万片。这一数字毫不夸张，因为国防军为陆军和空军下了巨额订单：3500 万片。[120] 海因里希·伯尔再也不用写信给父母，催促他们给自己寄药了。

时间就是战争

胜败关键在于速度。只有出其不意，攻其不备，方能赢得胜利。[121]

——摘自装甲部队司令冯·克莱斯特的进攻令

一棵棵橡树的树干上，在靠近树腰的位置，被贴上了发亮的荧光条。点点火光像一串指示灯，沿着灌木丛中新开辟

泰姆勒药厂收到的巨额订单……

……为陆军和空军准备的 3500 万片柏飞丁

出的小径，向密林深处若隐若现的山坡上延伸。第三帝国的
"纸牌屋"就建在这里：在这个只有一人臂展宽的木屋里，
摆放着一张简陋的桌子和一把藤椅。一张佛兰德斯地区的地
形图贴在木板壁上，图上用色彩勾勒出的丘陵在窗外实景的
映衬下，显得更加生动真实：近处是埃菲尔高地，高地后面
是险峻的阿登山脉。莫雷尔医生的老朋友、纳粹御用摄影师
霍夫曼此时正站在屋外，举着手中的相机，隔着窗子朝屋里
不停地按下快门。

1940 年 5 月 10 日清晨 7 点，就在这处靠近巴德明斯特赖
费尔（Bad Münstereifel）的元首总部"岩巢"（Felsennest），
最高统帅部长官约德尔（Alfred Jodl）少将正在向希特勒做军
事形势汇报。头天夜里，德国伞兵部队从科隆出发，攻占了比
利时北部的埃本－埃美尔要塞（Fort Eben-Emael）。不过，这
次空袭行动只是一次佯攻，其目的是让英法联军更加坚信自己
的判断，即德军将从比利时北部发动进攻。但实际上，德军大
规模兵力正在向另一个方向移动，其位置靠近卢森堡边境，比
联军把守的地段偏南得多。在这里，国防军的装甲车排成长长
的一列，开始向目标进发。靠近队列的前端，是古德里安上将
乘坐的中型装甲通信车，车身上伸出的天线显得格外醒目。这
时的装甲部队里，还看不出丝毫的战斗气氛。一位军官回忆
道："不管走到哪儿，到处都安静得令人压抑，那种感觉简直
可以用垂头丧气来形容。"[122]

这些侵略者内心的不安和混乱从一个现象就可以清楚地得
到反映：这场蓄谋已久的进攻行动在第一天早晨便因拥堵卡了
壳。德军装甲部队还没出德国边境就被堵在了路上，就像交通
堵塞造成的大面积瘫痪一样，进退不得，乱成一锅粥。本应以

速度制胜的突袭，看似已然无望。造成拥堵的原因很简单：步兵部队的辎重马车一窝蜂地拥入为装甲车预备的较宽阔的道路，很快便把路堵得水泄不通。冯·克莱斯特率领的装甲部队只能把车辆停在路上，一辆挨一辆排成一条长龙：这是军事史上投入摩托化兵力最多的一场军事行动，德军共出动了 41140 部车辆，包括 1222 辆坦克。这条钢铁长龙堵在 250 公里长的山路上，尾部一直延伸到莱茵河河岸。这是欧洲历史上最严重的一起"交通拥堵"。英法联军原本可以趁此机会派出轰炸机，轻而易举地歼灭这头自缚手脚的困兽，将敌军的进攻扼杀在摇篮里。但是，德军的这次突破行动实在太过出人意料，因此，即使出现了如此混乱的状况，法国侦察部队也毫无察觉，从而与这一天赐良机失之交臂。

导致德军混乱的原因是，总司令部的指挥官们始终没有下定决心，把这次行动的突击任务交给装甲部队去完成。因此，人们既没有准备充裕的道路供装甲车通行，也没有为其安排独立的进攻路线。截至此时，所谓"闪电战"仍然是一个空谈。没有人理解或真正领会这次行动的宗旨，只有少数高级将领除外。这些人当中首要的便是古德里安。这时，他正焦急地通过步话机与各方联络，要求步兵部队立刻腾出路来，让装甲部队通过。但是，炮兵部队却把装甲兵看作与自己抢功的竞争对手，并且理所当然地认为，打头炮的任务必须要由步兵来承担，就像以往每次战役时一样。辎重货车、马车和行军的步兵，仍然把道路占得满满的。许多士兵肩上的步枪，和他们父辈在一战时用的枪支并没有两样。但是，当装甲车队列左突右冲，终于摆脱重围，穿越陡峭的山谷，沿着崎岖盘旋的山路，浩浩荡荡向目标进发时，人们才真正见识到了装甲军团的威力。

在抵达英吉利海峡前，似乎再没有任何事物能够阻挡它的步伐。事态看似如此。

99

"要大刀阔斧，不要小打小闹"[123]

也许法国早在 1940 年就已经死了：它在短短 11 天里败给了德国人，这是这个国家永远洗刷不掉的耻辱。[124]

——弗雷德里克·贝格伯德（Frédéric Beigbeder）

陆军总参谋长哈尔德上将在日记中写道："德军肩负的任务十分艰巨，从现有的地形条件（马斯河一带）和双方实力对比（尤其是炮兵）来看，这是个无法完成的任务。……因此，我们必须采取超乎寻常的手段，并承担由此带来的风险。"[125]甲基苯丙胺便是这些超常手段中的一种，况且对士兵而言，要执行古德里安上将的命令，除了嗑药之外别无他法："我要求你们必须做到，在形势所需时，至少保证三天三夜不睡觉。"[126]目前正是形势所需之时，因为德军必须争分夺秒，抢在法国集团军之前，攻占德法边境重镇色当，强渡马斯河。目前，法国大部分兵力仍然把守在比利时北部和偏近南方的马其诺防线一带。

在药品配给方面，德军早已做好了充分准备。总参谋部的军需官们已经及时备齐了各部队所需的柏飞丁药片，如上将冯·基尔曼塞格伯爵（Graf von Kielmansegg，1960 年代曾出任北约中欧盟军司令部总指挥官）便为其率领的第 1 装甲师足足准备了 2 万份药。[127]5 月 10 日至 11 日深夜，大规模嗑药行动开始了。数千名士兵或掏出塞在军帽里衬中的药片，[128]或接过

100

随队军医递过来的药片，把它扔进嘴里，喝口水吞下。

　　20 分钟后，药片开始起作用。大脑中的神经细胞开始大量释放神经递质，在多巴胺和去甲肾上腺素的刺激下，人的意识变得格外敏锐，整个身体都进入了高度警觉状态。瞬息之间，黑夜亮如白昼，睡意烟消云散。在探照灯的指引下，巨蟒般的国防军队伍开始向比利时方向进发。出发时的压抑和萎靡不见了，取而代之的是一种难以形容的奇异感觉：头皮发凉，整个身体从里到外透出一股寒意。类似一战时的"钢铁风暴"① 还没有发生，化学风暴却已降临，它让每个人都精神亢奋，斗志高涨：驾驶员开着装甲车一路向前，通信兵用打字机模样的密码机与各方密切联络，穿着黑色长裤和深灰色上衣的狙击手屏住呼吸蹲在瞄准器后面，随时准备射击。没有人想停下休息。化学品对大脑不断地产生刺激，让机体释放出蓬勃的能量，血糖值上升，平均动脉压增高，增幅最高可达 25%。整个身体就像高速运转的发动机一样，活塞上下翻飞，心脏猛烈地捶打着胸腔。

　　早上，第一场战斗打响了。在边境小镇马特朗日（Martelange），德军被驻守当地的比利时军队发现。守军埋伏在一处高地上，前面是几百米长的光秃秃的山坡，没有任何树木遮挡。要想占领高地，只能采取正面进攻，可这样做却又无异于自杀。但是，有兴奋剂助力的德国步兵没有丝毫犹豫，一路猛冲，径直杀入了死亡地带。比利时士兵被眼前的疯狂场面吓呆了，当即决定撤退。拿下了阵地的进攻者们并没有像军事史上的通常做法一样，暂时停止进攻，清点战场，而是继续一路

---

① Stahlgewitter，指索姆河战役，这是一战中最惨烈的阵地战，也是人类历史上第一次把坦克投入实战。——译者注

追杀，直到敌人四散奔逃，一个也不见踪影。这是具有标志性的第一场战斗。

三天后，德国装甲军团抵达了法国边境。色当就在德国人面前。他们当中很多人自出征那一刻起，便没有合过眼，眼下也仍然不能，因为留给他们的时间已经不多了。按照计划，德国炮兵将于下午4点整发起攻击。几乎在同一时刻，庞大的轰炸机机群黑压压地出现在天空中，呼啸着向着法军阵地俯冲下来，一颗颗炸弹拖着尖利的嘶鸣声——所谓的"耶利哥号角"（Jericho-Trompete）——飞向地面，紧接着，一切都被震耳欲聋的爆炸声湮没。整个镇子地动山摇，弹片横飞。甲基苯丙胺在大脑中引爆一颗又一颗"炸弹"，将神经递质释放到突触间隙，为身体注入源源不断的能量。每一条神经索都在震颤，每一个神经元细胞都在放电，这奇妙的生理变化，让爆炸的轰鸣声也变得不再刺耳。防守的敌军一个个蜷缩在战壕里，望着从天空向地面一路俯冲的飞机瑟瑟发抖，尖利的嘶鸣声穿透了他们的耳膜，让其大脑变得一片空白。[129]

在接下来的数小时里，6万名士兵、2.2万辆汽车、850辆坦克浩浩荡荡地渡过了马斯河。一位亲历色当战役的当事人回忆道："当时，所有人都陷入了一种极度亢奋的非正常状态，大家坐在车子里，满身尘土，疲惫不堪，却又热情高涨。"[130]德国人以迅雷不及掩耳之势占领了这座法国边境城市。"士兵们斗志昂扬，誓将敌人彻底歼灭。"国防军官方报告中如此写道。[131]实际上，在唤起士兵斗志方面，毒品的作用功不可没，而在第一次世界大战时，士兵们的斗志更多是受民族主义精神的激励。

法国援兵迟到了一步。几个小时后，当匆匆赶来救援的部队抵达色当时，战局已不可逆转。德军早已越过马斯河，联军防线被彻底攻破。此后，一直到德国战败投降，法国人始终没能追赶上德国人的步伐。他们的动作永远慢半拍，总是在措手不及的情况下仓促应战，从来没有一次把主动权掌握在自己手中。一份国防军报告记录道："法国人显然是被我军坦克的突然出现吓慌了，以致无法组织起有效的防御。"[132]

曾于1940年5月和6月参战的法国历史学家马克·布洛赫（Marc Bloch）称之为"精神上的挫败"："我们的士兵被打败了，这失败来得实在太快了，因为我们在思想上总是落后一步。"说到底，这是因为法国人的大脑没有进入非正常的亢奋状态。布洛赫在描述当时面对德军进攻的场面时写道："漫山遍野，到处都是德国人。他们左攻右突，横冲直撞。他们相信行动，相信奇迹；而我们却相信死守，相信经验。在整个战役中，德国人总是出现在我们意想不到的地方，他们从不遵守任何规则……所以我们不能否认，我们的很多弱点主要是由头脑中习以为常的慢节奏造成的。"[133]

在色当战役第一天，法国军队因德军轰炸而损失的兵力只有57人，从数字上讲，损失并不算大。这场战役的更大影响是德军势如破竹的攻势所导致的心理阴影，这场胜利实际上是一场心理的胜利。一份法国战争研究报告在谈到德军突破马斯河防线以及法军防守失利的问题时，称之为"phénomène d'hallucination collective"①。[134]

---

① 法语，意为集体幻觉现象。——译者注

时间就是毒品

闪电战是由冰毒控制的，甚至可以说，闪电战是靠冰毒取胜的。[135]

——医学史学家彼德·施泰因坎普博士
（Dr. Peter Steinkamp）

对侵略者而言，兴奋剂的好处是一目了然的：战争是在空间和时间的维度里发生的，速度在其中的作用至关重要。只有一战是个例外，在长达四年的战争中，德国在领土方面的收获十分有限。但我们可以假设下，当年滑铁卢战役时，假如拿破仑军队能够提前两小时抵达战场，事情或许会是另一种结果。

国防军报告在提及古德里安上将在战役中的表现时写道："将军坐在越野车里毅然决然地驶离马斯河南岸，开足马力，全速向东舍里（Donchery）方向驶去。没有停顿，没有休息，日夜兼程，只要油箱还没有空。"[136]现实是残酷的，它绝不可能像文字描述的那样轻松。这毕竟是一场夺去数千人生命的侵略战，它为后来的历次战役提供了一个样板，[137]因为它的方式是独创的，是史上前所未有的。留着灰色胡须、脖子上总是挂着望远镜的古德里安称之为奇迹，但实际上，在这无眠的日日夜夜里，他才是这场闪电战的创造者。在短短不到100个小时，德国人占领的领土便超过了一战四年的总和。按照计划，由冯·克莱斯特率领的，同时也可由古德里安调动的装甲兵团在突击过程中只要能够做到快速移动，一路向前方挺进，就可以拥有自由行动权。一旦装甲车遇阻,无法前进,冯·克莱斯特就必须立刻并入大部队,听从上级指挥。如今看来,这是一条聪明的计策:它激发起了装甲兵团的斗志,这些人绝不肯停下脚步,把指挥权交给他人。因此,踏上征途的装甲部队就像掷出去的长矛一样,一路向前,向前。

从色当开始,古德里安便一路端坐在他的装甲通信车里,自主指挥着手下部队的行动,辅助他的是坐在随行汽车中的通信兵指挥官。巩固阵地,修筑桥头堡,都不再是他的任务。在攻克边境城市色当后,他仍然在继续向前挺进,胜利的亢奋让他甚至不惜违抗军令,把停止前进的命令当成耳旁风。侧翼掩护,去他的吧!他现在的任务是疾速向前,甩掉所有试图从侧面包抄的敌人。保障后勤供应?没有必要!他的部队配备充足,应有尽有。新发明的油桶系统可以保证最前排的车辆也能获得足够的燃料,至于说柏飞丁,陆军卫生监察局——国防军大药房——早就给他们备得足足的。[138]

整整四天过后,英法联军仍然没有从这场突如其来的打击中缓过神来。面对这个无法预测的对手,他们找不出任何办法来应对。因为敌人采取的做法根本没有战术可言,这些人的眼中只有一个目标,这就是以最快的速度抵达大西洋海岸,进而完成合围。达成这一目标的方案经过了精心策划,甲基苯丙胺则在其中发挥了核心作用。

"我们一路疾行,以车队能够达到的最快速度。将军不停向手下人马发出指令,以保证车流畅通。那天,我们赶了很远的路。法国守军的两位军官被带到将军面前,他们说:'哎,德国人的速度太快了,très, très vite(非常快)。'他们糊里糊涂就

105

变成了俘虏。他们搞不明白，我们到底是什么时候从什么地方冒出来的。……后来，我们开始向蒙科尔内（Montcornet）进发，所有车辆都加足马力，全速前进。将军不得不随时调整行进路线，因为一切进展得实在太快了。"这是德军报告对古德里安行动的描述。[139] 接下来，报告还写道："在集市上，有些法国人从自己的汽车上下来，跟着我们的车队溜达了一段。那时候，当地根本没有驻军把守。将军在教堂旁边停下车，和他的副官一起指挥队伍，这个师往右，那个师往左。就像赛跑一样，大家向各路冲了出去。"[140]

这场发生在 1940 年 5 月几个春日的闪电战，是一场与以往截然不同的特殊战役，它打破了所有枷锁，超越了一切界限，向人们展现出现代战争的无限可能性，也让人们第一次见识到兴奋剂在战争中的威力。

冰毒之狐

埃尔温·隆美尔这位鼎鼎大名的德国将领并不是一位坦克战专家，他原本是步兵出身，即陆军中的"徒步一族"。然而，恰恰是由于对钢铁战车及其战术规则的无知，这位来自施瓦本山区的军人才能够做到大胆妄为，不按常理行事。当他率领作为先头部队的第 7 装甲师在法国渡河时，他甚至不等工兵搭好临时桥梁，便擅自决定用浮桥将成吨重的坦克运过河。结果，他成功了。在德国发动进攻的同一天被任命为英国首相的温斯顿·丘吉尔这次罕见地错判了形势，他安慰法国总理保罗·雷诺（Paul Reynaud）说："所有经验证明，只要过了一定的时间，进攻总会停止……再过五六天，等给养供应不上时，他们肯定会停下来，然后，我们就有机会反攻了。"[141]

隆美尔并没有停步。他率领装甲部队沿着灵活机动的路线，一路向前挺进。和古德里安一样，出色的后勤保障让他如虎添翼，就像刺入敌人心脏的一柄尖刀：迅捷凌厉，势不可当。德军司令部的指挥官们对他赞叹不已："真想像隆美尔将军那样，冲到第一线去。这个胆大包天的家伙，永远是坐在打头阵的那辆战车里！"[142] 就连他的顶头上司霍特（Hermann Hoth）将军也无法指挥他，因为早在霍特的命令刚刚在纸上拟好之前很久，隆美尔就翻山越岭，进入了大山深处，无线电通信也随之中断。此时的隆美尔已经失去了对危险的意识，这是大剂量嗑药的典型症状。他指挥部队昼夜兼程，并亲自指示行进路线，向敌人意想不到的方向出击，就像狂暴战士一样，浑身每一个毛孔都冒着杀气。面对这头以闪电般速度向己方守军直扑而来的猛兽，法国人陷入了绝望。怎么办？没有人指示他们该如何自卫。在以往的军事演习中，这种情况他们从未遇到过。

德军发动西线攻势接近一周时，一场充满血腥的冲突发生了。它像一道照亮舞台的聚光灯光束，让如梦初醒的人们终于看清了德军行动的真相。1940年5月17日深夜，已经不再听从任何人指挥的隆美尔带着部队，来到法国北部小镇索勒尔堡（Solre-le-Château），朝着阿韦讷（Avesnes）方向疾速前进。正巧，法军第5步兵师以及第18步兵师和第1装甲师的部分兵力就在这里安营扎寨。隆美尔少将毫不犹豫，立刻率领他的钢铁之师冲入营地，一边横冲直撞，一边向敌军开火。战火停熄后，他下令将横在前方10公里

107

长的公路上被炮火摧毁的坦克和车辆，连同里面的死伤官兵，统统推入路两旁的壕沟，然后坐在履带上沾满血迹的指挥车里，率领部队继续向前方进发。这时的隆美尔就像我们所熟悉的那样，歪戴着军帽，左右两侧是他的两位参谋官。[143]

闪电战不仅突破了一切界限，同时也为未来的纳粹暴力行径播下了种子。不再需要睡眠的德国人，似乎再没有任何人和任何力量能够阻挡。这时，他们渐渐开始相信纳粹宣传中的说法，相信自己是名副其实的优秀人种。柏飞丁产生的亢奋作用，更巩固了这种错误判断。关于国防军是"不可战胜之师"的说法开始四处流传。当时，法国国防部部长达拉第（Édouard Daladier）还不肯承认这一点。5 月 15 日晚上 8 点 30 分，当陆军总司令甘莫林（Maurice Gustave Gamelin）在电话中向他报告法军惨败的消息时，他冲着电话听筒大声喊叫道："不！你说的这些事根本不可能发生！你肯定是搞错了！这绝不可能！"[144]但这时候，"德国鬼子"距离巴黎仅有 130 公里之遥，而且在他们前方，再没有一支防守力量能够为都城提供保护。一切都发生在瞬息之间。"这就是说，法国军队被打败了？"达拉第浑身瘫软，表情僵硬地如此说道。丘吉尔在回忆录中写道："我全身都麻木了，我承认，这是我这辈子经历的最大意外之一。"[145]

短短几天之内，德国人便赢得了这场欧洲战争。至少在当时看是如此。

希特勒不相信闪电战

从眼下形势看，我们正在经历历史上最沉重的一场军事灾难。[146]

——英国陆军总参谋长埃德蒙·伊伦赛德（Edmund
　　Ironside）1940年5月17日在谈及联军所处形势时说

真是不开心的一天。元首十分焦虑，他对自己的胜利感到害怕，不愿冒任何风险，所以宁肯让我们停止前进。

——德国陆军总参谋长弗朗茨·哈尔德，1940年
5月17日，与上段话在同一天

他怒气冲冲，大叫着说，你们再这样干下去，就会毁掉整个行动，导致满盘皆输。[147]

——哈尔德于次日

前方频频传来的捷报让德军总参谋部的所有人惊喜不已。情报部门日夜不停地搜集着来自战场的最新消息，战况每一刻都在发生变化。每天中午和傍晚，约德尔少将都会去"岩巢"向元首汇报战局。但每到深夜，焦虑不眠的希特勒总是忍不住从沙发床上爬起来，走出一米半厚的混凝土围筑的工事，顺着发着微光的荧光条的指引，穿过幽暗的橡树林，走进指挥所。贴在木屋墙壁的作战示意图上，红色的箭头又向西推进了一截。希特勒坐到藤椅上，一动不动，直到天色微明，晨曦初露。只有不停颤动的下颌，暴露出他内心的紧张和与战况相矛

盾的低迷情绪。

因为指挥这次行动的不是元首本人，从战斗一开始，他便一直被几位自行其是的装甲兵将领牵着鼻子走。虽然德军取得了辉煌战绩，但失去对大局的掌控权这一事实仍然让这位独裁者大为沮丧。这还是"他"的战争吗？这些最初坚决反对出击的陆军高官，竟敢在中途擅自行动，把指挥部发出的命令抛在一边？希特勒渐渐对这些身居要职的军事专家产生了疑惧，110 他们每个人受到的教育都远远超过了这个普通的二等兵。于是，他不停地找碴挑刺，指责那些将军被胜利冲昏了头脑，不懂掩护，把战线拉得过长，给敌人进攻提供可乘之机。一旦联军援兵从比利时和南部赶到，向德军发动钳形攻势，该怎么办？实际上，敌人那边这时正乱作一团，根本不可能做到这些。但希特勒不肯承认现实，而是被内心深处的恐惧感、一种潜在的自卑情结牢牢攫住。

1940 年春天，在埃菲尔山区的密林里，这位情绪沮丧的最高统帅犯下了一个决定性错误：他下决心要给处于极度亢奋状态的国防军泼上一盆冷水。他的考虑是这样的：必须不惜一切代价从陆军总司令部手中夺回战争的指挥权。虽然他还没有想好接下来该怎么做，但是，他必须让所有人看到，谁才是掌握领导权的人，谁才是真正的领袖。他坚定地相信，只有像他这样的天才人物才能依靠强大的意志力最终战胜敌人。当所有人都神经崩溃时，只有他一人能够坚守到底。他感觉自己的身体健壮得像一匹骏马，仅凭一人之力，便足以撼动整个世界。既然如此，他为何不亲自统率自己的军队呢？

在德军一路高奏凯歌的这些日子里，希特勒的私人医生也像元首一样倍感挫败和沮丧。尽管他每时每刻都在待命，但没有人用得着他。他在写给妻子的信中说："几天前我问元首，他有没有感觉哪里不舒服，他回答说没有。他的身体确实棒极了，总是精神焕发，充满朝气。身为医生，我在这里几乎没有事可做。"[148]当周围所有人都24小时处于战备状态时，整天无所事事的莫雷尔医生就像个令人讨厌的局外人。在大家眼里，这个体型肥胖的男人总是碍手碍脚，无论是他的身材还是他所扮演的角色，都让很多人心怀鄙夷。为了让自己在周围身穿制服的军人中间显得不那么惹眼，他自行设计并找专人加工定制了一套假军服，在灰绿色的衣领上绣着蛇杖图案。可是在军人们眼里，这可笑的打扮让他变得更像个小丑。当他为了吸引人的目光，把一枚党卫军徽标别在皮带扣上时，立刻遭到斥责，因为他本人并不是党卫军的成员。于是他不得不悻悻地把它拿掉，换上一个舞台道具式的金色皮带扣。看到自己的竞争对手、希特勒的外科医生身穿笔挺的国防军制服从面前走过，他满怀醋意地说："勃兰特博士今天居然戴上中尉肩章了！"[149]莫雷尔也想能得到一个正式的军衔，但他的申请却一再遭到拒绝，就连希特勒本人也不肯为此替他说话。其实，后者欣赏的恰恰是这位私人医生的局外人身份。莫雷尔在党内、国防军和其他组织中没有任何职务，这样一来，医生就不会被体制内的其他人操纵或利用，而只属于他，属于元首一个人。

当德军装甲车碾过敌人阵地时，身在"岩巢"的莫雷尔却在为自己的孤单处境整日发愁。希特勒身边的其他亲信，比如摄影师霍夫曼，都从第三帝国的成就中捞到了大把油水，势力越来越大，就像是领导集团中的一群现代土匪。可莫雷尔却只挣着每月3000帝国马克的诊疗费，除元首本人外，还得为其他随从看病。"所有人都忙忙碌碌，只有我一个人整天闲

111

坐……如果不是为了元首的话，我宁愿回家待着。我眼看就
112 54 岁了。"他在写给妻子的信中抱怨说，他在天鹅岛上的别墅
"只有长期维持高收入才能负担得起，所以我要么得靠看病挣
很多钱（在体力日渐衰退的情况下），要么就得想办法在化学
和药品行业里大捞一把"。① 他最终做到了后一点，并由此造
成影响深远的后果，而这不仅仅是对他的病人而言。

敦刻尔克停止进军命令——药理学解释

在接下来的几天，我们的精锐部队将全军覆灭——除非发
生奇迹，我们才能有救。[150]

——英国陆军总参谋长埃德蒙·伊伦赛德

1940 年 5 月 20 日，一架纳粹宣传部派来的传递信息的飞
机在"岩巢"降落，送来了刚刚剪辑完成的、由戈培尔亲自
监制的《每周新闻》。希特勒徒步走下山坡，来到村子里的哈
克酒馆。在酒馆的包间里，他一连看了三遍片子，并仔细交代
了修改建议。然后他到酒馆对面的浴室洗了澡，便返回了山上
的元首总部。[151]第二天上午，影片被送回柏林。从周四上午 10
点起，选帝侯大街上的所有影院都开始播放这部影片。这期于
1940 年 5 月 22 日出版发行的《每周新闻》，对有关能量剂的
113 问题当然只字未提，而是大肆歌颂"书写历史新篇章的德意
志之剑"，以及"百折不挠的雅利安勇士精神"。[152]

---

① 莫雷尔的薪水后来增加到每年 6 万帝国马克，另外，他还可以在生意方
面享受特殊优惠。

此时，古德里安的部队已经攻占了英吉利海峡边的重要港口城市阿布维尔（Abbeville）。德军"镰刀收割行动"切断了北部的英法联军与南翼守军的联系，西面的英吉利海峡成为联军绝处逢生的唯一希望。这里只剩下一个开放港口：敦刻尔克（Dünkirchen）。这一次，古德里安再次抢在了敌军前面，仅用了5天便率先抵达了港口的比利时一侧。他只需要几个小时的时间，就可以彻底封锁敌军的逃生之路，将联军近百万兵力尽数歼灭。联军部队这时距离敦刻尔克还有大约100公里，正在与德军第6集团军和第18集团军交火。对英法联军而言，这是真正的背水一战。双方交战不过只有10天，大不列颠世界帝国便已被推到了崩溃的边缘。

这一天早上，戈林受希特勒邀请，正在"岩巢"做客。由于当年啤酒馆暴动时腹部受伤，这位第三帝国二号人物多年前便染上了吗啡瘾。[153]在离开卧室前，戈林从深棕色的麂皮袋里掏出针管，熟练地灌上药水，然后挽起墨绿色丝绒睡袍的衣袖，用胶管勒紧手臂，眯起眼睛，找准皮肤上的位置，把针头刺了进去。仅仅过了几秒钟，进入血液的吗啡便开始起效。这位元帅顿时像变了个人一样，两眼炯炯发光，眼神犀利，透出一股凶气。他骄傲地昂起头，仿佛整个世界都被他踩在脚下。这时，在他那因吗啡作用而略感眩晕的大脑里，蹦出了一个念头：绝不能让那些刚愎自用的陆军将领把打败联军的功劳抢了去。否则的话，这些将军就会成为深受老百姓爱戴的英雄，而他本人和元首的地位将因此受到损害。另外在他看来，眼下正是他领导的空军大显身手之机：派出轰炸机，从空中歼灭敌人。为此，只需要让装甲部队稍稍退后，撤出危险区域，把战场交给空军。戈林对自己想出的这个绝妙计划颇感得意，他匆

114

匆脱下拖鞋，换上黑色的长筒靴，带着吗啡唤起的美妙幸福感，大踏步地向林中走去。

在开着花的枫树下，希特勒一边吃着燕麦粥，喝着苹果茶，一边听自己的副手讲述对战役的想法。这两人是志同道合的老战友，他们彼此信任（至少现在是），臭味相投。在希特勒眼里，吗啡瘾君子戈林比那些离不开柏飞丁的陆军将领要靠谱得多。而且，和"普鲁士陆军"比起来，"纳粹空军"在眼界上也要开阔得多。于是，他当即同意了这位元帅的疯狂建议，以借机从陆军总司令部手中夺回战争的指挥权，使"领袖原则"重新得以确立。当天下午，希特勒便动身，前往沙勒维尔（Charleville）的 A 集团军群司令部。12 点 45 分，一道让后世历史学家百思不得其解的命令下达了。这就是给德军带来厄运、逻辑上无法说通的敦刻尔克"停止前进命令"。

115 当英国人发现德国装甲车队无缘无故地突然停止前进时，几乎不敢相信自己竟有这等好运。英军立刻开始大规模撤退行动，所有部队迅速向敦刻尔克方向转移。在很短时间内，便有近万艘船赶来救援，这些临时调集的船里有皇家海军的炮艇和战舰，也有从民间征用的驳船、货轮、汽艇，甚至还有泰晤士河的游轮。人们将卡车沉入海中，上面搭上木板，作为从海滩延伸入海的登船栈桥。这支东拼西凑的水上杂牌军就这样一刻不停地在海峡两岸穿梭，如诺亚方舟般，将一批批联军官兵送回英国本土。

古德里安只能眼睁睁地看着。他透过望远镜观察着港口中的情景，看着英法联军的人马拥向海岸，登上逃命的船只。但他的部队却不得前进，而戈林自鸣得意的空中歼灭计划显然是行不通的。在战斗开始的第一刻，德国空军在物资尤其是战略上的弱点便暴露无遗。这位被吗啡乱了神志的元帅高估了己方的实力。尽管德军的斯图卡轰炸机炸沉了上千艘英国救援船,但由于时值 5 月底,浓重的雾气严重影响了能见度。此外,英国皇家空军从距离不远的基地调来大批战斗机,赶来救援。眨眼间,一架架喷火式战机(Spitfire)出现在天空,迅速夺取了制空权。在"岩巢"的指挥所里,陆军总司令冯·布劳希奇的神经几乎崩溃,他一再恳请希特勒批准装甲部队再次出动,结束这次围歼行动。但是,固执的独裁者却始终无动于衷。这次,他一定要给军方一点儿颜色瞧瞧,让他们知道谁才是战争的领导者。

34 万名英法和比利时联军士兵便以这样的方式,从敦刻尔克撤退到了英国,联军在最后一刻奇迹般地扭转了败局。"镰刀收割行动"的策划者冯·曼施泰因后来把这次战役称作德国的一次"失败的胜利"。6 月 4 日 9 点 40 分,当古德里安接到命令,结束长达 10 天莫名其妙的蹲守,再次向敦刻尔克进发时,前方等待他的只剩下英军撤退时丢下的全套装备:6.3 万辆汽车,2.2 万辆摩托车,475 辆坦克,2400 门大炮,还有数不清的弹药和轻武器,外加没有搭上船的 8 万法国兵。在古德里安看来,那尚未散尽的硝烟,那炮火轰炸后的满目疮痍,仿佛都是在嘲笑他的无能。落入圈套的猎物在被绞杀的最后一刻,突然挣脱了绳索,逃之夭夭。

这场在佛兰德斯地区展开的激战结束了,西方战役(Westfeldzug)第一阶段——所谓的"黄色行动"(Fall Gelb)——也随之画上句号。这场战役并非像后世描述的那样,是一场精心策划、贯彻始终的闪电战,而是德军从色当突破开始,借助大规模嗑药,赋予了行动闪电式的色彩,后来由于希特勒对速度的质疑，导致战局被扭转。但是，希特勒不顾事实，认为这场胜利完全是他一人的功劳。尽管他的"停止前进命令"造成无可挽回的后果，但他依然坚信自己是永远不会犯错的，他周围的亲信们或出于崇拜或出于敬畏，也纷纷对这种荒唐说法表示附和。德国媒体称，这场战役是"战争史上最令人惊叹的事件，它的的确确是将不可能之事变成了可能"。[154]德军最高统帅部总长威廉·凯特尔（Wilhelm Keitel）在这场"有史以来最伟大的军事胜利"后，[155]把希特勒称作"伟大光荣正确的统帅"（größten Feldherrn aller Zeiten）。后来，当希特勒作为最高军事指挥官的无能日渐暴露后，又改口戏称为"伟光正"（Gröfaz）。

117

国防军的毒贩

我命令你们 48 小时不许睡觉，可你们居然坚持了 17 天。[156]

——海因茨·古德里安

柏林，1940 年 6 月 6 日。雷电大作，一场瓢泼大雨从天而降。豆大的雨点砸落在公交大巴和汽车的车身车顶，还有行人的衣服、帽子和撑起的雨伞上。一辆黑色霍希牌（Horch）汽车在街面上疾速驶过，车里新安装的德律风根 T655 型收音机正在播放新闻。播音员用亢奋的声音宣告，德军已胜利抵达巴黎城外。司机转动收音机按钮，调整频率换到另一个台。阿尔内·许尔帕斯（Arne Hülpers）的歌声随即在车里响起，是那首脍炙人口的《真我本色》。车窗外的马路边，高高竖起的广告牌被雨水冲刷着，映出几个淡绿色的霓虹灯大字——"碧浪真本色"。

22点52分，兰克乘坐的火车离开安哈尔特车站，向西驶去。他决定到前线去，就柏飞丁使用情况做一次调查，顺便为军队补充一些药品储备。他在接下来几周中写下的战争日记，如今保存在弗莱堡的军事档案馆里。这些日记记录了西方战役第二阶段——占领法国核心区的所谓"红色行动"（Fall Rot）期间——发生在战场上的真实场景。日记中的句子断断续续，叙述充满了跳跃，中间还夹杂着大量缩略语。但从始至终，柏飞丁的话题无处不在："1940年6月14日9点，约见中尉克雷奇默（Kretschmer），战局，预测。思路清晰，剂量为每隔一日服两片，对药效十分满意，没有药劲过后的疲惫感，在服用柏飞丁期间没有情绪低落现象，对我的问题能清楚地予以确认。"[157]

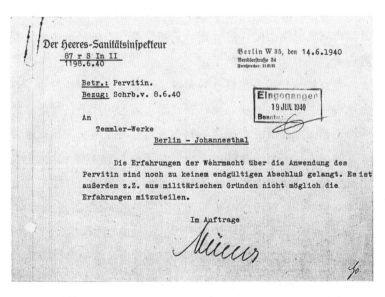

国防军致泰姆勒药厂的信函。信中写道，国防军使用柏飞丁的情况还没有什么确切的结论，且出于军事保密的需要，无法透露有关柏飞丁使用的具体情况。

118 　　在这次行程超过 4000 公里的环法之旅中，兰克把足迹踏遍了法兰西，沿海岸线从北到南，经过一座座城市，翻越一座座大山，在其所到之处，兴奋剂总是最重要的话题。尤其值得一提的是，他对这次闪电战的突击队——冯·克莱斯特麾下的装甲军团与主要功臣古德里安和隆美尔做了跟踪采访。哪里的士兵战斗力最强，士气最高涨，哪里就是兰克要去的地方，因为他给这些人带去的，是瘾君子们最需要的东西：成箱成箱的柏飞丁。

　　"1940 年 6 月 16 日，星期天。上午 10 点左右，在预计出发时间之前，司机霍尔特开着车来了。这一路上，除了夜里睡觉外，他一直和我们形影不离。4 万片柏飞丁装车。妥了。11

119 点准时出发，前往第 14 军。吃了块巧克力（我开车），在罗尔默斯市场喝了杯咖啡，然后直奔蒙特索奇（Momtesauche）。整整一天，我只吃了一包饼干。"[158]

　　兰克随身带了台相机，在做寻访调查时拍下不少照片。看到这些照片，很多人或许会感到诧异，因为照片上出现最多的画面，是睡觉的人：东倒西歪躺在草地上的士兵，汽车里睡着的驾驶员，沙发椅上打盹的军官，树下行军床上酣睡的中士。这些照片透露出一个信息：摩耳甫斯（Morheus）①，这位兰克眼中的宿敌，还远远没有被打败。兰克一心要与之决战到底，凭着他手中的那柄利刃：柏飞丁。

　　这时候，外部的敌人已基本被干掉。当 6 月中旬巴黎落入德军之手时，法国军队几乎未做任何抵抗。在巴黎沦陷的那些日子里，法国呈现给世人的是一派凄凉景象："遍地废墟瓦砾，

---

　　① 希腊神话中的梦神。——译者注

烧成焦炭的马车和马尸堆在广场上，环绕广场的一排排大树被烧得只剩下光秃秃的树干。到处是烧毁的坦克和房屋。在英法联军撤退后的街道上，散落着各式被丢弃的武器装备，中间夹杂着没有被带走的大炮和坏掉的装甲车。路两旁的便道上，一群群逃难者正在赶路，大部分人是推着自行车，车子上捆着过日子用的家当。"[159]

这些天，兰克的上司、陆军卫生监察官瓦尔德曼也来到了战区，并对柏飞丁的表现赞不绝口，那口气就像父母夸耀自己的孩子，尽管并没有提到宝贝的名字："突破马其诺防线。惊人的行军速度：每小时 60～80 公里！后勤保障，体能提升，救援掩护————一切都比 1918 年的情况好得多。"[160]在这场战争中，国防军部队马不停蹄，以史无前例的速度穿越炎炎夏日下的大地山川。隆美尔为了绕过法国守军，特意避开大路，从荒山野岭包抄，并于 1940 年 6 月 17 日创下了日行 240 公里的"军事世界纪录"。空军参谋部作战处负责人称赞道："这样的行军速度简直是神灵附体。"[161]

6 月中旬时，古德里安率军抵达靠近瑞士边界的蓬塔利耶（Pontarlier）。驻守马其诺防线的 50 万法国士兵如今自己落入了包围圈，这一次，法国彻底败给了它的邻国德意志帝国。只有希特勒一人对这神奇的速度仍然不敢相信："你们一定是搞错了，"他在发给古德里安的电报中说，"你们到的地方应当是索恩河畔的蓬泰莱（Pontailler-sur-Saône）。"古德里安不得不解释说："没错，就是瑞士边境的蓬塔利耶。"[162]德军突破速度之快，从一位德国战地记者的报道中便可清楚地看出。这篇报道以典型的军人口吻写道："装甲车、炮兵、高射炮部队、后勤车队一路挺进，日夜兼程，一刻不歇，向前，向前。没有人

121

连续 17 天无休无眠：闪电战后的酣睡

想睡觉，一块巧克力就可以代替午饭。我们的目标就是前进！现在我们的车队已经穿越麦田、草场和耕地，一路走了300公里。这一路上的甘苦，只有那些手握方向盘的人才能体会。几天来，我们的驾驶员们创造了不可思议的奇迹。这是千真万确的事实！因为我们的速度太快，法国老百姓连逃跑都来不及。有位平民对我们说：'你们德国人简直像旋风一样，呼地刮了过去。前几天还在加来（Calais），一眨眼就到了南法。'他一边说一边摇着头。"[163]

　　但是，代替午餐的并不仅仅是巧克力，正如上面那篇刊登在《柏林地方导报》的文章所述。真正发挥作用的，是泰姆勒药厂生产的那些圆圆的小药片，因为它的功能之一就是消除饥饿感。在将近3天的时间里，和古德里安部队并肩行军500多公里的兰克，从装甲部队的一位军医那里得到证实：在突击过程中，每位驾驶员每天要服用2～5片柏飞丁。在后来第三帝国的宣传中，这场速度空前的胜利被描绘成纳粹意志的胜利，这纯粹是无稽之谈。兰克的战时日记证明，当时起作用的是其他力量，这种力量来自化学品："总参谋部军医克鲁姆马赫（Krummacher）在柏飞丁方面很有经验，他介绍我认识了施托克豪森（Stockhausen）上校……后来我又找到了上尉克雷奇马尔（Kretschmar），他和我聊得很深，不久前又向我要了些柏飞丁……自从战役打响后，他一共吃掉了30片包装的整整1管柏飞丁，最多一次吃了6片。"[164]

　　克雷奇马尔是冯·克莱斯特装甲兵团主管后勤的总长，兰克在日记中写道，克雷奇马尔"有很多次都是靠柏飞丁撑着，才能在疲惫不堪的情况下继续工作。他特别强调柏飞丁对改善情绪很有帮助，而且，每次他吃了柏飞丁后，即便是那些需要

122

高度注意力的艰巨任务也不在话下"。

此外，兰克还写道："那些了解和重视柏飞丁的作用，并主动向我索取药品的，主要是总参谋部的军官。"兰克与隆美尔手下的军医总长进行了一场"深入而令人愉悦的谈话，话题是关于柏飞丁，还有科学"。一向以勇猛善战自诩的武装党卫军同样也离不开柏飞丁。"10 点出发，沿着第 10 装甲师的行军路线一路向前。途中遇到武装党卫军的队伍，拍了照片。虽然经历长途行军，队员们依然精神抖擞，我从车上卸下一箱 2000 片柏飞丁，交给了他们的军医。"

123　　其实在当时，大规模使用药物所导致的副作用已经显现，但兰克对此视而不见，至少在日记里只字未提。很多 40 岁以上的中年军官在大剂量嗑药后，明显感觉心脏不适。据说第 12 装甲师有一位上校"吃了很多柏飞丁"，[165] 在法国海岸游泳时因心脏病突发而猝死。还有一位嗑药的上尉在部队联欢时犯了心肌梗死。此外，一位少将因为持续作战感觉体力不支，就吃了柏飞丁，然后不顾医生劝阻，坚持去前线看望士兵，结果在路上突然休克。装甲兵团第 1 预备部队的一位上校在战役期间"连续 4 周，每天 2 次，每次 2 片"吃药，[166] 后来经常感觉心脏不适，而且他特别强调，在"开始服药前，他的心血管系统是完全正常的"，因此，他对上级指示的大剂量服药明确提出异议："行动开始之前，运来的柏飞丁被分给所有师级以上军官，分到药物的军官把一部分留下自用，其余分发给麾下的部队。上级在发放药品时特别指示，这种药能让他们在行动中保持清醒，每个人都必须吃。所以说，装甲兵团服用柏飞丁是有明确命令在先的。"

另外还有一位参谋部军官在一个半月里的 33 个战斗日，

每天服用 4 片柏飞丁，后来因"血压过高"被迫离队。[167]药物成瘾性导致的问题也日渐暴露。越来越多的人受到药物副作用的困扰，出现情绪低落、抑郁等症状。只要药效减弱，他们就会感到焦虑和不适。嗑药时间越长，大脑中的多巴胺和去甲肾上腺素分泌就会下降，人的感觉就会随之变差，然后只能通过加大服药剂量来加以平衡，并由此陷入由药瘾导致的恶性循环。

124

然而，兰克却将这一切抛在了视线之外。他所奉行的宗旨是："战争是战争，药物是药物。"这位在柏林军医大学以正直闻名的科学家在受命进行的兴奋剂调查中无视事实，对调查结果大加美化。这一点充分暴露了兰克在柏飞丁问题上的致命弱点：他是军队里最了解这种毒品的人，对它的危险性也了如指掌；但同时，他本人也是一位瘾君子，因此对毒品造成的负面作用，他无论对自己还是对外界都选择了沉默。这是身为瘾君子的毒贩的典型案例。但在滥用毒品问题上，他和其他毒贩不同的是，因为他，无数士兵和平民的命运发生了改变。

战争与维生素

当整个德国都在为赢得战役欢呼时，以维生素先驱自居的莫雷尔正忙于研制一种名为"维他默丁"（Vitamultin）的合成药物，并将其推向欧洲市场。他的营销策略既简单又有效：他只需要说服伟大统帅——同时也是他的病人——接受这种药品，其他人肯定就会纷纷效仿，趋之若鹜。为了提高希特勒对维他默丁的兴趣，莫雷尔向汉堡的诺德马克（Nordmark）公司（他本人拥有该公司 50% 的股份）定制了所谓"精品维他默丁"。这是为一人生产的特制药，在金灿灿的包装纸上印着"SF"字样，即"Sonderanfertigung Führer"（元首特供）的缩写。和华丽的外包装相比，药品的成分看起来要朴素得多：野玫瑰果粉、干柠檬、酵素、低脂奶粉、精炼糖。[168]

125　　尽管希特勒并不缺乏维生素，因为他一日三餐几乎只吃水果和蔬菜，不过，他还是立刻迷上了这些小药片，仿佛它们并不是药，而是仙女赫斯帕里得斯（Hesperides）守护的金苹果。多补充些维生素总不会是坏事。很快，他每天都要吃上几片这种金纸包装的灵药。莫雷尔当即指示帝国总理府旁边的恩格尔药房，必须"随时保证 500～1000 片'精品维他默丁'储备……一旦数量不足，必须立刻补充"。[169]只有莫雷尔一人拥有处方权，同时他还交代药房，取药时只能把药交给他本人或希特勒的侍卫。

　　接下来是莫雷尔营销策略的第二步。这位精明的医生又向药厂订购了专供国防军高层和总参谋部要员的维他默丁。这批药品不是金纸包装，而是换成了银色纸，上面的印章也换成了SRK——"Sonderanfertigung Reichskanzlei"（总理府特供）。这些高官很快便爱上了这种美味的"糖"。开会时，大家经常一边咂着嘴里的"糖"，一边讨论着眼下的战局。在从元首总部寄给妻子的信中，莫雷尔得意地写道："维他默丁在这边大获成功。所有要员都对它称赞不已，并把它推荐给自己的家人。"[170]

　　营销策略的初步成功，为维他默丁在第三帝国各种大型组织中的大范围推广奠定了基础。莫雷尔利用自己元首私人医生的身份大肆宣传，并很快得到了德意志劳工阵线（Deutsche Arbeitsfront，DAF）的支持，由其出面组织维他默丁推广活动。

于是,大笔订单源源不断:先是 2.6 亿片,然后是 3.9 亿片。劳工阵线陆续向莫雷尔订购了近 10 亿片维他默丁,目的是提高兵工厂员工的生产效率,同时帮助他们改善体能,提高身体对疾病的抵抗力。莫雷尔医生和武装党卫军也拉上了关系。他先以"友情馈赠"之名,向党卫军无偿赠送了 10 万片维他默丁,并声明这些药片是专供挪威的党卫军山地师之用。在和党卫军头目希姆莱(Heinrich Himmler)私下谈话时,莫雷尔告诉对方,在斯堪的那维亚地区推广使用维他默丁十分有必要:实验证明,提高维生素 C 的摄入量可以使夜间值勤者的意识变得更警觉,而北欧地区的黑夜通常比较长。[171]武装党卫军经过体验,对药效显然很满意,并陆续发出了几笔订单,总数多达几亿片。这些专供党卫军的药品甚至拥有了自己的商标,并贴上了"SS-Vitamultin"的标签。[172]

接着这位满脑子生意经的医生又盯上了地面部队。他在一封信中写道:"难道不应该为维他默丁的事和陆军方面谈一谈吗?"[173]但是,莫雷尔却在国防军的采购商兰克那里碰了一鼻子灰。这位身为国防军顾问的军人生理学家早就习惯了劲道更猛的另一种药物,因此他对这种维生素合成药毫无兴趣,拒绝将它列入国防军的装备清单。

但是,就算陆军这条路不通,维他默丁的生意也还要做下去。当莫雷尔在空军那里又一次碰了钉子后,他认为这是军方有意排挤他,于是下决心要告空军军医部负责人希普克(Dr. Hippke)上校一状。在给后者的上司、德国空军总司令戈林的信中,莫雷尔写道:"上校军医希普克博士根据他得到的错误信息,对配备这种优质药品横加阻挠,而且他还用公告的方式四处散布谣言,千方百计地想把我搞下去。"接下来,莫雷尔还写道："面对工作中遇到的这种行为，我不能忍气吞声。假如在生活中遇到同样的事情，我一定会向法院起诉。为此我恳求您，尊敬的帝国元帅，秉持公正的原则对此事做出评判。顺致最崇高的敬意。希特勒万岁！"[174] 戈林做出了回应，希普克被撤职。莫雷尔医生获得了胜利，并在通往欧洲药业大亨的道路上迈出了重要一步。

飞得更 "High"

自从德军在敦刻尔克失利后，对这场失败负有直接责任的"胖子"戈林一心想要挽回自己在人们心目中的形象。这个自命不凡的吗啡瘾君子想伺机向人们证明，他是个能力超群的大人物，而绝非无能鼠辈。这时，希特勒正在谋划所谓的"海狮行动"：派遣地面部队，攻占英国。要保证数十万德国士兵顺利横渡英吉利海峡，必须先由空军夺取制空权，为登陆部队提供掩护。对戈林来说，这既是考验也是机会。一旦成功，他便可以借此向希特勒邀功，从而保住自身的强势地位，让人无法再对其肆意放纵的生活说三道四。[175]

为了从空中制服英国，戈林决定首先对皇家空军的地面目标实施轰炸：机场、飞机库、跑道、飞机。一场针对英国的空中战役开始了。但是，当英国空军于 1940 年 8 月 25 日发动夜间袭击，轰炸柏林克罗伊茨贝格（Kreuzberg）和威丁（Wedding）两大城区后，德方不得不改变既定策略。9 月 4 日，希特勒下令对伦敦发动空袭，以此来震慑英国百姓。从军事战略的角度看，这是一个严重的错误，因为它使敌方机场躲过了炮火，同时也使英国人保家卫国的决心变得更加坚定。

德国人的炸弹让首都伦敦和其他几个城市陷入了厄运。截至年底，共有 4 万多名平民在轰炸中丧生。这是二战中的第一场系统性的毁灭性轰炸。英方对此做出了强硬的回应："伦敦可以坚持。"（London can take it.）[176]英国空军对德国空军的进攻坚决予以回击：无数德国战机在英国上空被击落，同时，英国还出动飞机对德国城市实施报复性轰炸。冲突一步步升级。没过多久，日间空袭对德军来说已经太过冒险了。一位轰炸机飞行员这样描述当时的情景："起飞往往都很晚，夜里 10 点、11 点，然后在凌晨一两点的时候，抵达伦敦或其他某个英国城市上空。这时候，人自然又累又困。只要意识到这一点，飞行员马上就会吞下一两片柏飞丁，然后精神就会好起来。……我本人也参与过多次夜间行动，指挥官当然也必须在场。那时候，我都是预防性地提前吃下柏飞丁。您想想看，指挥官在战斗时要是打盹，这可绝对不行！……我们不可能因为柏飞丁对健康有害，就不吃它。特别是当你注定在不久之后就要坠机而亡时，就更是如此了！"[177]

这肯定不是个案。不过，从来没有人对德国空军的嗑药情况做过统计调查。按照历史学研究的标准，也没有充分证据能够证明在飞行员当中确实存在大规模服用兴奋剂的现象。目前能够找到的，只有一份兰克当年为陆军和空军部队订购总数为 3500 万份的柏飞丁的采购单。

事实是：要想赢得战争，就必须掌握制空权；要掌握制空权，必须要有实力。这里的实力，一部分是用钢铁打造，另一部分则是以血肉构成。两者都必须有完美表现，其耐久力也必须在敌人之上。德国的梅塞施密特战斗机在技术上落后于英国的喷火式战机，但在兴奋剂方面，德国空军的装备却远远超过

了英国皇家空军。在空军部队里，人们为柏飞丁起了各种代号
129 和别名，如"飞行盐""斯图卡药片""戈林药片"等。一位
空军准将在从地中海发回的报告中说："我的裤兜里塞着一条
细长的麻布板，大小就像巧克力棒，外面包着一层玻璃纸，里
面固定着五六片白色的药片，就是柏飞丁。施佩尔林
（Sperrling）医生告诉我们，这药能够消除疲劳和睡意。我打
开裤兜，从底板上扯下两三片药，然后快速掀开脸上的呼吸面
罩，把药片扔进嘴里。药苦极了，嚼碎后满嘴都是粉末，可我
也没有办法漱口。"[178]

过了一会儿，药劲上来了："引擎平稳安静地运转着。我
感觉异常清醒，甚至听得到自己心跳的声音。霎时间，天空变
得格外明亮，光线刺得眼睛生疼，让人难以忍受。我腾出一只
手来挡住眼睛，才稍稍感觉好受了些。引擎嗡嗡作响，声音越
来越微弱，仿佛离我很远，很远。四周围一片静寂，一切都变
得缥缈而虚幻。恍惚间，我像是翱翔在天空中，飞机就在我的
身下。"

飞机降落后，这位仍处于亢奋中的飞行员看着眼前的现实
世界，仿佛来到了另一个世界："虽然当时我脑袋发木，整个
人都轻飘飘的，可我还是沿着飞行线路，稳稳地落到了地面
上。落地后，我感觉周围的世界就像定格一般，所有东西都一
动不动，不见一个人影。机棚的残垣断壁，矗立在一片弹坑之
间。在我把飞机驶入总队停机坪的过程中，右轮爆胎了，大概
是因为压上了弹片。过了一会儿，我遇见了施佩尔林医生，然
后随口问了他一句：柏飞丁到底是啥鬼玩意？发药的时候总该
给飞行员提个醒吧？当他听说我一口气吞下三片药时，简直吓
呆了，然后接下来一整天，他都不让我再碰一下飞机。"

尽管德国空军有兴奋剂相助,但面对实力强大的英国皇家 130
空军仍然无计可施。这场不列颠空战最终以德国失利结束,这
是德国在二战中的第一场败仗。希特勒不得不放弃"海狮行
动"和攻打英国的计划,并为他所发动的战争寻找新的战场。

戈林的又一次挫败并没有带给德国人应有的教训。这位帝
国元帅仍然如磐石般牢牢据守在他的地盘,即位于威廉大街的
帝国航空部大楼。这是一栋规模庞大的浅色石灰岩建筑,屋顶
的旗杆上,一排红色的战旗(Reichskriegsflagge)在风中飘扬,
像是在宣示着这个重要政府机构和帝国元帅的尊贵地位。但
是,当人们迈过巨大的铁门,穿过宽敞的、用高高的铁栅围起
的前庭,进入大楼内部,就会发现,这是个到处充斥着酒精、
毒品和阴谋的黑暗王国。第一次看到这种景象的人,难免会感
到吃惊。但实际上,这个有3000多个房间的"戈林城堡"
(今天的联邦财政部办公地)正是纳粹德国的真实写照。此时
的纳粹政权已经彻底丧失政治理智,并将德国引入了一条通往
深渊的迷途。

一位军官在描述帝国元帅的打扮时是这样说的:"大伙儿
看见他,都忍不住想笑。他上身穿着一件泡泡袖的女式白色真
丝衬衫,外面套着一件貂皮衬里的黄色麂皮马甲,下身是一条
宫廷小丑模样的阔腿灯笼裤,腰上扎着有金色铆钉的皮带,皮
带上斜挂着一柄凯尔特短剑,再加上脚上的丝质长袜和金黄色
十字纹皮拖鞋,那画面真是喜感十足。"[179]

这位叱咤风云的部长偶尔还会涂脂抹粉,给手指涂上艳红 131
的指甲油。在开会的时候,经常会发生这样的情形:如果血液
中的鸦片酊含量下降,导致其精神萎靡,戈林就会突然站起身
来,一言不发地走出会议室。几分钟后,当他重新走进会场

时，气色明显发生了改观。一位将军谈到这种令人惊异的变化时说："戈林就像换了个人一样，精神抖擞，两眼闪闪发光。在会议的前半程和后半程，戈林的状态简直判若两人。我心里很清楚，他中间肯定偷偷嗑了药。"[180]

逃避现实的习惯给戈林在公务方面也造成了不利影响。他身边的人要想得到重用，不是凭能力和资历，而是要懂得如何哄戈林开心。[181]当戈林的亲信之一布鲁诺·洛尔策（Bruno Loerzer）少将被指责不称职时，戈林替这位被他本人称为最懒惰将军的手下辩解道："我需要有个人能在晚上陪我一起喝瓶红酒。"[182]恩斯特·乌德特（Ernst Udet）的情况与此相似。他被戈林任命为所谓的德国空军兵器生产总监（Generalluftzeugmeister），并成为第三帝国最有权势的人物之一。尽管乌德特是一战所有参战国中战绩仅次于法国飞行员勒内·冯克（René Fonck）的王牌飞行员，在公众中享有颇高威望，但这位身为花花公子的功勋飞行员对航空部的工作却始终摸不着门道。对他来说，这份工作远不如在莱妮·里芬斯塔尔（Leni Riefenstahl）的影片中作为明星登场更有趣。不过，这些在戈林看来都不重要，因为他做事向来不讲原则，而是一切凭感情用事。

132　　当帝国航空部部长和他的兵器生产总监私下里聊天时，两人经常一起回顾一战时共同度过的那些美好时光。当时，他们曾吸食可卡因，驾驶战机在空中并肩作战。[183]至于眼下空军所面临的各种棘手问题，比如如何改进装备、研发新的战斗机机型等，很少能成为他们谈话的主题。乌德特在发表任职演讲时，带着满嘴酒气对台下人说，大家在管理方面不要对他有太多指望。可问题是，在当时的航空部里，由其掌管的部门一度多达 24 个，因此，这些部门的混乱可想而知。乌德特总是一天

沉迷于酒精和柏飞丁的空军兵器生产总监恩斯特·乌德特 (图中)

到晚酒瓶和药瓶不离手,因为他要靠嗑药来缓解酗酒后的头疼。 133
在效率低下的帝国航空部里,乌德特负责的部门是差中之差。

后来,戈林在总结航空部工作时讲过的一番话,很可能是在影射乌德特:"有的部门,大家平时根本不知道它的存在,可有时候,它会突然冒出来,惹出一堆乱子。这时人们才发现,哦,原来还有这么个部门,它成立好多年了,竟然没人知道。还有的人已经被开除了三次,可过段时间,他又在另一个部门出现了,而且职位越来越高。这绝不是玩笑,这种事情已经发生过几回了。"[184]

每天上班的时候,乌德特最喜欢做的事就是在笔记本上涂鸦,特别是画自己的漫画像。只要一有空,他就跑回家,和朋友在私人酒吧里围坐在一起喝酒谈天。酒吧里陈列着他当年周游世界时搜罗的各种战利品。其实他最想做的事,是驾驶战机重新飞上天空，向人们展示他的高超飞行技艺。但是，他早就没有时间去开飞机了。超负荷的工作总是搞得他筋疲力尽，几近崩溃。1941 年整整一年，他只能依靠大剂量柏飞丁来勉强支撑。德国战争指挥官狂妄自大和目空一切的性格，在乌德特身上得到了充分体现。据说希特勒后来说过这样的话："（我们的）失败都是乌德特惹的祸，是他一手制造了空军史上最大的一场闹剧。"[185]这话看来不无道理。

在战后全球上演最多的德国话剧《魔鬼的将军》（Des Teufels General）中，剧作家卡尔·楚格迈尔（Carl Zuckermeyer）以好友恩斯特·乌德特为原型，塑造了忠诚潇洒的飞行员将军（Fliegergeneral）哈拉斯的英雄形象。无论是话剧，还是同名电影中由库尔特·尤尔根斯扮演的一身正气的男主角，都与现实中的原型有着天壤之别。乌德特绝不是一位英雄。他值得歌颂的地方大概只有一个：他以自身的无能和毒瘾给纳粹体制造成了巨大破坏，当然这纯粹是他的无心之举。他是一个丑角，一个历史怪胎，是史学家不屑一顾的异类。[186]

1941 年 11 月 17 日，德国通讯社播送了一条消息："空军兵器生产总监乌德特大将在一次新型武器试验中身负重伤，因伤势过重，在送往医院途中不幸身亡。元首对这位以身殉职的军人表示哀悼并决定为其举行国葬。"[187]实际上，乌德特是在他位于柏林西区的豪华寓所中饮弹自尽的。他以此种方式将航空部的整个烂摊子，一股脑儿推给了自己在一战时的老战友戈林。就在这位瘾君子结束自己的生命前，他还在床头为后者留下了一句遗言："铁人（Eiserner），你抛弃了我。"①

---

① 此处的铁人指戈林。——译者注

随着自大狂乌德特的自杀，第三帝国逐渐步入了末路。国葬当日，就在戈林铁青着脸走在送葬队伍的前列，并在悼词中称赞乌德特是"德国历史上最伟大的英雄之一"时，国防军正在苏联被困。乌德特的坟墓就在柏林军医大学后方的因瓦登墓地，距离奥托·兰克为国防军进行柏飞丁试验的大楼仅有几步之遥。[188]

风靡海外

1940年9月13日，米兰《晚邮报》（*Corriere Della Sera*）报道称，德国人发明了一种"勇气药片"，这种药片的意义已经从最初的医学领域转入军事领域。它的威力虽然比不上斯图卡轰炸机，但德军司令部却可以依靠它让士兵保持旺盛的战斗力。

英国人看到这篇报道后如获至宝，并随即决定大规模使用苯甲胺（Benzedrin），一种比柏飞丁药效弱，但副作用较小的药物。[189]他们终于为德军令人惊恐的战斗力找到了合理解释：它的来源并不是意识形态，而是化学制品。英国广播公司迅速制作了一部专题片，将德国空军使用柏飞丁的真相曝光于天下。以此为导火索，纳粹领导层对柏飞丁问题展开了激烈的争论。

对柏飞丁一向持反对态度的德国公共卫生负责人利奥·康蒂在致陆军卫生监察官的信中写道："如蒙告知空军人员服用柏飞丁的实际规模和效果，我将不胜感激。另外，您对此持何态度，亦请赐教……我本人坚决反对（向军队）发放柏飞丁，并曾在通告中多次就该药物的危害提出警告。我的考虑是，能否采取更严厉的手段，加强对柏飞丁处方权的管制，例如正式将柏飞丁列为毒品。希特勒万岁！"[190]

136 　　陆军对康蒂的来信反应冷淡，一个月后，新担任陆军卫生监察官的齐格弗里德·汉德罗瑟博士（Dr. Siegfried Handloser）才回复道："英国人在宣传中多次强调，德国国防军的战绩完全是依靠毒品获得的。伦敦广播公司还声称，德国装甲师也是借助毒品才成功攻入法国，英方报道之不实由此可见一斑。事实真相是，服用柏飞丁只是个别人的行为，其剂量也微乎其微。"[191]这些话显然是一派胡言，因为汉德罗瑟对法国战役（Westfeldzug）时陆军的 3500 万片柏飞丁订单和兰克从法国发回的报告都心知肚明。

　　康蒂不肯就此罢休，他要为捍卫纳粹的意识形态理念而战，这就是：绝不能让毒品玷污雅利安人的纯净血统。但他没有看到，在二战地缘政治的实力角逐中，对兴奋剂的需求是顺理成章的。在走投无路的情况下，他找到了一位科学家朋友，向其求助。后者在《德国医师报》（Deutsches Ärzteblatt）发表了题为《柏飞丁之困》的文章，从批评的角度对这种德国造流行毒品对人体的危害以及潜在的成瘾性做出分析。这是第一篇公开发表的有关柏飞丁问题的批评性长文。作者在文中以典型的纳粹式语言发出呼吁——"抵制毒品，人人有责"，并强调，每一个染上毒瘾的人都是"恶化"的坏分子。[192]

　　这篇文章确实在学术界引起了一定反响，有关柏飞丁成瘾案例的讨论不断增多。这些案例当中既有每日大量服用柏飞丁的医生，也有因服药过量导致连续多日失眠的医学系学生。有的人总感觉身上像是有小虫爬，瘙痒难耐，于是用手挠，直到把皮肤挠出血。[193]

德国的月均柏飞丁消费量曾一度超过了 100 万份。[1] 1941 年 2 月，康蒂再次发出警告，这一次是以党内公开信的形式。他在信中写道："令人担忧的是，如今整个国家都沉迷于嗑药……这是对我国人民健康和未来的直接威胁。"[195]

帝国卫生领袖终于下决心将自己的想法付诸实施，即使达不到目的，也要为目标奋力一搏。1941 年 6 月 12 日，康蒂下令将柏飞丁纳入《帝国鸦片管理法》管辖范围，并正式将这种大众毒品划归为麻醉剂。[196]但是，这项法令真的能够抵制毒品的泛滥吗？事实上，对康蒂和其他抱有同样信念的卫生事务官员来说，这不过是一场形式上的胜利。曾是纳粹强势人物之一的帝国卫生领袖在这场禁毒斗争中最终落败，其影响力也因此被大大削弱。此时，德国民众对这场以捍卫血统纯洁性为理由的禁毒运动并不热衷，相比之下，他们宁愿去做瘾君子，让这种能够在战乱中给人提供慰藉的化学兴奋剂束缚自己的身体。老百姓对禁毒令的颁布几乎毫无意识，更遑论遵守和执行。民间消费量甚至出现上升的势头，年均增长量超过了 150 万份。[197]毒品问题暴露了纳粹政权的内部矛盾，并对纳粹政权的自我瓦解起到了推动作用。没过多久，德国的毒品消费量便达到了 1 亿份以上。

对军队而言，柏飞丁禁令的颁布无疑也选错了日子。因为就在 10 天之后，德军开始了对苏联的入侵行动，而这时的德国官兵早已习惯了嗑药。国防军总司令部和戈林麾下的帝国军

137

139

---

① 这个数字只是保守估计，因为在官方记录中，单位名称被标为"份"。假如这里的"份"并不是"片"，而是通行的柏飞丁包装——"管"（每管 30 片），那么毒品实际消费量会成倍上涨。此外，用于注射的柏飞丁针剂（其所含的甲基苯丙胺剂量大于片剂）的消费量更是无从考证。[194]

Reichsstelle "Chemie"   Berlin W.35, den 7.5.41.
                                         Sigismundstr. 5
                                         Dr.Hy/Küs.

                    B e s t ä t i g u n g
                    -.-.-.-.-.-.-.-.-.-.

Der Firma Temmler-Werke, Berlin-Johannisthal. . . . . .
. . . .
wird für ihre Erzeugnisse
   pharmazeutische Produkte gemäß der Ihnen erteilten Produktionsaufgabe

hiermit bestätigt, dass diese gemäss Erlass des Reichswirtschafts-
ministeriums II Chem. 27 742/41 vom 2.4.1941 im Einvernehmen mit dem
Oberkommando der Wehrmacht und dem Reichsministerium für Bewaffnung
und Munition als kriegsentscheidend erklärt worden sind.
Der Herr Reichsarbeitsminister sowie die Vorsitzenden der Prüfungs-
kommissionen sind hierüber unterrichtet worden.
Diese Massnahme erfolgte gemäss Ziffer F 5 der Ausführungsbestimmun-
gen (ADFW) vom 21.12.1940 zu dem Erlass des Vorsitzenden des Reichs-
verteidigungsrates, Ministerpräsident Reichsmarschall Göring, über
Dringlichkeit der Fertigungsprogramme der Wehrmacht vom 20.9.1940

Die Sicherung der kriegsentscheidenden Fertigungen hat gemäss
Erlass des Reichswirtschaftsministeriums S 1/1098/41 vom 22.3.1941
zu erfolgen.
Ein Missbrauch dieser Bestätigung durch Weitergabe bei Unterlieferun-
gen für oben nicht angegebene Erzeugnisse wird auf Grund des Straf-
erlasses des Reichsmarschalls vom 20.9.1940 nach Massnahme der Ziffer
II der zweiten Verordnung zur Durchführung des Vierjahresplans vom
5.11.1936 bestraft.
                              Der Reichsbeauftragte:

44

入侵苏联前 6 周，德军在药品订单上将柏飞丁称为"决定战争胜
败"的军需品

备与军需部甚至将柏飞丁列为"决定战争胜败"的军需品。[198]
禁毒令最终变成了一纸空文。从 1941 年夏天起，再没有任何
人和任何力量能够控制毒品的泛滥，更何况失控的并不仅仅是
毒品。

第三部分

"嗑药的元首！"
——病人 A 和他的私人医生
（1941～1944 年）

无论和平还是战争年代,医生的工作——在认真敬业的 143
前提下——都是一份货真价实的领导工作。……在建立医患之
间的信任关系时,必须要让医生时时刻刻都感觉自己的地位是
在患者之上。……医生永远是两者当中的强势一方,这是基本
的行医之道。[199]

——特奥多尔·莫雷尔的演讲稿

数十年来,希特勒这个人类历史上的头号恶魔和疯子一直
是各方人士热衷研究的对象。这些研究者当中虽然不乏以猎奇
为目的的混事之徒,但这些人大都有一个共同点,就是要努力
通过对这位独裁者的人格解析,来破解人性之恶的谜团。在这
方面,人们迄今收获寥寥。几十年来,在全世界五花八门的希
特勒传记中(其数量之多无人能出其右),所有的外部事件和
人物经历都已被描写得淋漓尽致,巨细靡遗。在心理学领域,
甚至出现了以"希特勒病态人格"为课题的专项研究。但是,
秘密并没有因此而被解开。希特勒的人生似已成为一个没有谜
底的传奇。

莫非有一个盲点,是迄今所有希特勒传记的作者们都未曾
注意到的?我不敢奢望自己在这里讲述的内容能够准确还原当 144
时的历史,但可以坦白地讲,我所捕捉到的是 70 多年来各路
学者都不曾注意到的一条线索。这些年来,人们为了找到谜底
而绞尽脑汁,甚至不惜编造故事,《明星》杂志发表的所谓希
特勒日记便是其中一例,其他的一些资料来源更是破绽百出。
在这里,我想为读者提供的,并不是一个解开谜团的终极答
案,而是一种对这段历史的独特解读方式。

　　每个想要走近希特勒的人，都绕不开莫雷尔——跟在希特勒身后、身着浅棕色华达呢制服的胖医生。特别是在 1941 年秋天之后，他所扮演的角色早就不是史学界如今认为的那个性格怪异的边缘人物。正是在这段时间，希特勒的状态明显发生了逆转。所有传记在涉及这一问题时都呈现出空白，因为没有人能为此找到合理的解释。在约阿希姆·费斯特（Joachim Fest）撰写的厚达 1200 页的经典著作《希特勒传》中，我们可以通过人物索引发现，全书提及莫雷尔的地方只有 7 处，第一处是在第 737 页，而且每一处都是蜻蜓点水，一带而过。作者在谈到这一时期希特勒的身体状态时，说他"神情呆滞，像被麻痹了一样"[200]。这种形容固然准确，但对其背后的原因，作者却没有明确交代。虽然作者也曾提到希特勒患有"严重的毒瘾"[201]，但对毒瘾的程度和影响却只字未提，对毒瘾所导致的恶性循环也没有详加分析。而正是这种恶性循环让希特勒深深陷入自我的世界，只有莫雷尔的注射才能对其施加干预。费斯特在 1973 年出版该书时称，今后关于希特勒这个人物不会再有新的发现，因为"不会再有更多的资料，能够对这一历史时期及其代表人物的既有形象做出修正"[202]。这一断言显然为时过早。

　　如今，史学界的关注点已经从希特勒的特殊人生经历转向了导致其发迹和成为其人的社会进程，并在这方面的研究中做出了许多有益的尝试。但尽管如此，仍然还有很大的空白需要填补。只是轻描淡写地提一句"掌管花花绿绿药片的莫雷尔医生"[203]是远远不够的。另一本著名希特勒传记的作者、英国学者伊恩·克肖（Ian Kershaw）在书中写道："不断增大的药量和注射量——莫雷尔医生在整个战争期间为其提供的药物多达 90 种,每天的用药品种多达 28 种——也无法阻止(希特勒)身体的衰败。"[204] 在这里,因果关系显然被颠倒了。

德国历史学家亨利克·埃伯勒博士(Dr. Henrik Eberle)对这件事的看法要简单得多。在与已故柏林教授汉斯-约阿希姆·诺伊曼(Hans-Joachim Neumann)合著的《希特勒有病吗?一份总结性报告》(*War Hitler krank? Ein abschließender Befund*)一书中,他得出的结论是:这位德国国家元首并没有毒瘾,莫雷尔的行为是"非常负责任的"。"他对每日规定的药物剂量十分注意,很少会出现过量的情况。1945 年之后,莫雷尔对自己多年来没能给希特勒提供正确治疗,并导致其身体状况恶化深感内疚。但是,这种想法是不对的。莫雷尔在1941~1945 年的大量笔记可以证明这一点,这些记录无疑出自一位有良心的医生之笔。"[205] 但是,事情真的是这样吗?这与私人医生本人的说法显然是矛盾的。莫雷尔曾在笔记中记录了这样一段他与病人的对话:"我不得不一直采用大剂量短时疗法,并不断挑战医学所允许的极限,尽管我会为此受到很多同行的谴责,但我必须并且有能力承担起这一责任,因为眼下德国若是缺了您,必定会毁灭。"[206]

这位独裁者到底服用了哪些药物?这些药物究竟有没有对他造成影响?当时发生的各种历史事件和变化与这些药物之间到底有没有关联?莫雷尔连续多年做了大量笔记,并在笔记中详细记录了他给自己的病人服用的各种药物,这些药物的作用是要让后者能够尽可能地支撑下去,不要垮掉。他之所以要记下这些,是因为一旦希特勒出了事,他可以用这份笔记向盖世太保做个交代。于是,一份事无巨细的医疗记录就这样诞生了。如果有哪位想亲眼看看这些记录,必须不畏舟车劳顿,因为这位私人医生留下的笔记被分成了几份，分存在几个不同的地方：一部分存放在科布伦茨的联邦档案馆，一部分收藏于慕尼黑的当代史研究所，还有一部分，也是最重要的部分，则在美国首都华盛顿哥伦比亚特区。

寻访之旅：华盛顿，国家档案馆

美国国家档案馆坐落于华盛顿宾夕法尼亚大道，二战战胜国的政府核心区，距离白宫仅有一步之遥。这栋宏伟庄严的建筑从外表看上去，就像是一座古代庙宇。在档案馆入口处一座雕塑的白色基座上，用英文镌刻着一行字："What is past is prologue（凡是过去，皆为序章）。"

进入档案馆明亮的收藏大厅后，第一眼感觉有些眼花缭乱，尽管有各种指示牌和说明，但要找到自己想要查找的档案，并不是一件容易的事。因为这里所收藏的档案，实在是浩如烟海。美国军队和情报机构就像是搬运工一样，把第三帝国堆积如山的文件统统搬了回来，分放在首都华盛顿和马里兰州科里奇帕克（College Park）的档案馆分馆。要想在这些卷宗中查找到自己需要的那一份，可以借助索引、电脑，或向档案管理员求助，他们可以毫不费力地把类似"Reichssicherheitshauptmat"（帝国安全部）之类的复杂德语专业词语转换成英文。

帮助我查找莫雷尔档案的管理员名叫保罗·布朗（Paul Brown）。一上来，他就给满怀希望的我迎头泼了盆冷水。用他的话讲，我的调查工作就像用石子打水漂儿，只能在水面上激起一串浪花，而永远无法潜入水中，将水下全部景象尽收眼底。因为国家档案馆的资料是无穷无尽的。布朗的结论是，历史只有一种，就是以尽可能有说服力的史料为基准做出推理，所谓历史真相是不存在的。

很快我便查到了下面这些内容：莫雷尔在战后不久便成为美国情报部门的重点调查对象，这些调查情况直到几年之前才根据《纳粹战争罪行揭示法案》（Nazi War Crimes Disclosure Act）对外公开。[207]美国人想要澄清的问题是：希特勒自 1941 年秋天起健康状况突然恶化的原因何在？私人医生莫雷尔在这方面扮演了何种角色？他是否对此负有责任甚至有谋害希特勒之意？那些具有致瘾性的毒品是问题的关键。如果这一推测属实，可以使许多谜团就此迎刃而解。但也有一种可能性，那就是：或许让希特勒嗑药这件事本身，是莫雷尔给自己扣上的莫须有罪名。

自 1945 年夏天起，莫雷尔连续两年不断被审讯，并自称曾遭受酷刑：对方为了逼他说出秘密，甚至拔掉他的指甲。但美方最终没能从这位战俘嘴中套出这件事的真相。莫雷尔的说法总是自相矛盾、前后不一，让审讯他的人一筹莫展。在记录审讯情况的秘密文件中，人们经常可以在字里行间感受到这一点。对莫雷尔的《医学鉴定书》（Medical Assessment File）这样写道："他很愿意讲话，但经常会扯些鸡毛蒜皮的小事，当记忆出现明显缺失时，他总是改由想象来代替，于是便造成了表述的前后矛盾。……病人的心理状况在不同时间往往呈现出不同的面貌。……莫雷尔明显患有轻度的外源性精神错乱，其病因应与拘禁有关。病人的刑事责任能力虽未受限，然而由于病人存在用臆想填补记忆空白的倾向，因此，其表述不具有充分的可信性。"[208]这份鉴定书的结论是，莫雷尔不愿意或没有能力对自己所做事情的重要性做出解释。

148

战后以专家身份参与审讯的三位德国药学家和医生对此也一筹莫展。[209]因此，一份有关莫雷尔的调查文件——第53号特别报告，题为"关于毒杀希特勒的传言"（The Rumored Poisoning of Hitler）——最后得出结论：这位私人医生并没有给他的病人开毒品或足以对其身体造成危害的麻醉品。希特勒身体和心理状况的骤然恶化，完全是由精神过度紧张和素食所导致的营养不良造成的。

149　　　这个鉴定结果准确吗？鉴于评估人都是二战的亲历者而有可能犯下当局者迷的错误，再考虑到资料的不完整性，我们不应对此妄下定论。美国当局的目标是搜集信息，从而拆穿有关希特勒的各种神话。[210]但从对莫雷尔的调查来看，这一目的并没有达到。

如果仔细观察，我们会发现，解开谜团的答案的确就在莫雷尔留下的那些笔记里，尽管线索很隐蔽且不易解读。莫雷尔留下的这份"遗产"是一摞摞写满了字的处方单，包含大量缩略语的卡片，字迹潦草的笔记本，满满当当的日程本，乱七八糟的便笺，不计其数的公务和私人信函。在笔记本上，信封上，电话记录里，经常会出现一些重复的内容，但其表述又存在细微差异。

从1941年8月到1945年4月，莫雷尔几乎每天都要为他的病人看病。在总共1349天里，有885天都留下了医疗记录。其中的开药记录有1100次之多，注射近800次，几乎是每天一针。有时候，莫雷尔会把针头细心地贴在医疗记录里，因此从外表看，这些记录很容易给人留下一种透明严谨的印象。莫雷尔这样做是害怕一旦出现问题，盖世太保会兴师问罪，因为在后者眼里，私人医生向来都是必须重点提防的危险人物。

这些资料就像一片层峦叠嶂的原始森林，让身处其中之人环顾左右，辨不清方向。对那些不懂德文的人来说，要理解那些资料上的内容，更是难上加难。在看似巨细无遗的记录中，很多字迹潦草得无法辨认，如果仔细研究就会发现，一些有遗漏的地方显然是刻意而为。在打理其他商业文书时向来一丝不苟的莫雷尔，难道是想用这些貌似严谨、实为混乱的记录来掩盖些什么？莫非那是一个只有他一人知道，连他的病人都被蒙在鼓里的秘密？当战局骤然出现对第三帝国堪称灾难性的逆转时，在希特勒和他的私人医生之间，到底发生了什么？

150

地堡性格

去年我曾有幸多次在元首的总部小住，这几次拜访令我收获甚丰，其程度远超乎元首您所能想象。我将竭尽所能，将您赋予我的能量传递给尽可能多的人。[211]

——约瑟夫·戈培尔

这种异乎寻常的行为是任何传统观念和道德标准都无法解释的。[212]

——珀西·恩斯特·施拉姆

要想了解希特勒当年嗑药的真相，我们有必要到自 1941 年夏天至 1944 年秋天希特勒逗留最久的故地做一次寻访。这处历史遗迹的位置是在波兰东部。在马祖里地区的一片密林里，废弃的堡垒像一艘搁浅的混凝土飞船，安静地躺在阳光下。绿色藤蔓爬满了墙壁，翘起的瓦檐上长出了橡树的幼苗。

151 破败的水泥墙壁满是裂缝，钢筋裸露在外。在整个堡垒里，到处竖着黄色的警示牌，上面用波兰语、德语和英语写着：危险！小心坍塌！但是，每日近千名来自欧洲各地的年轻游客并不把这些提示放在眼里，他们爬上黑黢黢的窗洞，钻进狭窄的墙缝，摆出各种姿势拍视频、玩自拍，像是在玩寻宝游戏。

探寻历史的足迹：曾经的元首总部——"狼穴"

1941 年夏天，"狼穴"（Wolfschanze）完全是另一种景象。当时，这个地处东普鲁士小镇拉斯滕堡（Rastenburg）、四周用一道 50 ~ 100 米宽的地雷带围起的工事刚刚建成。碉堡的主体是 10 个掩体，被 2 米厚的水泥层覆盖的后半部是卧室，保

152 护较少的前半部分是工作区。堡垒正中央是简陋的军官食堂，里面的陈设看上去像是一间朴素的乡村酒馆，中间摆着一张笨重的木质餐桌，可以供 20 人同时就餐。不久后，人们在餐桌

后面的墙上钉上了一个革命的标志物:一面缴获的苏联红军旗帜。1941 年 6 月 23 日,在德军对苏联发动进攻后的第二天傍晚,希特勒抵达"狼穴"。他将在这里指挥这场被称为"巴巴罗萨计划"的军事行动。按照计划,德军将在 3 个月之内结束战斗,因此,军队甚至没有为士兵预备过冬的军服。

由于自认为胜券在握,德方在选择对苏作战指挥所的位置时并没有做精心考虑。就像当初修建"岩巢"时一样,德国人认为这场战争肯定不会持续太久。这种狂妄自负的心理迟早会让他们吃大亏。指挥所建好没几天,人们就开始抱怨,环境如此恶劣的地方在整个欧洲都找不出第二处。由于周围到处都是湖泊和沼泽,碉堡里总是遍地泥泞。很快,"狼穴"的臭名就传了开来。在这处灯光昏暗、空气稀薄、总是被雾气笼罩的林中营寨里,人们甚至不得不用往地上泼煤油的办法来驱蚊。一位纳粹处长在给妻子的信中写道:"再没有比这里更差的地方了。碉堡里潮湿寒冷,每天夜里,我们都在电动通风系统造成的穿堂风和噪声里瑟瑟发抖,难以入眠。早晨醒来的时候,总是头痛欲裂。一天到晚,内衣和军装都是又湿又冷。"[213]

"碉堡里太潮湿了,这对健康十分不利,"莫雷尔医生入驻"狼穴"后不久也在笔记中写道。他被安顿在狭小的第 9 号工事,安装在天花板上的无法调节的电扇一直转个不停,却不能带来新鲜的空气,只能把湿冷的空气搅动得更混浊。"这真是霉菌滋生的最佳温度。我的靴子上长满了霉点,衣服湿漉漉的。胸口发闷,面色萎黄,精神压抑。"[214]

但是,希特勒对这一切似乎毫不在意。早在"岩巢"里,他就已经爱上了这种封闭的洞穴生活,"狼穴"对他来说,仿佛是一处梦想中的港湾。在这与世隔绝的藏身地,前线的战况

成为生存的唯一意义。在接下来的 3 年里，"狼穴"变成了他
的生活中心，这里陆续修建了大大小小上百个工事，用于居
住、管理和经营等各种目的，另外还有一条专用的铁路线和一
个小型机场。长期居住在这里的军官、士兵和文职人员多达
2000 人。这些人当中没有谁喜欢"狼穴"，只有一个人除外，
那就是他们的**元首**。希特勒常常对周围的人说，碉堡里的环境
让他感觉最舒服，因为这里的气温总是很凉爽，没有冷热变
化，空气也足够新鲜，而且莫雷尔还给他准备了一个氧气瓶，
"可以用来吸氧，也可以把氧气输送到卧室。元首**非常**满意，
甚至称得上兴奋"。[215]

人工氧气输送，厚实坚固的防护墙：表面上，这里带给外
界的感觉是，这位身在指挥所的德国统帅是站在战争的最前沿
指挥战斗，但是，这时候的他其实比以往任何时候都距离战争
更远。这种在独裁者当中并不罕见的遁世倾向，将带给他无法
逆转的灾难性后果。在过去几年里，整个世界总是一再屈服于
希特勒的意志，一次次不可思议的胜利使他的权力和地位不断
得到巩固。然而一旦在现实中遇到难以轻松战胜的反抗，他就
会深深地陷入自己的幻想世界，不肯自拔。"狼穴"这处钢筋
水泥所筑的洞穴，正是其幻想世界的典型代表。

早在 1941 年夏，苏联的殊死反抗便让一意孤行的希特勒
尝到了失败的滋味。虽然德军在入侵苏联的头几个星期里夺取
了大片地盘，俘虏了数十万红军战士，然而在他们面前，永远
有无尽的土地和无尽的军队需要征服。希特勒的军队打了无数
胜仗，制造了无数惨烈的场面，并按照计划将战线迅速向前推
进，但苏联红军却没有表现出丝毫屈服的迹象。这座"庞大
空虚的纸牌屋"，并不像人们想象的那样不堪一击。从战争一

开始，双方便拼尽全力展开搏杀，德军在开战以来第一次在短时间内遭受重创。

就连嗑药也没能给德军带来太多帮助。与攻打法国时一样，在这场针对苏联的更大规模的闪电战中，兴奋剂从一开始就被投入使用，特别是在陆军官兵之中。在发动进攻前，药物通过后勤渠道被分派到各装甲兵部队，一个军团在短短几个月内得到的药品配给便多达 3000 万片。[①][216]但柏飞丁并没有带来快速胜利，因休整导致的时间拖延很快让德军吃尽了苦头。与此同时，苏联红军则源源不断地从后方调遣大批部队前来增援。

1941 年 8 月，就在战事正处在千钧一发的开局阶段时，希特勒却病倒了，这是很多年来的第一次。这天早上，希特勒的侍卫灵格（Linge）像往常一样，于 11 点整敲开了 13 号工事的房门。他发现，希特勒正躺在床上，发烧，腹泻，浑身关节疼痛，不停地打着寒战。看样子，八成是染上了痢疾。

"接到电话，要我火速去见元首。据说他突然感觉头晕，眼下正在他的地堡里。"[217]当莫雷尔通过 190 号分机得到希特勒突然患病的消息时，他正在幽暗狭小的工作间里干活。那是他和御用摄影师霍夫曼的儿子合用的办公室，里面堆满了各式摄影器材和药品。莫雷尔迅速抓起黑色的出诊包，冲出房间，赶到自己病人的身边。希特勒浑身瘫软地倒在床上，像只泄了气的皮球。他要莫雷尔马上想办法治好他，因为他要赶去主持

155

---

① 这是官方记录的数字。但需要考虑到的是，在负责统计的帝国卫生局不知情的情况下，泰姆勒药厂还直接向国防军供货。因此，在帝国卫生局鸦片处的官方统计和泰姆勒药厂 1943 年的销售记录之间，据称存在高达 22.6 公斤柏飞丁的差额。

战事会议，并就命运攸关的问题做出决策。

　　这时候，仅靠维生素和葡萄糖肯定是不行的。在焦急和忙乱中，莫雷尔决定在维生素钙剂中添入类固醇和速效胰岛素复合剂，配成针剂，给希特勒注射。这种类固醇和速效胰岛素复合剂是莫雷尔自行研制的一种荷尔蒙药剂，它是用从猪和其他牲畜身上取得的心肌浸膏、肾上腺皮质激素和肝胰腺加工制成的。这次注射不像往常那样顺畅："入针时，针头断了。"[218]为了缓解急症导致的疼痛，莫雷尔又给希特勒注射了20滴杜冷丁，这是一种作用类似于吗啡的鸦片类制剂（Opioid）。① 但是，频繁的腹泻并没有停止。这天中午12点时，在凯特尔和约德尔的工事中召开的战事会议上，"病人A"缺席了。元首病休的消息，立刻惊动了整个指挥所。

　　"元首非常生气，"莫雷尔在当晚的医疗记录中写道，"我从没见他在我面前发过这么大火。"[219]这位私人医生决定，继续坚持自己的兴奋剂疗法。很快，注射的针剂便见了效，痢疾症状消除了。第二天，希特勒重新出现在战局讨论会上，并立即着手挽回头一天缺席会议所造成的影响。就在他生病的这一天，他与总参谋部之间由来已久的矛盾再次暴露，总参谋部的将领们一心想抓住机会，尽快实施自己的计划。双方争执的焦点在于下一步的进攻路线。与希特勒的想法不同，将领们认为应当将莫斯科作为主要目标。他们计划以攻坚战的方式占领苏联首都，从而夺取整场战役的主动权。但是，刚刚病愈的希特勒却另有打算。他执意将军队分成南北两个军团，北方军团的

---

① 人们将从罂粟植物中提取的天然生物碱称为"鸦片类药物"（Opiate），将人工合成品称作"鸦片类制剂"（Opioide）。

任务是攻占苏联北部的列宁格勒，南方军团则在同一时间穿越乌克兰向高加索挺进，夺取对战争经济具有决定性意义的各大油田。

这场冲突给莫雷尔医生和他的"速效疗法"也带来了影响。为了让"病人 A"不再因为生病而受到排挤，他决定加大预防性注射的力度。从此，莫雷尔俨然变身为多联疗法的代言人。他不停地尝试各种新的药物，并通过注射剂量的调整，来达到自己所希望的最佳疗效。[①] 他甚至抛开了对症下药的原则，而是将药物当作营养品，源源不断地注入希特勒的身体。[②] 这些药物可谓无奇不有，如托诺弗斯芬（Tonophosphan）——赫斯特（Hoechst）公司生产的一种后来多用于兽医领域的新陈代谢促进剂，从子宫血液中提取的富含荷尔蒙和免疫抗体的丝氨酸（Homoseran），[221]可改善性欲和活力等的衰退的性激素睾酮，还有从公牛睾丸中提取的有助于治疗抑郁的睾丸素。另外还有一种用于注射的药剂是前列腺素，它是从小牛的精囊和前列腺中提取的。

尽管希特勒还像以往一样不吃肉，但这时的他已经不再是

157

[①] 莫雷尔甚至还采用古老的水蛭活体疗法为希特勒进行治疗。这种类似于放血的疗法是借助具有抗凝血功能的水蛭素来促进人体血液循环。治疗时，希特勒亲自把水蛭从瓶中放出，由莫雷尔用镊子或直接用手（因为水蛭经常从镊子下滑脱）把它放到希特勒耳部下方。"前边的一只吸得比较快，后边的一只吸得很慢，"他在笔记中写道，"前面一只最先吸足血，从下部松开；后面一只又吸了半小时，然后也是先松开下半部分，上半截需要我用手扯开。之后，伤口又流了近两小时的血。因为伤口贴着胶布，所有元首没有去吃晚饭。"[220]

[②] 其他国家元首的做法与此截然不同，比如苏联。斯大林在克里姆林宫设立了一个专门为自己看病的诊所，里面汇集了最优秀的专业医生，他们每个人都必须保证绝不犯错。

一名严格意义上的素食者了。自 1941 年秋天起，越来越多的动物成分开始进入他的血液。这些治疗的目的是消除和预防心理与生理上的疲劳症状，加强身体对疾病的抵抗力。随着药物种类和剂量的不断增加，希特勒体内的天然免疫系统逐渐被人工构建的防护墙代替。莫雷尔让这些变得愈发不可或缺。

在希特勒的健康问题上，自从感染痢疾那一次之后，莫雷尔采取的手段相当于用高射炮打蚊子。这种治疗方法一直延续到希特勒生命的最后一刻，几乎从未停止。当元首偶尔走出工事，在"狼穴"1 号禁区里散步时，莫雷尔总是寸步不离地陪在他的身侧，一位助手拎着注射器械包跟在后面。药物疗法的连续性从 1941 年 8 月的一次火车旅行中就可以得到证明。当时，希特勒和墨索里尼分乘专列前往东线视察。在长达 24 小时的车程中，火车将穿过整个东欧，在这里，针对犹太人的大屠杀已经拉开了序幕。在列车途经的乌克兰西部城市卡缅涅茨 – 波多利斯基（Kamenez-Podolsk），武装党卫军和一支德国警察部队刚刚枪杀了 23600 名犹太人，这是第一起以大清洗方式屠杀整个地区犹太人的事件。

为了保证希特勒在途中也能按时得到治疗，他所乘坐的专列临时安排停车，因为当列车行驶时，车厢晃动有可能影响莫雷尔的操作。由一节防弹车厢和两节护卫车厢组成的专列刚刚停稳，莫雷尔便迅速走进希特勒的包厢，麻利地打开药箱，掏出用黑色皮子包裹的套装药剂，掀起固定安瓿瓶的金属片，拉开存放针管的皮套拉锁，抽出针管，敲开一只安瓿瓶，插入针头将药液吸出。然后，他用橡胶管扎住希特勒肤色苍白、几乎看不到汗毛的手臂，抹了抹额头上的汗，然后小心地将针头刺入皮肤。第一针是静脉注射，第二针是皮下注射。莫雷尔骄傲地记录下这次临时停车的非常经历:"火车在半路停了下来,因为我要给元首注射葡萄糖、托诺弗斯芬和维生素钙剂。我只用 8 分钟就全部搞定了。"[222]

这类事情并不是个别现象,而是变成了规矩。希特勒的日常状态越来越取决于药物,随着时间推移,注射到他体内的药剂种类达到 80 多种,这些药物包括荷尔蒙制剂、类固醇以及其他许多非常规药品。[①] 每天的药剂搭配都会略有变化,这对病人心理可以起到良好的安慰作用。如此一来,希特勒就不会产生对某一种药物上瘾的印象。这正是莫雷尔的良苦用心,他必须想方设法,让病人接受自己为其调配的药物鸡尾酒。就这样,希特勒和他的私人医生一道,共同摸索出一套自我治疗和自我修正的完美方案,并对其无限制地加以滥用。

到了 1941 年下半年,莫雷尔的多联治疗方法越来越大胆,

---

① 从下面这份按字母顺序排列的用药清单可以看出,这种治疗方式是多么不理性(加下划线的是精神类药品):Acidol-Pepsin、Antiphlogistine、Argentum nitricum、Belladonna Obstinol、Benerva forte、Betabion、Bismogenol、Brom-Nervacit、Brovaloton-Bad、Cafaspin、Calcium Sandoz、Calomel、Cantan、Cardiazol、Cardiazol-Ephedrin、Chineurin、Cocain、Codein、Coramin、Cortiron、Digilanid Sandoz、Dolantin、Enterofagos、Enzynorm、Esdesan、Eubasin、Euflat、Eukodal、Eupaverin、Franzbranntwein、Gallestol、Glyconorm Glycovarin、Hammavit、Harmin、Homburg 680、Homoseran、Intelan、Jod-Jodkali-Glycerin、Kalzan、Karlsbader Sprudelsalz、Kissinger-Pillen、Kösters Antigaspillen、Leber Hamma、Leopillen、Lugolsche Lösung、Luizym、Luminal、Mitilax、Mutaflor、Nateina、Neo-Pyocyanase、Nitroglycerin、Obstinol、Omnadin、Optalidon、Orchikrin、Penicillin-Hamma、Perubalsam、Pervitin、Profundol、Progynon、Prostakrin、Prostophanta、Pyrenol、Quadro-Nox、Relaxol、Rizinus-Öl、Sango-Stop、Scophedal、Septojod、Spasmopurin、Strophantin、Strophantose、Suprarenin(Adrenalin)、Sympatol、Targesin、Tempidorm-Zäpfchen、Testoviron、Thrombo-Vetren、Tibatin、Tonophosphan、Tonsillopan、Traubenzucker、Trocken-Koli-Hamma、Tussamag、Ultraseptyl、Vitamultin、Yatren。[223]

已经达到了令人惊悚的程度，尽管在当时，人们对类固醇和荷
尔蒙的了解还很有限，对各种兴奋剂的复杂交叉作用还没有充
160 分认识。希特勒对这一切毫无意识，他一辈子都对药物感兴
趣，但掌握的医学知识却近乎零。和统率军队一样，身为瘾君
子的他对毒品的认识也始终是个半吊子：做事全凭感觉，从不
刨根问底。这一点最终将他引向毁灭。直到巴巴罗萨计划实施
前，他凭借天生直觉所做出的决定往往是正确的。而恰恰是在
莫雷尔开始对他实行注射治疗，用各种药物把他的身体搅乱后，
他的良好直觉也弃其而去。大剂量用药所导致的耐药性，是问
题的根源所在。随着身体对药物的适应，要想保证药效，只能不
断增加剂量，因为一旦药效降低，希特勒的身体很可能就会崩溃。

　　从这一角度看，莫雷尔是给信任自己的主子帮了倒忙。身
为私人医生，他对药物的交叉作用显然没有考虑，而这本应是
行医者的基本职责。他像其他许多人一样，一心只想讨希特勒
的欢心，并以此保住自己作为宠臣的地位。1941 年秋天，当
纳粹开始对犹太人展开大规模杀戮，入侵苏联的国防军在短短
几个月里便让数百万人命丧黄泉后，纳粹恐惧机制也像毒瘤一
161 样逐渐发作，由里而外一步步恶化。

东线之困

> 根据我的判断，我深信元首是健康的。[224]
>
> ——约瑟夫·戈培尔

　　在国防军总司令部的战争日记中，1941 年 10 月 2 日这一
天的记录是这样的："当日，秋高气爽。中央集团军所有部队

于拂晓时分发起进攻。"[225]攻打苏联首都的计划在经历一番迟疑后，终于被付诸实施。在斯摩棱斯克（Smolensk）和莫斯科之间的小城维亚济马（Wjasma），德军对苏军发动了两场大规模围歼战，俘虏了 67 万名红军战士。在"狼穴"元首总部，一些人甚至认为德军已胜利在望。但是，由于德军丧失了宝贵的时间优势，并且在其他战场上消耗了太多兵力，他们无法再以闪电战的方式一举攻克斯大林的权力中心。当天气变得越来越恶劣时，德军的攻势彻底陷入了泥淖。"无休无止的雨、雾。路面状况不断恶化，给所有行动和后勤补给都造成了严重困难，"陆军司令部在 10 月底的战事记录中如此写道。[226]自开战以来，德军第一次露出了败象。

面对严峻的局势，希特勒的反应十分冷淡。当苏联红军在初冬时调集西伯利亚精锐部队发动反攻，并给德军造成严重伤亡时，德方将领纷纷向希特勒发出呼吁，要求立即撤军，以免遭受更大损失。希特勒拒绝听从这一建议，并于 1941 年 12 月 16 日发布命令：**不惜一切代价，坚持到底**。这道命令虽然暂时避免了更坏情况的发生，但从长远看，它所带来的后果却是灾难性。从这一刻起，在没有明确批准的情况下，任何后退行为都是禁止的。曾以行动凌厉令敌人胆寒的国防军，如今面对战争局势的多变却无力应付，只能苦苦坚持。尽管直到最后一刻，德军仍然以顽强斗志赢得了敌人的尊重（德军的顽强斗志与其独一无二的"任务式指挥"不无关系，它让一线指挥官在达成预定目标的方法上享有充分的自由），然而最初曾以辉煌战绩震惊世界的运动战却从此成为历史。值得一提的是古德里安，就在 1940 年春天，他以打破常规，甚至不惜违抗军令的行动为西方战役的胜利立下了汗马功劳，而现如今，当他

162

试图劝说最高统帅从莫斯科撤军时，希特勒干脆将他撤职，不让他再插手前线的指挥事务。

希特勒的唯一战术就是"殊死抵抗"，不计代价。"不计代价"的另一层含义就是无视前线的残酷现实。因此，德军在对苏战争的第一年冬天就蒙受了惨重损失。在莫斯科，教堂敲响钟声，以鼓舞民众士气。东正教神父们挨家挨户奔走，动员百姓为保卫俄罗斯的神圣领土而战。在苏联各地的电影院里，人们在银幕上看到的一边是身着棉服和皮靴的红军战士，另一边是穿着单衣、没戴手套的德国战俘光着脚在地上蹦来跳去，以免冻僵。

对这些侵略者来说，前途越来越令人绝望。在很多时候，能够带给他们帮助的只有柏飞丁。这样的例子不胜枚举，这里只说一个：在伊尔门湖（Ilmensee）南岸的渔村维斯瓦德（Wswad），其地理位置处于莫斯科和斯大林格勒之间，一支德国部队被包围，营帐被烧毁，粮草尽断，只剩下一条小路可供逃生。这群狼狈不堪的德国兵一行大约500人，扛着沉重的背包和机枪，趟着齐腰深的积雪，开始了长达14小时的夜行军。根据国防军报告中的记录，这些士兵当中有很多人没过多久就"精疲力竭……大约在半夜时，雪停了，天空明亮清澈。可很多人宁愿躺在雪地里，也不愿再往前挪步。任何豪言壮语都无法唤醒他们的意志力。于是，他们每人被分到了两片柏飞丁。过了半小时后，一些人感觉渐渐好了起来。大家重新排好队伍，再次上路"。[227]从这个例子可以看出，嗑药的目的已不再是为了冲锋和进攻，而是为了坚持和活命。[228]从此，命运发生了逆转。

163

一位军医的回忆

"那时候,我手里有很多药。我负责把药发给大伙,发药时就是一句话:给你,拿着!"1940~1942 年曾在柏林军医大学受训的军医奥托·舒尔特施泰因伯格(Otto Schultesteinberg)回忆自己在苏联战场的经历时如此说道。这位时年①94 岁的老人对当年那场战争,包括斯大林格勒战役的种种情景仍然记忆犹新,仿佛这些事情就发生在昨天。如今,老人的家在巴伐利亚州施泰贝尔格湖畔。在当地一家克罗地亚餐馆的露台上,我见到了他。他告诉我:"我自己并没有吃过柏飞丁,或者说吃得不多,大概只有几次吧,我想试试那是什么感觉,也好知道自己发下去的是什么东西。我可以告诉你,那玩意儿真的管事!它让人很清醒,清醒得简直不正常。不过,我不想经常吃它。我们知道这东西会让人上瘾,还有各种副作用:精神错乱,神经失调,体力衰竭,等等。在苏联的时候,我们打的是一场消耗战、阵地战。这种情况下,柏飞丁不管用,它只会让体力消耗变得更严重。人如果缺了觉,早晚得补上。从战术来讲,用药物剥夺睡眠不会有任何好处。"229

柏林方面对这些情况了如指掌。帝国公共卫生事务负责人康蒂仍然没有放弃自己的禁毒主张,并指示其领导的"涉毒举报处"全面搜集吸毒士兵的信息。他制定了一份有关吸毒的定性标准,要求国防军和武装党卫军按照这项标准对每一名因涉毒被开除的士兵进行归类,从而决定是对其采取强制戒

①　原文如此,似为"现年"。——译者注

毒，还是"作为无法改造或不可救药分子尽快清除出队伍"。[230]这些话不仅严厉，而且还带有明显的恐吓之意，因此未能得到国防军方面的配合。军方举报的涉毒案例几乎为零。由于战争形势越来越严峻，已经没有人再有心思去惩戒吸毒分子了；相反，军方甚至有针对性地向康蒂身边的助手发出征兵令，并将其派往前线，用这种办法给禁毒运动制造困难。

1941年年底，最高指挥部的一些人逐渐意识到德军已取胜无望。总参谋长哈尔德在总结形势时称："无论是在人力还是物力方面，我们都已面临枯竭。"[231]旨在通过偷袭扭转真实军力对比的闪电战策略失败了，希特勒亲手制订、从一开始就是建立在"投机沙盘"上的战争计划由此破灭。面对拥有人口和装备优势的苏联人，德国人要想打赢一场旷日持久的消耗战纯粹是妄想。这才是对现实的清醒认识。德国本应从这一认识出发，做出合理决策。然而希特勒却对摆在眼前的事实采取无视的态度，此时的他早已对地缘政治现实失去了判断力，因此做出了一个又一个错误决定。如果说1941年秋天之前，这位最高统帅是无往而不胜的话，那么现在他所经历的，正是这一切的反面。

1941年12月，德国对美国宣战。这是一个丧失理智的疯狂决策，因为这时的德国正在多条战线上拼死挣扎，力量已消耗殆尽，而它的对手则是养精蓄锐多年、实力雄厚的工业巨擘。树敌过多者不会有好下场。但是，刚刚接替布劳希奇元帅、亲自出任德国陆军总司令的自大狂希特勒，早已不把这些放在眼里。认清现实对于他来说，无疑是一种奢求。正如他本人所说，巴巴罗萨行动是推开了"一扇通往黑暗的未知世界的门，没有人知道那扇门背后是什么"。[232]在现实生活中，希特勒同样是被黑暗包围，就像莫雷尔描述的，"在碉堡里，整天都见不到一丝阳光"。[233] 在这黑暗世界之中，没有谁能够走近这位陷入魔道的独裁者，并把他拉回现实。只有私人医生手中的针头可以刺穿这身"铁甲"，把各种荷尔蒙激素注入他的血管。"元首过着如此自闭和不健康的生活，真是让人伤心，"戈培尔在日记中写道，"他整天待在碉堡里，不到外面散步，也没有任何娱乐。"[234]

在 1942 年 1 月召开的柏林万湖会议上，"犹太人问题的最后解决办法"得到落实。在灭绝犹太人问题上，希特勒的决心越来越坚定。德国之所以不惜一切坚守每一处被其占领的地盘，有一个原因是无可置疑的，这就是：让奥斯威辛、特雷布林卡（Treblinka）、索比堡（Sobibor）、海乌姆诺（Kulmhof）、迈丹尼克（Majdanek）、贝乌热茨（Belzec）这些建在东部占领区的集中营的炉火，烧的时间再长一些。守住所有阵地，直到犹太人全部死光。这场针对一群手无寸铁的平民的战争，最终变成了"病人 A"——一个违背所有人类伦理的狂人——一人操纵的战争。

狼人星球

我非常羡慕您能在元首总部亲历这些世界历史上的重大事件。元首的审时度势天赋以及他对国防军建设的精心规划，让我们有理由对未来抱有充分信心。……愿神赐予元首健康和力量，带领人民实现最终的目标。[235]

——一位友人致莫雷尔的信

1942 年夏，纳粹的地理扩张达到了巅峰，第三帝国的版图从北角（Nordkap）一直延伸到北非和中东。但同时，它也从各方面显露出失败的迹象。同年夏天，德国开始实施"莱茵哈德行动"（Aktion Reinhardt），超过200万犹太人以及生活在波兰占领区的5万多名辛提人（Sinti）和罗姆人（Roma）
167　在这场系统化大屠杀中被害。就在同一时间，德军完成了一场兴师动众的大转移：空军动用17架飞机，将元首总部从"狼穴"搬到了在距离乌克兰西部小镇文尼察（Winniza）数公里处新建的指挥所中。

　　实际上，这次搬迁行动不过是纳粹上演的一场大戏，是为了给军队造成一种印象：最高指挥层正和他们一道浴血沙场。然而实际上，这个森林中的木屋距离真正的前线还有几百公里之遥。1942年春天，当英军对吕贝克、罗斯托克、斯图加特特别是科隆等德国城市发动大规模轰炸时，指挥所的人们安然无恙地躲过了一劫。对希特勒而言，在这个连名字都无人知晓的遁世之地，他可以轻松地忘记眼前的政治和社会现实，沉浸到自己的幻觉世界之中。这时候，他需要的不是像当年慕尼黑摄政王广场附近的居所那样，一个凡俗意义上的家，而是一个充满梦幻色彩的避风港。

　　新任装备部部长施佩尔（Speer）在描述乌克兰的新元首总部时说，这是"一片别墅式的平房，一片小小的松树林，还有公园模样的小花园"。[236] 为了与周边环境显得更和谐，人们将新伐下的树干漆成了绿色，在树荫下的灌木丛里开辟出空地，建成停车场。乍看起来，这里就像是一处避暑用的度假村。然而，正是在这几座被高大橡树包围的木屋里，希特勒一如既往，继续指挥着一场史无前例的惨绝人寰
168　的战争，并开始酝酿新的行动方案——"狼人"计划。"狼人"这个名称和他此时的生活状态简直再贴切不过：在这个

与世隔绝的环境里，他要求所有人必须严格遵守近乎病态的卫生隔离规定，[①] 对患有肠易激综合征的希特勒来说，微生物是他终生惧怕的敌人。而在这时候，那些在沼泽地和荒原上苦苦坚持的德国兵却在与真实的危险搏斗，战壕热、兔热病、疟疾等远东特有的传染病随时都有可能夺去他们的生命。

此时，莫雷尔和他的病人变得更加形影不离。甚至在指挥所的战局讨论会上，这位私人医生也会出现在元首身侧。参会将领们一个个不敢多言，只能向这个对军事一窍不通的医生投来厌恶的目光。这样的会议每天都会召开两次，即使在天气好的时候，会议室也是门窗紧闭，窗帘拉得密不透风。虽然林子里的空气总是很新鲜，但"狼人"指挥所里的空气却永远污浊难闻。如今希特勒能听得进去的建议，都是出自和他一样对前线战况毫不知情的人之口。[238] 那些善于阿谀奉承的小人，总是深得元首的欢心，性格乖戾的陆军元帅凯特尔就是其中一位。私下里，人们偷偷地唤他"奴才"。

1942 年 7 月 23 日，在德国发动对苏战争 13 个月后，希特勒又一次犯下了致命的战略性错误。在其颁布的第 45 号训令中，希特勒命令将德军兵力分为两支，这次是在苏联南部：A 集团军群的目标是攻克石油资源丰富的阿塞拜疆首府巴库，B 集团军群的任务是拿下斯大林格勒，向里海海岸进军。这样一来，原来 800 公里长的战线被拉长到了 4000 公里，这必然会导致局面失控。这一决定在陆军司令部引发了强烈的不满。在乌克兰的炎炎烈日和 45～50 摄氏度的高温下，"争吵和发泄达

169

---

① "与平民的任何交往都是被禁止的，走访民宅同样也不被允许。"在其眼里，到处都是有可能传染疾病的害虫：苍蝇——痢疾，臭虫和虱子——斑疹伤寒，老鼠——鼠疫。[237]

与病人形影不离的御医莫雷尔（希特勒左后侧）

到了前所未有的程度……现在，假想变成了指挥行动的准则"，总参谋长哈尔德对最高统帅的决定如此指责道。[239]装备部部长施佩尔说："希特勒的精神错乱是有目共睹的，每一个在他身边的人都预感到这样下去不会有好结果。"在制订军事计划时，德军的真实处境早就被抛在了一边。私底下，人们把每日的战局讨论会称为"摆戏台"。"那些有关国防军战况的各种夸夸其谈让人担心，这样下去，没有人会对局势的严峻性有充分认识。"[240]

在国防军最高统帅部的战争日记中记录了这样一段话，它是"镰刀收割计划"的发明者、克里米亚战役的指挥官、不久前受封陆军元帅的冯·曼施泰因，在一场有关东线南段危急局势的报告中讲的："和以往一样，元首依然没能对全局做出总体性判断，他仿佛不再有这样做的能力。"[241]在希特勒眼里，那些头脑清醒的将军所说的话都是危言耸听，但这些话虽然刺耳，有时候他也不得不听。因此，他经常会用孩子气的方式做出反应。例如，他拒绝和约德尔将军握手（顺带一提，后者是最高统帅部里唯一一位不让莫雷尔医生看病的人），不出席聚餐，而是整天躲在树荫下自己的木屋里，在天黑前绝不迈出房门一步。1942 年 8 月，希特勒到前线视察军情时，因皮肤常年不见阳光而被严重晒伤。"整张脸红彤彤的，脑门被晒脱了皮，疼痛难忍，搞得他情绪很糟。"[242]因此，当重新回到林中隐蔽的小屋后，他简直乐开了花。

另外，希特勒也很少再公开露面，发表演说。这个曾经热衷于在万众簇拥下激昂陈词的人，渐渐从公众的视线之中消失。历史学家和作家塞巴斯蒂安·哈夫纳（Sebastian Haffner）在描述这种变化时写道："他曾经有计划地用全民狂热代替了理性，可以说，他用六年的时间，把自己变成了德国百姓离不开的一剂毒品。然而在战争期间，他却突然给他们断了药。"[243]反过来讲，这种变化也给希特勒本人造成了不良后果。以往他的每次露面都不仅让万众为之欢腾，同时也让他像嗑了药一样沉醉于其中。现如今，这一切都不复存在。在与世隔绝的状态下，他只能依靠化学品来补充以往从百姓拥戴中所获得的能量。这样做的结果是，希特勒的自我封闭倾向变得越来越严重。"他是一个永远需要外界激励的人，"希特勒传记作者费斯特写道，"从某种意义上讲，莫雷尔的毒品和药品代替了过去他从万众欢腾的场面中获得的刺激。"[244]

身为国家领导人，希特勒很少再亲自处理日常公务。他总是整夜不眠，很少在清晨 6 点前上床。和过去一样，他最喜欢

171

做的事，是和施佩尔一起讨论大型建筑规划，当然纯粹是在假想的层面上。这位忠心耿耿的装备部部长和最受元首宠爱的建筑师，曾将与希特勒之间的合作称为"令人心醉神迷的几个年头"。作为排挤他人的行家里手，施佩尔一直对"领袖魅力的刺激作用"深信不疑。但即使是这样一个人也渐渐发现，希特勒"在这些讨论中经常偏离现实，陷入自己的幻想世界"。[245]

这种脱离现实的倾向给战局走向带来了深远影响。希特勒经常在不考虑装备、兵力和后勤保障等因素的情况下，盲目地把军队派上战场。与此同时，当涉及具体的战术问题时，他还不停地对军事指挥官们指手画脚，甚至在营级部队的调遣上也要亲自过问。[①] 在召开战事会议时，他要求速记员逐字记录，以便会后监督。因为很多将领在接到希特勒发出的不切实际的命令后，总是偷偷想办法敷衍他。

从敦刻尔克的停止前进命令开始，希特勒对军事的一知半解就已暴露无遗。这一年，在希特勒的指挥下，德国国防军在阿布哈兹（Abchasien）和卡尔梅克草原（Kalmückensteppe）漫无目标地左突右攻，一边挺进到黑海海岸，另一边又攀上高加索山脉的厄尔布鲁士峰，将纳粹"卐"字旗插上 5633 米高的山顶。这时，希特勒也从一个军事指挥上的半吊子彻底变成了一个满脑子不着边际幻想的狂人。1942 年夏天，希特勒的毒品注射量达到了高峰，为此，莫雷尔医生不得不向柏林恩格尔药房发去订单，为元首总部专门订货。[246]

---

① 斯大林的做法完全不同。在 1942 年 5 月由其指挥的哈尔科夫战役失利后，他很少再插手具体的军事问题，而是将指挥权交给了总指挥部——Stawka。

ENGEL-APOTHEKE
KÖNIGL. 1739. PRIVIL.
Pharmacie Internationale

ALLOPATHIE / BIOCHEMIE / HOMÖOPATHIE

Herrn
Prof. M o r e l l
Führerhauptquartier

BETRIFFT:

FERNSPRECHER: 11 07 21
BANK : DEUTSCHE BANK
STADTZENTRALE
MÄUER STRASSE
POSTSCHECK: 7543

BERLIN W 8
MOHREN STR. 63/64

DEN 29. August 1942

Sehr geehrter Herr Professor !

Auf beifolgendem Rezept bitte ich höflichst noch den
Vermerk " eingetragene Verschreibung" vermerken zu wollen
und mir dann das Rezept zurücksenden zu wollen.

Für die Beschaffungen der bestellten Spritzen bitte ich
um Ausstellung eines Rezeptes oder einer Bescheinigung
woraus hervorgeht, dass die Spritzen für das Führerhaupt-
quartier benötigt werden. Nur auf Grund dieser Bescheini-
gung ist eine Anfertigung der Spritzen möglich.

Mich Ihnen bestens empfehlend zeichnet mit

Heil Hitler !

Königl. 1739 priv.
Engel-Apotheke
Inh: ERNST JOST
Berlin W 8, Mohrenstr. 63/64

　　恩格尔药房致莫雷尔的一封信:"为了供应订购的注射器,我需
要签发处方,或一份表明注射器是为元首总部提供的证明。只有在收
到此证明后才能准备注射器。最诚挚的问候,希特勒万岁!"

　　在 1942 年秋的非洲，从"冰毒之狐"化身为"沙漠之狐"的隆美尔元帅在与蒙哥马利（Montgomery）率领的英军交战中受困。与此同时，在另一边的苏联战场上，随着斯大林格勒战略意义的下降，围绕这座城市展开的激战渐渐变成了一场近乎病态的死搏。可希特勒却对这场代价惨烈的战役大肆渲染，将其描绘为一场充满传奇色彩的命运之战。当保卢斯（Paulus）麾下的第 6 集团军在伏尔加河畔被苏军包围，成千上万德国士兵在饥寒交迫和敌军的炮火中痛苦地死去时，希特勒的健康状况骤然恶化。"胃肠胀气，口臭，全身不适，"莫雷尔在 1942 年 12 月 9 日的笔记中如此记录道。[247]就在同一时间，戈林提出的大胆而不切实际的计划——从空中为被困德军运送燃料——彻底落了空。

　　一周后，"病人 A"向他的私人医生问起一件事。他说，戈林曾经跟他讲，每次身体感觉疲乏和头晕的时候，都会吃一种药，这种药的名字是卡地阿唑（Cardiazol）。希特勒想知道，"当他在处理要务时，如果身体感觉不适，是不是也可以吃这种药"。[248]莫雷尔的答案是否定的。因为卡地阿唑是一种剂量难以把控的血液循环促进剂，很容易导致血压增高并引发癫痫，所以风险很大。不过，莫雷尔医生从中领会到了他的病人的意思：元首需要某种药力更强的药物，来帮助其排解斯大林格勒战役失利所造成的心理打击。莫雷尔决定接受这一挑战。

乌克兰屠宰场

你们必须保持健康，必须让身体远离一切毒害。我们需要清醒的国民！未来德意志人的强大，完全是由他的精神创造和健康力量决定的。[249]

——阿道夫·希特勒

莫雷尔用经营独创药物维他默丁赚来的钱，买下了波希米亚奥洛穆茨（Olmütz）的一家食用油加工厂，这家名叫海康恩（Heikorn）的公司是捷克斯洛伐克最大的食用油制造商之一，是纳粹从犹太人手中抢来的。希特勒亲自出面帮莫雷尔促成了这笔生意。[250]收购价格只有区区 12 万帝国马克，对这样一笔利润可观的不动产来说，几乎相当于白送。莫雷尔拿到这家工厂后，将它改造为其名下的哈玛公司的主要生产基地。他在笔记中写道："这笔生意做得太值了……堪称是使雅利安化（arisierendes）的杰作。"[251]此后，他雇用了 1000 多名工人，生产包括罂粟油、芥末、去污粉在内的各式各样的商品，另外还有专为国防军研发的"鲁斯拉"（Russla）除虱粉（尽管效果不理想，却是国防军的必备防护品）。不过，公司的核心生意是维生素和荷尔蒙药剂，为此，这位野心勃勃的私人医生和纳粹恐怖体制的受益者必须找到办法，以保证产品的原料供应。

在"狼穴"元首总部以南 8 公里的文尼察市，有一家规模庞大的现代化屠宰场。在战争爆发之前，美国斯威夫特（Swift）公司利用最先进的现代技术，按照芝加哥屠宰场的模式，对这家屠宰场进行了改造。据说，乌克兰全国的牲畜屠宰

175

都是在这里完成的。整个屠宰过程是全自动化的，包括动物血液的收集。这唤起了莫雷尔的极大兴趣。因为当时德国还没有这样的技术，就像莫雷尔在笔记中所说的，按照老方法屠宰时，总是把"宝贵的蛋白质用水冲洗掉"。莫雷尔决定，要用这些先进设备大赚一笔。就在希特勒这个让全世界陷入战火的狂人整天躲在木屋里做白日梦之际，自学成才的药剂师莫雷尔利用德国在乌克兰作战的机会，开始运作他的赚钱计划。

为了做成这笔大生意，莫雷尔制定了一个简单易行的方案。他向纳粹思想领袖、负责东部占领区的帝国部长阿尔弗雷德·罗森堡（Alfred Rosenberg）通报说，他准备建立一家"内脏制剂生产厂"，并以典型的御医口吻提出请求："如果我能够得到那些原料的话，我就可以满足整个东部占领区对荷尔蒙产品的需求。"[252] 这里的"原料"指的是甲状腺、肾上腺、睾丸、前列腺、卵巢、库珀氏腺、胆囊、心、肺等，也就是在文尼察屠宰的所有动物的全部器官和腺体，包括骨头。

这笔生意就像是一个金矿，因为这些廉价原料将被加工制作成价格昂贵的兴奋剂和类固醇。在接下来的几周里，莫雷尔在占领区一刻不歇地四处奔走，为酝酿中的不光彩生意穿针引线。他的目标是，必须要让所有原料物尽其用，就连屠宰时收集的动物血液也不浪费。他准备将这些血液加上蔬菜（主要是胡萝卜）进行干燥处理，制成一种新型营养药。[253] 莫雷尔在给妻子的信中写道："连日来的奔波让我疲惫不堪，每天我都要开车走150公里甚至是300公里的路，而且是在颠簸不平的石子路上。"[254] 他要让乌克兰占领区成为任其剥削的对象，要榨干它的血液，吸干它的骨髓。纳粹分子的厚颜无耻在他身上表现得淋漓尽致，作为希特勒身边的红人，他在利用职权牟取私利方面，与那些身居要职的纳粹大人物并无二致。

莫雷尔的计划得到了他的另一个病人、乌克兰总督辖区行政长官埃里希·科赫（Erich Koch，因手段毒辣而被称为"小斯大林"）的全力支持。他表示，今后在屠宰动物的过程中，莫雷尔"可以派专人收集所有制药所需的废料……并按需求进行加工处理"。[255]莫雷尔对此感激涕零，并宣布了他的下一步计划："如果内脏制剂一事进展顺利的话，接下来我将着手乌克兰草药和毒品方面的研究。您将会看到，所有工作都在按照章法有序推进。"[256]

他当即注册成立了"乌克兰制药公司文尼察分厂——内脏制剂和草药生产以及药物出口"。这一名称不仅明确了产品的内容，同时也为公司的未来扩张定下了基调。由此可以看出，莫雷尔并不满足于在乌克兰西部的发展，而是把目光投向更有利可图的顿巴斯工业区，甚至是黑海沿岸的草原以及克里米亚地区。他计划在这些地方"大规模种植草药，为建设强大的德意志经济助一臂之力"。[257]

他的第一个目标是乌克兰东部城市哈尔科夫（Charkow），在 1941 年 10 月被德军第 6 集团军攻克前，这里是苏联的第四大城市与战略重镇。自被德军占领后，这里到处呈现出一片死亡景象：三分之二的房屋被炮火摧毁，城市人口由原来的 150 万减少到 19 万，无数苏联平民被杀害，有的人被扔下阳台，有的人被吊死在走廊、银行，或者饭店的门前。[258]在德罗比茨基谷地（Schlucht Drobizkij），德国 C 集团军群下属的 4A 特遣队联手秩序警察部队 314 大队的部分成员，对当地犹太人实施了一场灭绝人性的大屠杀：1.5 万人被枪决，许多妇女和儿童被拖入毒气车中杀害，大量哈尔科夫居民被占领军送去德国做苦役。当 1942 年 5 月红军营救行动失败后，近 24 万名苏军士兵沦为俘虏。

但是，莫雷尔对这些事毫不关心，哈尔科夫的悲惨景象反而让他看到了商机。他在给辖区总督的信中写道："在这个政权几度易手的城市里，应当想方设法为战争经济做点儿事。在我看来，这是一件很有意思的工作。"[259] 当他听说哈尔科夫有一家内分泌研究所在内脏制剂领域颇有建树的时候，莫雷尔再次致函科赫："在没有腺体供应的情况下，这家原属于苏联政府的研究所的工作是毫无前途的，而本人蒙您关照，已获准从屠宰场得到这些内脏废料。因此，我谨恳请您批准将这家研究所出售给我，以便我尽快开始内脏处理以及德国急需药品的生产工作。"[260]

在信发出当日，莫雷尔便收到了科赫的电话答复：同意将研究所"过户"给他。为保证研究工作的顺利开展，科赫还向乌克兰 18 家屠宰场发布指示："根据乌克兰辖区总督的命令，屠宰场的所有动物内脏废料……必须全部交予乌克兰制药公司处理。屠宰场应在去除脂肪后，将动物内脏放入零下 15 摄氏度的冷库中冷冻，或在条件允许的范围内，将温度降至最低。"[261]

在荷尔蒙研发和大规模生产问题上，所有障碍都已被清除。莫雷尔沉浸在对未来的美好憧憬中，在他的眼里，那些来自东线的令人作呕的废料就像是一个意外发现的宝藏："这些动物内脏可以带给我们所需的一切。"[262] 万事俱备，只欠东风："但愿真空干燥和萃取的设备能早些运到，然后我们就可以大干一场了。"[263]

但事态的发展并非如莫雷尔所愿，幸运女神这一次没有眷

顾他：随着德军在东线战场上的溃败，莫雷尔的内分泌研究所

计划泡了汤。1943 年春，苏联红军收复了哈尔科夫。"很遗 179

憾，事态的发展超出了我们的掌控能力，它把我们的美好梦想

和筹备工作都变成了一场空。"[264]莫雷尔在失望之际，不得不将

动物内脏的萃取加工重新搬回波希米亚的奥洛穆茨制药厂。为

了将大批动物原料从乌克兰运到远在 1000 公里之外的加工厂，

并将运输成本压缩到最低，莫雷尔采用了一切可能的手段，包

括动用国家机器。他打着"希特勒的私人医生"的旗号四处

招摇，甚至不惜假借元首的名义发号施令。

当战争进入白热化阶段后，仅有的几条通往东线战场的公

路在战火包围中，成为运送援兵和给养、将伤员送回后方的生

命线。可莫雷尔却恬不知耻地依靠元首总部的关系，让几百辆

货车和列车跋涉千里，横穿整个东欧，将从乌克兰强取豪夺的

成吨货物运送到波希米亚。这些货物是猪肚、胰脏、脑垂体和

脊髓，猪牛羊的肝脏，等等。在莫雷尔这里，元首总部"除

军事要务外，不准擅自动用车辆"[265]的限令变成了一纸空文。

莫雷尔从乌克兰运来的动物原料中还包括制作明胶用的鸡爪。

下面是一张标准的莫雷尔货车装箱单：70 桶盐渍猪肝，1620

只猪肚，70 公斤猪卵巢，200 公斤牛睾丸。价值：2 万帝国马

克。[266]

在捷克斯洛伐克占领区的"雅利安化"药厂，几乎每天

都有一辆来自乌克兰的货车将上述货物运抵这里。就连国防军 180

的运输车也必须为他让道，否则，莫雷尔医生绝不会客气。如

果一辆载有"乌克兰制药公司"货物的列车不能顺利通过，

他会立刻抓起听筒，将电话打到主管部门，就"车辆调度问

题"[267]提出交涉。其交涉对象有可能是低级别的运输指挥官，

也有可能是铁路局局长或帝国交通部部长。电话中，他在说明身份后，就会恼怒地威胁对方，必须为这些"元首部门托运的一级紧急货物即刻放行"。如果对方配合，他将以安排觐见希特勒作为回报，或至少赠送一盒银色包装的精品维生素药片。[268]莫雷尔总能如己所愿：他的要求就像最高指示一样被一层层传达下去，直到兑现。

在利益驱动下，莫雷尔变得越来越胆大。为了保障战时的生产正常运转，并牟取尽可能多的利润，他甚至不惜动用强制劳工，为他的工厂干活。"眼下我们在招募体力工人方面遇到了很大困难……就连装车的活儿也只能交给女孩子干，"首席药剂师库尔特·穆利博士（Dr. Kurt Mulli）向莫雷尔报告说，"所以我考虑写份申请，让上面分派些囚犯给我们。也许您有办法让鲍曼办公室给我们出份证明，证明我们这里的工作属于头等要务。"[269]穆利知道，他的老板一定能够说服希特勒的秘书、纳粹党务负责人马丁·鲍曼（Martin Bormann），让这个威风凛凛的强势人物为他出力。

在这几个月里，莫雷尔收集的动物内脏数量已经远远超出了他的处理能力。但是，为了保住自己在乌克兰的垄断地位，他宁可让这些原料烂掉，也不能把它们交给别人去加工。"我绝不能让这些原料落入竞争者之手。收集和处理乌克兰动物内脏的权利，必须由我一人掌控。"[270]

莫雷尔将肝脏制剂开发确立为公司发展的重点。肝脏是动物体内最重要的能量转换器官，许多元素都是在肝脏内吸收和分解，这些元素中包括各种类固醇：既有胆固醇合成的具有促进肌肉生长和提高性能力作用的雄性激素，也有皮质类固醇和糖皮质激素这些能够在短时间内迅速提高体能的神奇物质。

莫雷尔宣称,这些成分经过提炼,可以有效地提高人体体能,甚至具有治愈作用。这种说法与当时人类的科学认知水平是一致的。然而实际上,肝脏中也有许多有可能导致疾病、破坏人体免疫力的成分,一旦免疫系统失去对自体和异体分子的区分能力,无法再识别哪些是危险和不健康的元素,人体的自我毁灭机制就会被启动,并最终导致死亡。

由于东线战局越来越混乱,从乌克兰运来的内脏原料经常因运输过程中受阻而解冻,有时候甚至要在路上辗转三个星期,才能运抵奥洛穆茨的加工厂。然后,这些臭烘烘的动物肝脏被扔到大锅里,加入丙酮和甲醇,连续熬煮数小时。毒素被蒸馏掉后,剩下的是一种褐色蜂蜜状的黏稠液体。这些液体被注水稀释,然后灌入安瓿瓶,每日 1 万支。这就是莫氏公司的主打产品:Leber Hamma。

但是,这种粗制滥造的东西真的能到消费者手里吗?按照战时经济法的规定,自 1943 年 5 月后,所有新药品都不得上市。可莫雷尔自有他的办法。他找到了帝国卫生领袖康蒂主管的卫生局,语气傲慢地说:"对于我的药品所遇到的种种问题,元首在听完我的汇报后做出了如下批示:如果你研究试验出一种药品,然后在元首总部使用并证明有效,那么自然就可以在全国普及,不需要任何批准。"[271]

这一切听起来是多么病态:莫雷尔这位来自柏林私人诊所的名医,在占领区一手建起了属于自己的药品帝国,然后把元首总部的成员——很可能包括希特勒本人在内——当成了小白鼠,用来试验那些在卫生条件恶劣的环境下制造、成分可疑的激素类药物和类固醇针剂。之后,这些药品又获准在全国和国防军部队中推广。这是一种自身免疫力的极度衰退。

药物 "X" 与走火入魔

元首的健康外表是有欺骗性的。乍看上去，人们会感觉他的身体很硬朗，但实际并不是这么回事。①[272]

——约瑟夫·戈培尔

自第 6 集团军余部于 1943 年 2 月初在斯大林格勒宣布投降后，长期以来笼罩在国防军头上的光环随之消散。作为第三帝国元首，希特勒也同样光环不再。斯大林格勒战役失利，隆美尔军团兵败北非，英国空军自 3 月开始对鲁尔区的城市发动大规模空袭，德国潜艇部队在 5 月的大西洋潜艇战中败北：面对接二连三的打击，希特勒却像以往一样反应麻木。他仍然沉浸在自我的世界里，并且固执地认为，他所做出的一切决定都是正确的。他一如既往地坚信德国必胜，拒绝将理性与客观性作为决策的基础。纳粹体制变得越来越僵化，而没有随着时局变化做出调整并尝试新策略，如通过和谈结束战争。从根源上讲，体制的僵化是由 "病人 A" 的 "僵化" 导致的。

这时候的希特勒变得比以往更加孤独。随着苏联红军的不断挺进，在 1943 年整整一年里，希特勒在 "狼人" 指挥所只待过几天，其余时间都蜷缩在 "狼穴" 的小木屋里，就像一头受伤的野兽。在这里，每天固定的集体聚餐和宵夜对其他所有人都是一种折磨。希特勒总是滔滔不绝地自言自语，连续几

184

---

① 另外，戈培尔本人这段时间也迷上了注射。莫雷尔的助手威伯博士曾经说："部长先生现在胳膊上到处都是肿块，连下针的地方都没有了。"[273]

个小时，甚至一直到黎明。他很少主动和人搭话，而是目视前方，就像面对一个庞大的看不见的人群。他总是乐此不疲地重复那些他喜欢的老话题：关于抽烟的危害，不能让毒品伤了身体，还有盛赞他的私人医生为他准备的素食餐谱。1943 年 1 月 30 日，他为私人医生特批了一笔高达 10 万帝国马克的款项，用于素食的科学搭配研究。他得意地讲，因为有足够的维生素和能量补充，他偶尔也可以破戒，在晚饭后喝上一杯啤酒或是一小杯斯利沃威茨白兰地。[274]

这一年，在战局出现根本性转折的同时，希特勒的身体也发生了明显变化。他仿佛在一夜之间衰老了，周围每个人都清楚地看到了这一点。所有人都已意识到：希特勒的魔法失灵了。"希特勒朝我走过来，驼着背，步履缓慢，透着几分疲惫，"一位少将在描述自己与最高统帅会面的情景时说道，"当时，我在心里对自己说：'瞧这个老人，他就要被重担压垮了!'当他走到我面前时，我注意到，他的两眼是那样憔悴无神。我敢肯定地讲，那是一双病人的眼睛。"[275]

这一切当然不可能瞒过御医莫雷尔的眼睛。但是，他该做些什么，才能让他的病人恢复活力，重新成为那个万人景仰的元首呢？眼下，荷尔蒙、类固醇、维生素合剂显然已无济于事。

1943 年 7 月 18 日是一个特别的日子。这一天，局势变得空前紧张。苏联红军在库尔斯克大会战中打败德军，赢得了这场有史以来最大规模坦克战的胜利，也让德方扭转战局的最后希望彻底化为泡影。与此同时，盟军在西西里成功登陆，意大利投降在即，退出与德国的联盟已指日可待，希特勒眼看就要沦为孤家寡人。"意大利军队的背叛让他夜不能寐，"莫雷尔在日记中写道，"他身体紧绷，脸色极度苍白，整个人处在高度紧张的状态。明天他将和 Duce① 举行重要会谈。"[276]

半夜，莫雷尔被希特勒的侍卫灵格从床上叫了起来。对方告诉他，希特勒腹痛难忍，让他赶紧想办法处理。头天晚上，希特勒吃的是奶酪配菠菜豌豆卷，腹痛估计是这顿饭引起的。莫雷尔迅速穿上衣服，摸黑一路跑到希特勒身边，拿起针管给他打了一针。但是，常规药剂这时显然没有用。莫雷尔快速思考着，在如此重要的时刻，他该拿什么来对付这场"猛烈的袭击"。[277]他必须找到一种能够迅速消除痛苦，让病人恢复精力的药物，而且要一击必中。他知道确实有这样一种药，但要给希特勒注射它，要冒很大的风险。

在 1943 年第二季度"病人 A"的病历卡右下角，标注着一个药名，下面画着几道强调用的横线：优可达（Eukodal）。

186 这是达姆施塔特的默克公司生产的一种麻醉剂。1917 年，优可达作为止痛镇咳剂首次上市，并于 1920 年代风靡一时，人们甚至将这场风潮称为"优可达主义"（Eukodalismus）。这种药物中的有效成分是一种名为羟考酮（Oxycodon）的鸦片类物质，它是从天然鸦片中提炼合成的。早在魏玛共和国时期，优可达就曾是医生圈子里的一个热门话题。大家说起它时往往态度暧昧，半遮半掩，这是因为有些医生本人就是优可达的服用者。在专家眼里，优可达被视为药物之王和梦的化身。它的止痛效果是吗啡的两倍，致幻作用明显超过海洛因。在剂量适当的情况下，优可达并不会导致困倦和睡意，而是相反。作家克劳斯·曼便曾不顾父亲托马斯·曼（Thomas Mann）的阻拦，执意尝试了这种药物，并亲身体验到服药后的奇妙感觉："我

---

① 意大利语"领袖"，指墨索里尼。——译者注

从不服用纯吗啡，我吃的这种药叫优可达——'优卡小妹妹'。我们认为它的效果更棒。"①[278]

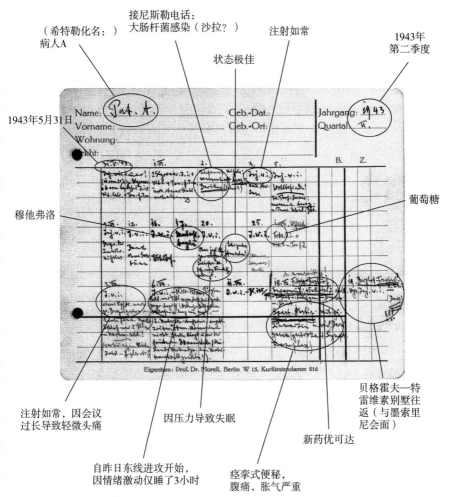

1943 年夏天"病人 A"的病历卡：上面第一次出现了麻醉剂优可达的名字

---

① 克劳斯·曼在日记中写道："又从一家药房搞到了优卡药片，全仗着女药剂师糊涂又可爱。"[279]

不过，这时的莫雷尔却在犹豫，到底该不该给希特勒使用这种厉害的药品呢？离出发前去与墨索里尼会面的时间越来越近了，"病人 A"没精打采，身体缩成一团，对所有人都不理不睬。莫雷尔知道，优可达可以让元首立刻打起精神，消除多半是由心理因素导致的痉挛性便秘。但他同时也能够想象，这位患有药瘾的独裁者一旦用过一次优可达，体验到这种"神药"带给人的强烈愉悦感，就很难离开它了。只要患者连续两周至三周定时使用优可达，身体就会对它产生依赖性。然而眼下即将到来的，是决定世界历史的重大时刻。假如希特勒在这场轴心国首脑会谈中表现不佳，甚至因身体原因缺席的话，其后果简直不堪设想。莫雷尔必须权衡利弊。他决定冒险。他掏出针管，将药液注入了希特勒的静脉。这是一个后果严重的决定。

时间一分一秒地过去，每个人都清楚地看到了发生在希特勒身上的变化，尽管除了莫雷尔，没有一个人知道那变化背后的原因。眼看着元首在转瞬之间重获活力，大家都长舒了一口气，开始振作精神，为接下来的德意首脑会晤做准备。希特勒对自己身体状况的好转显然很满意，并当即请求医生再给他打一针。莫雷尔开始时没有答应，"因为在下午 3 点半出发前，还有重要的会议和决策"等待希特勒去处理。[280] 他建议用按摩来代替药物注射，另外再喝一勺橄榄油。希特勒却死活不肯，近乎耍赖地说，他突然感觉头晕眼花，要这样下去，他可能就无法出席会谈了。最后，究竟是元首强迫还是莫雷尔主动让步，如今已无从考证。但结果就是，莫雷尔又给希特勒打了第二针，这一次是肌肉注射。"在动身去停机坪之前，再次注射优可达。"

与墨索里尼的会面是在威尼托大区 (Venetien) 费尔特雷 (Feltre) 小镇附近的加吉亚别墅举行的。根据在场人的回忆以及战后美国情报机关的调查报告,希特勒在这次会谈中情绪明显失控。希特勒口若悬河,一个人滔滔不绝地讲了 3 个小时,他的意大利同僚一直没机会插话,只能跷着二郎腿坐在长沙发的一端,不耐烦地听着。墨索里尼原本是打算利用这次会面的机会告诉希特勒,意大利退出战争对各方都有好处。但是,情绪高亢的希特勒根本不容他解释。在整个会谈中,墨索里尼一边揉着酸痛的后背,一边听着,偶尔掏出手帕轻拭前额,或者深深地叹一口气。其间,不断有人走进会议室,将盟军轰炸罗马的最新战况报告递给他。但直到会谈结束,他也没机会把这些报告中的内容告诉对方。因为希特勒从始至终都在用各种天花乱坠的词语描绘未来的美好前景,试图让在场的人相信,轴心国的胜利是不容置疑的。心情压抑的"领袖"被兴奋剂控制下的"元首"彻底盖过了风头。这场会谈的结果是:意大利暂时留在了轴心国联盟中。莫雷尔对自己的成绩颇为得意,他用手中的针管为政治做出了贡献。在日记中,他骄傲地写道:"元首健康状况非常好,在回程的飞行中没有任何不适,晚上在上萨尔茨堡的山上,他对我说,这天取得的成绩都是我的功劳。"

189

战后,美国调查机构将希特勒在德意首脑会谈中的异常表现归因于甲基苯丙胺的作用,但并没有为此留下任何证据。从药理学角度看,甲基苯丙胺和优可达这两种药物相去甚远。那么,美国人为什么对莫雷尔用白纸黑字写下的优可达字样如此无视呢?这显然是因为莫雷尔的字迹过于潦草,以至于美国官方翻译无法清楚地辨认。在美军欧洲战场司令部军事情报局

（United States Forces European Theater Military Intelligence Service Center）列出的希特勒使用过的无数药物中，将"Eukodal"错写成了"Enkadol"。[281]

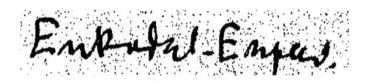

美国情报机关无法辨认的莫雷尔字迹

190　　由于美方未能在麻醉品清单中找到这种药物的名字，它的意义也因此被忽视。调查者从未想过那串字母实际上是Eukodal，更何况优可达这个药名在美国也并没有人听说过。[282]莫雷尔医生的潦草笔迹将美国人引上了歧路。

优可达之瘾

优可达是一种类似 C（即可卡因）和吗啡的混合体，在制造这种肮脏货色方面，德国人一向很拿手。[283]

——威廉·柏洛兹（William Burroughs）

自从用上了新药优可达，莫雷尔和他的病人之间的关系也实现了新突破。在每晚的宵夜上，这位被戈林讽刺为"帝国注射大师"[284]的御医有了唯一的固定客人。谁能陪元首一起宵夜，一向是人们判断谁是希特勒身边红人的晴雨表。"不管怎样，他都得在场，"[285]希特勒的女秘书特劳德尔·荣格（Traudl Junge）在描述莫雷尔和元首间的亲密关系时如此说道。

　　莫雷尔的工作也为他带来了丰厚的经济收益，这位御医变　191
成了一个腰缠万贯的富豪。1943 年，在用优可达为元首治疗
的第一个年头里，莫雷尔开始思考如何把生意做得更大，并决
定亲自涉足鸦片交易。由于鸦片在市场上越来越紧俏，这门生
意的利润十分可观。自从隆美尔兵败非洲、英美联军在卡萨布
兰卡登陆后，第三帝国和摩洛哥罂粟种植园之间的原料供应链
被切断，与伊朗和阿富汗之间的货物流通也因战事紧张而受
阻。在德国国内，法本公司正在着手研究用纯人工合成物来替
代天然吗啡，但是，这种后来被冠名美沙酮（Polamidon 或
Methadon）的合成药物当时尚处在研究阶段。随着一批又一批
伤员从前线撤下，对强力镇痛剂的需求与日暴增，鸦片制剂成
了千金难买的抢手货。

　　如果会让这样好的赚钱机会白白地丢掉，那莫雷尔就不
是莫雷尔了。他果然想出了办法。他坐镇元首总部的私人办
公室，仅凭电话和信件遥控，便把公司的经营网络扩大了一
圈。他斥资收购了拉脱维亚首府里加的法尔玛斯加
（Farmacija）公司，原因只有一个：这家公司有一间设备先
进的鸦片实验室和一批宝贵的药品库存。"库房里有价值 40
万帝国马克的吗啡半成品，还有价值 20 万帝国马克的鸦
片。"[286]有了这些，"病人 A"的需求也就有了可靠的保证。
以前，元首总部的所有药品都是由柏林恩格尔药房供应，可
最近一段时间，药剂师尤斯特（Jost）总是不识趣地"遵照
《麻醉品法》（Betäubungsmittelgesetz）的规定"，向莫雷尔
"索要处方，以供在麻醉剂登记册上备案之用"。[287]

　　于是，希特勒的御医摇身一变，成了一名货真价实的鸦片　192
制造商。1943 年下半年，当德军开始从东线全面撤离时，希

特勒和毒品之间的游戏进入了新的一轮。在外界面前，他仍然努力装出一副为德国命运日夜操劳的样子，[288]实际上却整天躲在元首总部冰冷阴暗的水泥洞窟里，品味着优可达带给他的奢侈享受。希特勒使用这种药品的频率是多少，我们只能依靠估测。有明确记录可查的是，截至1944年年底，希特勒共接受了24次优可达注射。但真的只有这些吗？在莫雷尔的病历记录中，经常出现一个可疑的代码——字母"X"。另外，值得注意的还有一句标注："注射如常。"对一个每周接受数十种药物治疗的多重药瘾患者来说，这些到底意味着什么呢？

人们常说，在独裁体制里，秘密的含义就是让知道的人尽可能少，让受影响的人尽可能多。[289]莫雷尔的治疗方案就是这样。只要没有人知道希特勒身上到底隐藏着什么秘密，他就永远是人们眼中高高在上、令人仰止的领袖。对莫雷尔来讲，在优可达问题上，他只有两种选择：或是限制使用药量；或是将其加密，以防被人抓住把柄，使自己和他的病人成为受外界攻击的对象。但是，如果是在希特勒本人强烈要求——无论是以命令还是较委婉的方式——的情况下，莫雷尔的选择就只剩下了后一种。或许正因为这样，希特勒才让莫雷尔时刻伴随左右。这样他就可以得到那个神秘的"X"，一种介于自我和现实世界之间的生化缓冲器。在莫雷尔的病历记录中，只在一处

193 不起眼的地方有一句标注："X"的意思是葡萄糖。但由于在病历中的大多数地方，葡萄糖都被缩写为"Trbz"，因此这条注释的可信度并不高。

鉴于上述情形，我们有理由推测，隐藏在符号"X"背后的药品就是优可达。希特勒便是依靠它来振作精神，让自身与

生俱来的魔力借助药物重新被唤醒。这位独裁者的强大感召力是众所周知的，即使在最艰难的时刻也不例外。例如，宣传部部长戈培尔在 1943 年 9 月 10 日的日记里就写道，他是如何被元首令人惊叹的神采感动的。尽管"之前的一天一夜非常令人煎熬……但他的状态却出奇的好。……他大概只睡了不到两个小时，可从外表看，却像是刚度完假回来一样。"[290] 乌克兰辖区总督埃里希·科赫也曾满怀深情地说起元首的强大感染力："和元首交谈后，我感觉浑身上下都充满了能量，心情激动难抑。"[291] 1943 年 10 月 7 日，在"狼穴"召开的纳粹高层会议上，各路将领在谈到盟军对德国城市的大规模轰炸时，一个个都长吁短叹，情绪低落。这时希特勒站起身，发表了一次激情澎湃的演说，以坚定的语调表达了对德国必胜的不可动摇的信心。这番讲话让在场的人不由得相信，第三帝国可以依靠手中的秘密武器最终赢得战争的胜利，重新夺回那些被炮火夷平的地盘。"11 点：注射如常。左下臂严重水肿。气色非常好，"莫雷尔在当天的病历记录上如此写道。[292] 不久后，当希特勒动身前往布雷斯劳（Breslau）① 到百年厅接见国防军数千名军官，为部队鼓舞士气时，莫雷尔带着注射器械一路随行，"注射如常"。[293] 在震耳欲聋的"希特勒万岁"的欢呼声中，元首圆满完成了接见任务。之后，这些满腔热血的年轻军官怀着赴死的决心，奔向各自的战场。

194

那些对希特勒使用兴奋剂一事毫不知情的人，无论是他身边的亲信还是最高司令部成员，往往都对元首的莫名乐观感到疑惑和不解。他们在想，难道元首有什么事情在瞒着大家？莫非

---

① 今天的波兰城市弗罗茨瓦夫。——译者注

德军真的掌握着某种秘密武器，可以让德国最终反败为胜？实际上，这一切都是注射的作用。是那些注入希特勒体内的药物让他忘却了现实，沉浸于幻想的世界，使他在从前线传来的各种坏消息的包围中，依然固守着必胜的信念，并用他的自信感染着周围的人。在这一时期的莫雷尔诊疗记录中，经常会看到这样的文字："中午 12 点 30 分：因为在将官会议（约 105 名将领出席）上做演讲，注射与之前一样。"[294]

1943 年圣诞节时，苏联红军延续夏季攻势的胜利势头，发起了第聂伯河－喀尔巴阡山脉攻势。这时候，莫雷尔收到了巴伐利亚州内政部国务秘书寄来的一份礼物：歌德名著《浮士德》百年纪念版。对方在信中说，这份礼物的用意"不仅是为了提醒您不要忘了您在慕尼黑的老朋友们，另外也是为了纪念您的大学时代，因为您曾说，在大学时，大家都把您称作'梅菲斯特'"。这句无意中的提示恰好道破了希特勒和他的私人医生之间的秘密。对方在信中还写道："不过，不管当时还是现在，您都不是个'恶鬼'，而是个'好鬼'。"国务秘书并不了解内情，因此他在写下这些话时并没有其他想法。[295]莫雷尔随即回信感谢对方，但他是否真能沉下心来读书，是令人怀疑的。因为他整天都在忙着为"病人 A"治疗，日夜无休。

元首对化学品的依赖还产生了另一种效应：谁要想在元首接见时有好的表现，也要依靠药物的帮助。因为最高统帅要求所有人必须时刻保持振作，不允许包括他自己在内的任何人抱有颓废情绪，因此，一旦哪个人在与元首交谈时露出疲态，或反应稍显迟钝，都有可能给自己招来麻烦。希特勒不能容忍有人请病假，或整天一副病恹恹的样子。有好几次，他都以健康状况不佳为由,下令撤除某些要员的职务。① 这种情况让莫雷尔医生再度受益:因为在"狼穴"一号禁地没有医务处,这位御医掌管的药房便成了所有人的地下药品库。希特勒的侍卫灵格经常因为感冒而让莫雷尔给他打一针优可达,好让他能继续工作并保持良好的情绪。类似这样的情况并不罕见。莫雷尔在药房里准备了五花八门的药物,用来打点那些出入司令部的将领、参谋和通信兵,这也是他用来为自己积攒人脉关系的重要手段。每当有元首接见的将领为了克服恐惧、增强自信心向他求助时,他都会欣然从命。[297]

　　振作精神的最有效药物非柏飞丁莫属。莫雷尔对柏飞丁的危害心知肚明。他在给一位女病人的信中曾经写道:"它不是能量替代品,换句话说,它不是粮草,而是皮鞭!"[298] 尽管如此,他仍然将这种泰姆勒畅销药随意散发,以至于连远在柏林的人都对元首总部滥用兴奋剂的事有所耳闻。[299] 柏飞丁的坚决反对者康蒂听到这一消息后,致函纳粹党务中心领导鲍曼,要求其出面向各大区党部负责人和纳粹骨干就兴奋剂问题发出警示。康蒂在信中特别指出,滥用兴奋剂是由最高领导层开始的。鲍曼对此做何反应,我们不得而知。

　　但可以肯定的是,既然那些临时参见希特勒的人都需要借助药物来舒缓压力,那些整天围在元首身边的人所承受的压力之大更是可想而知。"病人 A"的毒品依赖虽然是一个秘密,

----

① 此问题可参见"1942 年 12 月 23 日有关举报高层领导患病情况的指示",该指示称:"我批准,所有医生、治疗师和牙医在医务保健总务长卡尔·布兰特博士教授(Prof. Dr. Karl Brandt)面前,可不履行对病人的保密义务。此外我还要求这些人员,一旦发现肩负领导职务或要职的党、政、国防军和经济界人物患有重病或有可能导致严重后果的疾病,须立即向我报告。阿道夫·希特勒。"[296]

196

但同时也是一种传染病，它让伴随身侧的人也和他一样，彻底失去了和现实世界的联系。

毒品中转站：纳粹情报机关

纳粹政府滥用毒品的程度之深，可以通过一些文件得到证明。这些文件记录了陆军卫生总局与军事情报局之间的神秘关系。1943 年，国防军大药房通过各种途径向国外事务和反间谍局提供了 568 公斤纯可卡因和 60 公斤纯海洛因。[300]这一数量比德国医疗界全年的需求量多出了几倍。得到这些"特供品"的情报机关，并没有帝国卫生局下属鸦片处颁发的批准函。这些毒品中的很大一部分交给了负责情报组织和管理工作的"Z"部门，以及主管财政的"ZF"处。其中，仅半吨盐酸可卡因的价值就高达数百万帝国马克。这些毒品到底是为了换取外汇被出口到了国外？还是被用作收买国外的重要情报人员，让他们对纳粹德国效忠到底？

1943 年 12 月，陆军卫生总监为限制毒品的秘密交易，以信函形式下发公告，严格禁止以"日常剂量的治疗"为名进行毒品交易。[301]然而，反间谍局负责人卡纳里斯（Wilhelm Franz Canaris）上将却把这道命令当作了耳旁风。直到 1944 年 4 月，毒品交易仍在进行：2 公斤盐酸可卡因、1.5 公斤盐酸吗啡以及 200 克海洛因被交给了在北非地区活动的"维莫尔特遣队"（Sonderkommando Wimmer），后者的任务是开展以盟军为目标的间谍行动。这些送交情报机构的毒品都是收货人明确要求的原装货：默克公司的可卡因，达姆施塔特制造的全球畅销品。[302]这些毒品的下落迄今无人知晓。

"病人 B"

你要么戒烟,要么戒我。[303]

——希特勒写给爱娃的信

1944 年 1 月 4 日,在纳粹高层军情会议上,当陆军元帅冯·曼施泰因建议将军队撤离第聂伯河沿岸阵地时,希特勒大发雷霆,以至于情绪失控。莫雷尔听到呼叫后立刻赶来,为希特勒注射了一针优可达,帮助他放松神经,恢复平静。[304]就在同一天,苏联红军越过了 1939 年划定的波兰东部边界,一刻不停地向德国领土逼近。5 天之后,希特勒要求医生再为自己打一针,按照莫雷尔病历中的记录,原因是"胃肠胀气(惊厥)"。[305]过了不久,当元首准备在电台对公众发表讲话前,莫雷尔再次出马:"下午 5 点 40 分,在重要讲话(明天在电台)之前,注射如常。"[306]

1944 年 2 月底,在德军被迫从乌克兰全线撤退前夕,希特勒躲进了大雪覆盖的上萨尔茨堡贝格霍夫别墅,和比他小 19 岁的情人爱娃共度假期。在这与世隔绝的隐秘巢穴里,他可以悠闲地看风景,看乌鸦飞起飞落,还可以享受莫雷尔的太太汉妮用家传秘方为他烤制的奶酪蛋糕,那是"全世界最美味的奶酪蛋糕"。[307]

希特勒坐在宽敞的客厅里,隔着巨大的可自动升降的全景落地窗望着屋外。对面是神秘的温特山(Unterberg),山里流传着关于红胡子国王和他领导下的神圣帝国的种种神话。这时,漫天弥漫的大雪把整座山都染成了白色,在月光映照下,

199 它闪烁着幽暗的光。不过，希特勒并不喜欢下雪，自从斯大林格勒战役失败后，他对雪产生了一种生理上的畏惧，在他的口中，雪被称作山的裹尸布。因此，这些天他一直待在屋里，没有迈出房门一步。

此时，德国面临的形势越来越严峻。不畏严寒的苏联人正在酝酿发起进攻，夺回克里米亚半岛；行事冷静的英国人从空中对柏林和其他德国城市展开大规模轰炸；德国曾经的盟友保加利亚、罗马尼亚和匈牙利随时有可能倒戈，加入敌方阵营。在各个战场上，德军都在节节败退。美军在罗马以南的意大利本土上拉开战线，击溃了德军的攻势。冯·曼施泰因、[308]冯·克莱斯特①[309]等功勋元帅因坚守自己的主张相继被解职。

希特勒的私人医生不仅没有被解职，恰好相反，1944 年 2 月 24 日，他被自己的病人授予战功十字勋章。在授勋仪式上，希特勒称赞莫雷尔是一位有天赋的医生，是自己的救命恩人，同时也是一位在维生素和荷尔蒙研究领域做出开拓性贡献，却未得到相应认可的科学家。[310]为了表达谢意，这位新授勋的御医很快给他的病人"第一次注射了强力维他默丁合剂（为消除疲倦和提神）；注射前疲惫不堪，失眠；注射后精力旺盛，与帝国外交部部长进行了两小时谈话；晚饭时状态明显好于中午，开朗健谈。元首十分满意！"[311]

200 爱娃也经常让莫雷尔为她治疗。"病人 B"的治疗工作很轻松，因为她要求医生对她使用和"病人 A"相同的药物，

① 当这位 63 岁的上将和前装甲部队指挥官被美军俘获时，美方人员发现他的双手一直在不停地颤抖。后来人们发现，在他住处房间的抽屉里，装满了鸦片类药品和针剂。

这样的话，她的脉搏就可以和情人用同样的频率跳动。只有激素是一个例外。莫雷尔给希特勒用的是提高性能力的睾酮，给爱娃用的是有调经作用的雌激素，其目的是让这对情人能够在日益频繁的战事会议的短暂间隙，享受性事带来的快乐。在希特勒的性能力问题上，尽管坊间有各式各样的传言，但其实希特勒对性事一直很重视。他甚至说过，婚外情从各方面看都更具吸引力，因为它是由男女之间的性本能驱动的。他相信，无论从任何角度看，爱欲的作用都是积极的：没有性爱就没有艺术，没有绘画，没有音乐。所有文化民族，包括教廷掌控下的意大利在内，都不排斥婚外性关系的存在。关于希特勒在贝格霍夫别墅时的性生活情况，莫雷尔曾经间接透露过一个细节：他在战后受讯问时称，希特勒有时候会拒绝接受身体检查，因为不想让医生看到自己身上的伤，那是有性施虐倾向的爱娃在做爱时留下的。[312]

一直到 1944 年春天，即使在战争形势日趋恶化时，希特勒在公众眼中的形象依然是健康的。在打造元首健康形象以及媒体的舆论宣传方面，贝格霍夫别墅发挥了重要作用。别墅房间的墙壁上，到处都挂着古典大师的绘画作品。在初春的日子里，元首头戴礼帽，一只手牵着狗，站在森林边上，神情凝重地眺望着远方。这时候，由御用摄影师海因里希·霍夫曼亲手调教的爱娃总是陪在一旁，手里举着爱克发相机，让元首按照她的指示调整站姿，就连他脖子上的领带，都是她事先挑选的。今天我们还可以在互联网上看到希特勒这位年轻情人亲手拍摄的照片。看到这些照片的人不由得会相信，希特勒是世界上最清心寡欲、最专一、最纯洁的人。没有毒品和注射，只有一脸爱意的元首抚摸着身旁的小鹿，或和孩子们一起玩着复活

201

爱娃在协助莱尼·里芬斯塔尔进行希特勒的纪录片拍摄

节彩蛋游戏。身穿浅灰色细条纹西服的施佩尔站在远处的阳台
上，扭脸望过来。在照片上还可以看到莫雷尔医生，正在一脸
开心地吃着蛋糕。

但是，就在爱娃放下手中相机的一刻，所有人都会立刻摘
下脸上的面具。爱娃又开始神经质地用指甲挠着小臂，牙齿紧
咬着嘴唇，直到咬出血；希特勒在一边喝着苹果茶，端着茶杯
的手不停地抖动，杯子碰撞茶碟，发出嗒嗒的响声，让周围的
人不知所措。莫雷尔则累得连爬上楼梯的力气都没有了。这些

天来，他忙得焦头烂额，一刻也不得安宁。这个胖胖的医生如今变成了炙手可热的人物，他的病人群体已经扩大到整个帝国的领导层，甚至包括德国的盟友：这些人有墨索里尼，代号"病人 D"；有阿尔弗雷德·克虏伯（Alfred Krupp）、奥古斯特·蒂森（August Thyssen）等实业家（后者诊疗费高达 2 万帝国马克[313]），以及不计其数的纳粹大区负责人和国防军将领；还有吗啡饮料上瘾的莱尼·里芬斯塔尔，党卫军头目希姆莱，外交部部长冯·里宾特洛甫（Joachim von Ribbentrop，代号"病人 X"），装备部部长施佩尔，日本驻德大使大岛浩，戈林元帅的太太（曾接受隔日一次的维他默丁注射治疗，病因不详[314]），等等。

越来越多有影响力的纳粹分子成了莫雷尔的"常客"，其中有些人只是想通过这种方式表达对元首的忠心，从而保住自己的位子。当然，元首才是莫雷尔要照顾的头号病人，仅这一项工作便常常让他感觉疲惫不堪。他曾对病人之一、经济部部长冯克的太太抱怨道："我必须时刻待命，随时听从上面的召唤。现在，我都是中午 12 点到元首那儿去，做完治疗差不多是下午 2 点。回到旅馆房间后，我一直躺倒在床上，这样我才能有气力，接下来再去照料元首。"这时，莫雷尔医生自己也对针剂产生了依赖，为此，他的诊所代理主管威伯医生经常要从柏林赶到下萨尔茨堡的山间别墅，因为"他打针的手法最好，是唯一一个能够准确把针头刺入我的静脉的人"。[315]至于莫雷尔给自己注射的是哪些药品，我们无从得知。

1944 年上半年，在贝格霍夫别墅里，疾病、药物和大屠杀成为日常生活的主要话题。1930 年代曾经让大家着迷一时的保龄球设施，如今几乎没有人再碰。为了防御空袭，美丽的观景落地窗被罩上了防护网。大家都躲在昏暗的房间里，或倚靠在壁炉旁，或蜷缩在华丽的沙发椅中，呆呆地望着墙上落满尘土的戈贝兰壁毯：活像一群惧怕阳光的吸血鬼。即使外面艳阳高照，屋里也总是灯火长明。厚厚的地毯，散发着潮湿污浊的腐味。

元首 55 岁生日这天，海军总司令卡尔·邓尼茨（Karl Dönitz）到访别墅。邓尼茨元帅向希特勒报告称，海军已成立配有秘密武器的特遣部队。他向元首展示了自己带来的新式超小型潜艇模型，并请求元首发布命令，清空波罗的海沿岸所有港口，以备出击。希特勒目不转睛地盯着邓尼茨带来的潜艇模型，就像小孩子看着一件心爱的玩具。他不加思考地答应了这位海上冒险家的请求。在生日这天，莫雷尔医生给"病人 A"注射了一份鸡尾酒式的能量剂套餐，[316]这些药剂中包括"X"（强力维他默丁）和樟脑酊，还有用天然植物提炼加工的毒毛花苷 K 制剂。第二天一早，莫雷尔又给希特勒补打了一针 Prostrophanta，这是其名下的哈玛药厂生产的另一种速效强心剂。另外还有静脉注射的葡萄糖针剂，再加上一针维他默丁。所有注射药剂中最精华的部分，当属莫雷尔自行研发的动物肝脏制剂。[317]今天，如果有哪位医生胆敢给病人注射这种药物，会立刻被当成江湖骗子，甚至有可能为此蹲监狱。然而在当时，"病人 A"却对自己的"御医"深怀感激，称他是唯一能为其提供帮助的人。

没想到的是，这场生日庆典被空袭警报打断了。在尖利的警报声中，人们手忙脚乱地打开巨型烟雾机，整个贝格霍夫别墅顷刻间被弥漫的烟雾包围，就像是神话中与世隔绝的魔鬼岛。莫雷尔几乎被吓出了心脏病，"浓烈的烟雾让人呼吸越来越困难",[318]于是他跑到山谷里躲了一阵子。

晚饭时,一切又都恢复了平静。希特勒坐在餐桌旁,又一次炫耀起自己在饮食上的道德优越感。他指着客人们面前的牛肉汤,挖苦地称之为"清炖尸体"。而在他自己的盘中,是健康的奶酪菠菜糊和酿黄瓜,还有大麦粥配苤蓝丝,再加上 6 片维他默丁以及治疗腹胀的酵素片,另外还有用猪心提炼加工,具有强身健体作用的磷酸合成药。吃完饭后,这位自诩的素食者一手握着餐刀,一手搭在肚子上,不知不觉地打起了盹。他的"神医"喝完一大杯惯例式的波特酒,身体陷在沙发里,厚厚的眼镜片背后的双眼也渐渐闭了起来。这两个男人都有一颗衰弱的心脏,眼下这两颗心都已经老了。

爱娃点燃壁炉,找出一张爵士唱片放在唱机上,开始播放。这天晚上,她本想再看一遍她已看过上千遍的美国电影《飘》,那里面有她最喜欢的男演员克拉克·盖博。但党务负责人鲍曼却一脸坏笑地说:"元首需要的娱乐不是电影,而是更刺激的玩意儿。"[319]从他咧开的嘴唇里露出满口金牙,那是用从犹太人手里抢来的黄金镶成的。莫雷尔听到这话不觉一惊,以为鲍曼的话是冲自己说的。他为自己的困倦感到内疚,慌忙抢过话头,讲了一段自己当年在非洲轮船上行医时的逸事。其实,这个故事大家都已经听过无数次了。接下来,侍从端上了苹果派,作为饭后甜点。偷偷让莫雷尔为自己打了一针优可达的希特勒,没有再因为胃痉挛而感觉不适。"我给您做静脉注射时,请您慢慢从 1 开始数,当您数到 15 时,疼痛就消失了。"[320]

在生日庆典后的几周里,就在苏联红军开始筹备巴格拉季昂行动(Operation Bagration)的同时,希特勒的健康状况开始

205

一路滑坡。这场将于 6 月底展开的大规模攻势，将为苏联打开通往东普鲁士的道路。眼看着情人日渐衰老，爱娃不禁忧心忡忡。这段日子里，她大部分时间都是在两条黑色苏格兰梗——一条叫史塔西，另一条叫内古斯——的陪伴下度过的。每次当爱娃用斥责的口吻提醒他不要驼背时，希特勒总是开玩笑地解释说，那是因为他兜里的钥匙太沉。但是，只要他和爱娃在阳台上站上一小会儿，他的双膝就开始不停地抖动，这情景每个人都看在眼里。在落日的余晖中，爱娃眺望着慕尼黑的方向，伤心地问自己的情人，不知道他买给她的那栋在博根豪森富人区的豪宅如今还在不在。希特勒的衰败不仅仅是在身体上。1944 年 6 月 6 日，在盟军登陆诺曼底这一天，戈培尔在日记中写下的一段话，显然是赤裸裸的谎言："在莫雷尔教授的帮助下，我不佳的健康状况稍有好转。在过去的一段时间里，他也是元首在健康方面的强大支柱。每次和元首会面时，我都会发现，元首永远都是神采奕奕，情绪高昂。"[321]

实际上，在诺曼底登陆——纳粹政权的丧钟又一次敲响——的这一天，希特勒的情绪经历了大起大落。据说在早晨 9 点时，希特勒在早餐室里声嘶力竭地吼叫着："这不是侵略是什么?!"[①] 莫雷尔闻声赶了过来，给他打了一针"X"，[322] 之后，希特勒很快平静下来，一下子就像变成了另一个人。他悠闲地到外面散步，享受着美好的天气。路上遇到人的时候，他都会和蔼地拍一拍对方的肩膀。在中午 12 点的战情讨论会上，尽管德国正在面临一场军事上的灾难，希特勒却显得一反常态

---

① 另一种说法是，这天上午，希特勒一直在睡觉。没有人敢去叫醒他，向他报告刚刚发生的大事。

的兴奋，他一边吃着午餐——粟米汤、焗蘑菇、苹果派——一边大声地自说自话。这次的话题是大象。他说，大象是最强壮的动物，和他一样也不吃肉。接下来，他又绘声绘色地说起波兰一家动物屠宰场里的血腥景象，那里的姑娘们穿着橡胶长靴，趟着没过脚踝的血水，紧张地工作。饭后，莫雷尔给他打了一针用动物内脏提炼的针剂，希特勒才渐渐安静下来。

直到 6 月 6 日晚上，希特勒仍然不相信盟军真的已经完成了登陆行动，而是坚持认为这只是一场佯攻，是为了逼迫德军做出错误反应的迷惑战。但是，他想错了。盟军确实从半夜开始在 50 公里宽的登陆面上成功抢滩，把德军打得措手不及。西线由此被彻底攻破。第三帝国在军事上再也没有胜利的希望。不过，对希特勒来说，这些天还是有一件事让他感到开心：戈培尔终于戒烟成功了。

1944 年 7 月 14 日，希特勒离开了贝格霍夫别墅，从此再没有回来。在乘飞机前往"狼穴"时，所有窗帘都被拉得严严实实的，希特勒"得了感冒和结膜炎，（因为）洗头水流进了左眼"。[323] 他打了一针肾上腺素，然后拿起了关于战情的最新报告：盟军在法国的攻势步步深入，苏联红军向德国东部边界逼近，盟军对德国城市展开新一轮轰炸。希特勒戴着老花镜，费力地阅读着这一条条令人心惊的坏消息。一路上，他没有往窗外望一眼。

刺杀事件以及药理学后果

绿树丛中的"狼穴"正值夏日，林子里到处都热腾腾的。莫雷尔在他的假军帽上罩了一张纱网，用来遮挡讨厌的

207

蚊子。元首居住的工事外墙，又增加了一层阻挡弹片的防护设施。戈培尔又开始吸烟了。1944 年 7 月 20 日，"11 点 15 分，为病人 A 注射如常"。[324]在当天的病历卡片上，这项治疗被标注为"X"。

在药劲的作用下，希特勒精神抖擞，快步向召开军情会议的平房走去。几个先到的军官站在门外迎候。元首皱紧浓密的眉毛，高高的眼眶向外隆起。他和门口的军官挨个握了手，抬腿走进会议室。因为天气热，会议室的 10 扇窗户全部敞开着。出席会议的 24 名军官陆续赶到，大家围着一张长条橡木桌，站成一圈。只有希特勒一人在凳子上坐了下来，一只手不停地摆弄着放大镜。站在他右侧的豪辛格（Adolf Heusinger）中将开始就东线的严峻局势做汇报。迟到的克劳斯·冯·施陶芬贝格（Claus Schenk Graf von Stauffenberg）走进门，和希特勒握了下手，然后将棕色的文件包放在了桌下，尽可能靠近目标的位置。过了一会儿，他趁人不注意，悄悄溜出了门。12 点 41 分，一位海军上将站起身，走到窗户边上，想透口气。为了看清楚地图，希特勒把整个身子都趴到了桌面上，用一只手托着下巴，肘部撑着桌子。时间又过去了一分钟。12 点 42 分，汇报的将军刚刚说到"如果我们不立即撤回佩普西湖周围的集团军，一场灾祸……"话没说完，轰的一声，炸弹开花了。

"我清楚地看到一道刺眼的亮光闪过，当时我马上就想到，这肯定是英国人的炸药，因为德国炸药没有这种黄色刺眼的火苗。"[325]希特勒本人在回忆这起事件时，语气显得格外冷静，仿佛是一个局外人。爆炸的冲击波把他从屋子中央掀了起来，一直飞到了门口。或许是受药物"X"的影响，希特勒在爆炸过程中始终镇定自若，就像瓦格纳歌剧中的屠龙英雄齐格弗里德。在他周围，几位重伤的军官躺倒在地，头发上还冒着火苗。遇袭事件后不久，希特勒以旁观者的口吻回忆说："那一刻因为烟雾太大，我什么都看不清，只隐隐约约地看到几个人影在地上扭动着。我躺在屋子里，靠近左侧大门的位置，头顶上方是横七竖八的椽子和木梁。不过，我还可以自己站起来，也可以走，只感觉有点儿头晕，身体轻飘飘的。"326

209

莫雷尔在自己的办公室听到了爆炸的声音，他立刻意识到，这是炸弹引爆了。没过一会儿，希特勒的侍卫灵格焦急地跑了过来，让医生赶快去见元首。莫雷尔拎起黑色的小皮箱，挪动着肥胖的身躯，在潮湿炎热的空气中疾奔。路上，他看到一位受伤的将军躺在地上，一条腿被炸断，一侧脸上血肉模糊。莫雷尔下意识地想停下来，为他处理伤口，但灵格一把拉住了他，告诉他，元首才是最重要的。

莫雷尔很快来到了希特勒面前，眼前的情景完全出乎他的意料：希特勒额头流着血，脑后的头发被烧焦了，一侧腿肚上有一处碗口大的伤口，后来他被诊断为二度烧伤。元首神志清醒，脸上甚至挂着笑容，对莫雷尔说："是凯特尔和瓦里蒙特把我送回屋的，我在路上发现，我的裤子都被炸破了，大半条腿都光着。我就去洗了洗，因为当时我的脸看上去就像是黑人，然后又换了件衣服。"327

当希特勒提醒他，再过两小时，墨索里尼就要到"狼穴"进行重要国事访问后，莫雷尔当即掏出针管，给希特勒打了这一天当中的第二针"X"。很显然，这个"X"不可能只是普通的葡萄糖针剂，而十有八九是一种强力镇痛剂。

"病人 A"身上有十几处弹片，只能忍着疼痛让医生一块块摘除，但希特勒一声也没有呻吟。他的两侧耳膜都被爆炸声震裂，不住地流着血，可他仍然一脸轻松，向大家展示着他引以为傲的勇气。

210　　莫雷尔在病历记录上写道：元首似乎一点儿都不紧张，脉搏速度也和平时一样。不过，莫雷尔还是建议对方上床休息。但是，刚刚打完针的希特勒却蹭上灵格为他擦干净的皮靴，对周围人说，一个健康的男人如果躺在床上会见客人，会让人笑掉大牙。他披上一件黑色大氅，乘车来到"狼穴"火车站，急不可耐地等待着墨索里尼的到来。当后者见到希特勒看似毫发无损的样子时，简直惊呆了，不禁喃喃地说："这是天意！"[328]

　　然而实际上，这起刺杀事件给希特勒造成的损伤，要比表面看上去严重得多。他几乎完全丧失了听力，晚上当"X"的药力开始减弱时，他的胳膊和大腿就开始疼痛。两侧耳朵仍然止不住地流血。另外，它对希特勒的心理也造成了严重伤害。按照习惯的频率，莫雷尔会每隔一日为"病人 A"注射一针"X"，来镇痛和安抚神经。在一场政变阴谋刚刚被挫败的严峻时刻，希特勒无论如何都不能让自己倒下。但是，要让元首每时每刻都保持一副不可战胜、无人能伤害的英雄形象，谈何容易。一周后，当一群陆军将领受到希特勒接见时，就在元首步入会场的一刻，这些人都被元首憔悴的样子惊呆了，刚刚还响彻会场的"希特勒万岁"的欢呼声戛然而止。就在这一瞬间，所有人都意识到了被神化的元首与真实的希特勒之间那形同天壤的差异。

7月20日遇刺

治疗加 "X"

"X"

"X" 加睾丸素

因耳部出血叫来耳科医生

晚上两匙巴比妥酸盐制剂加两匙布他比妥

强力维他默丁

葡萄糖

"X"

葡萄糖

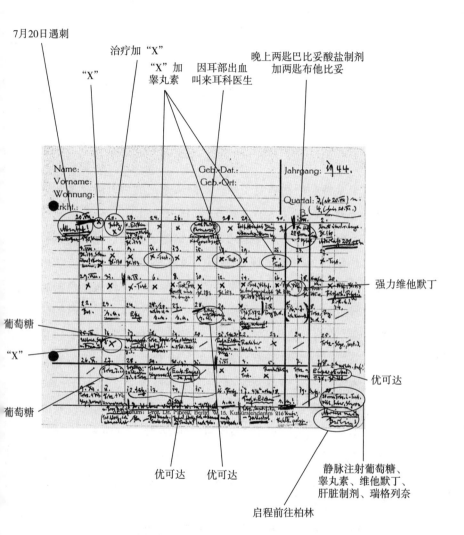

优可达

优可达

优可达

优可达

启程前往柏林

静脉注射葡萄糖、睾丸素、维他默丁、肝脏制剂、瑞格列奈

从遇刺到撤离"狼穴"："病人 A"的毒品摄入量与日俱增

212

可卡因来了！

哦，黑夜！我吞下可卡因，血液又开始流动。时光飞逝，不觉间已青丝满头。就让我像花朵般，再一次灿烂地怒放，在死神到来之前。[329]

——戈特弗里德·贝恩（Gottfried Benn）

由于希特勒两侧耳膜受伤，人们从邻近的后勤医疗站叫来了耳鼻喉专家埃尔文·吉辛博士（Dr. Erwin Giesing）为他诊治。吉辛博士很快便发现了元首注射治疗的真相。在见到希特勒之前，他想象中的元首是一个"强壮神秘的超人"，[330]然而他实际看到的却是一个驼背瘸腿的老人，身着一件灰蓝色条纹浴袍，脚上蹬着拖鞋，没有穿袜子。吉辛详细描述过当时的印象："面色苍白，脸略有些浮肿，两只布满血丝的眼睛下面是鼓鼓的眼袋。眼神里没有在新闻报道中常见的那种迷人的光彩。两道深深的法令纹从鼻翼一直延伸到嘴角，嘴唇干燥皱裂。花白的头发没有仔细梳理，那种从头顶到后脑勺头发顺滑的样子不见了。虽然刮了胡子，但皮肤松弛，显得十分憔悴。说话时嗓门很大，像是喊叫，过了一会儿，声音又突然没来由地低了下来。……这是一个行将垂暮的老人，正在拼尽最后的力气苦苦支撑着。"[331]

这位专业医生从神经学角度对病人做出诊断：一切正常，没有幻觉，注意力集中，自我控制良好，记忆力和时空认知能力没有异常。"然而（病人）情绪波动严重，喜怒无常。大脑活动过频，思虑过重。……元首的心理状态十分复杂。"

213

就耳膜撕裂问题，吉辛博士做出的诊断是，右侧耳膜有一处月牙形裂口，左侧耳膜轻微受损。他在用酸性消毒液为希特勒处理伤口时吃惊地发现，尽管伤口部位神经敏感，但病人却对疼痛反应麻木。后者用骄傲的口吻解释说，他早就对疼痛没有感觉了，因为疼痛的存在就是为了把人变得更强大。吉辛并不知道，希特勒之所以感觉不到疼，是因为他的御医刚刚给他进行过药物治疗。两位医生彼此间没有通过气，正如吉辛对莫雷尔所用药物知之甚少一样，莫雷尔同样也不清楚，这位新来的医生到底给病人开了哪些药。莫雷尔在病历记录中愤愤地写道："耳科医生吉辛博士没有给我任何交代。"[332] 事实上，这两位医生从见面一刻起，就对彼此充满了反感。吉辛进门时，莫雷尔便劈头盖脸地质问："你是谁？是谁叫你来的？你为什么不事先向我报到？"吉辛毫不客气地回应道："作为军官，我只需要向我的上司报到，没有义务跟你这样的平头百姓打招呼。"[333] 这番对话之后，感觉自己地盘受到侵犯的莫雷尔掉头便走，再没有看过这位新来的耳鼻喉专家一眼。

在吉辛看来，莫雷尔的态度是典型的御医式做派。他用反感和略带鄙夷的口吻回忆道："莫雷尔气喘吁吁地走进来，他只和希特勒握了手，然后语气激动地问，夜里有没有感觉不适。希特勒摇摇头，说他睡得很好，头天晚上吃的菠菜沙拉也顺利消化了。说完话，他在侍卫灵格的帮助下脱掉制服，重新坐回椅子上，挽起左侧衣袖。莫雷尔给希特勒进行注射，然后拔出针头，用手绢擦了擦针眼的位置，便起身离开屋子，走进了工作间。他右手拿着打完针的针管，左手拿着几个空的安瓿瓶，一大两小。他拿着药瓶和针管进了旁边传令兵的浴室，亲手

214

洗净针管，把空药瓶扔进马桶，然后洗了手，回到工作间，和大家打了个招呼就转身而去。"

不过，吉辛医生也不是空着手来见元首的。他用来缓解耳膜外伤导致的耳鼻喉局部疼痛的特效药物，是被纳粹斥为"堕落之毒"的可卡因。这样的选择并不奇怪，因为在当时的条件下，用于局部麻醉的药品并不多，[334] 可卡因作为一种常用药物，在任何一家药房都能买到。如果吉辛的说法——这是档案中唯一可以查到的有关这件事的记录——可信的话，那么他在 1944 年 7 月 22 日到 10 月 7 日这 77 天里，用鼻腔和喉部涂抹这种间接但能让药效得到最大限度发挥的表皮渗透的方式，给希特勒进行过 50 多次可卡因治疗。他所使用的 10% 浓度的可卡因溶液，是用默克公司出品的高纯度可卡因兑制的，在纳粹德国帝国中央保安总局药剂师的监督下完成灌装，再通过信使列车从柏林运抵"狼穴"，由希特勒的侍卫灵格亲自保管。

215   在有关希特勒的各种传记中，这项明显涉及毒品的治疗很少被提及。[335] 然而，对刺杀事件后的这个紧张时期而言，可卡因所具有的强大致幻作用是不能被忽略的。治疗的流程是这样的：一早，负责陪同的外科医生伯兰特将吉辛博士带到接待室后面的一顶帐篷里，接受自刺杀事件后新增的严格的安全检查。吉辛按要求拿出包里的所有东西，每一样器械都要经过仔细检查，就连耳部检查灯上的灯泡也要拧下来，检查后再装上。军帽和佩剑也要摘下，交给安检人员保管，所有衣兜都要掏空，手绢和钥匙可以携带，钢笔、铅笔和其他东西则不能带入。然后，安检人员再对吉辛进行从头到脚的触摸式检查。治疗用的可卡因则无须经过这些程序，因为它本来就存放在屋里。接下来，侍卫灵格上场。他从工作间的药品柜里取出药瓶，将吉辛请入诊室。[336]

"病人 A"对治疗药物的调整非常满意。据吉辛本人说，希特勒表示，自己在可卡因治疗后"感觉脑子轻松了很多，思维也更清晰了"。[337]这位耳鼻喉医生告诉病人，这种感觉是因为"药物对鼻腔黏膜产生消肿作用，从而使呼吸变得更顺畅，药效通常可以持续 4 ~ 6 小时，由于可卡因的影响，之后有可能会轻微打喷嚏，但很快就会停止"。据说希特勒随后询问医生，能不能每天给他进行一次至两次涂抹治疗。虽然在 1944 年 9 月 10 日之后，经过治疗的耳道已经完全康复，但从中看到升迁机会的吉辛却一口答应，只是提醒说，可卡因可以通过鼻腔黏膜完全吸收并进入血液，因此，如果剂量过大，有可能会出现危险。但希特勒仍然坚持自己的要求。经过一段时间后，虽然出现了严重盗汗等症状，他仍对治疗效果明确表示了肯定："医生，多亏有您在。可卡因真是个好东西，我很高兴您这么快就找到了对症的药物，让我又一次摆脱了头痛的烦恼。"

希特勒的头痛很可能是由最近一段时间"狼穴"里的持续噪声导致的。人们正在为元首修建一座更坚固的工事，气锤、电钻等各种工具整天响个不停，搞得元首总部里的人个个烦躁不安。"病人 A"只有借助可卡因的帮助，才能忍受这些噪音，在兴奋剂的作用下，他感觉自己不再是一个病人。"现在我的脑袋非常轻松，感觉好极了。"不过，有一件事让他不免有些担心。他对临时扮演私人医生角色的吉辛说："千万别把我变成瘾君子。"对方的回答是："真正的瘾君子都是吸食可卡因干粉。"希特勒放心地舒了口气："我可

216

不想变成瘾君子。"

于是，希特勒继续接受鼻腔涂抹治疗，并借着药劲，信心勃勃地去出席军情讨论会。他越来越深信，德国一定能够赢得对苏战争的最后胜利！1944 年 9 月 16 日，在可卡因治疗结束后，希特勒的脑海中突然灵光乍现。这个念头和元首各种貌似天才的奇想一样，纯属异想天开。他告诉周围人，他准备让德军克服兵力和装备上的不足，在西线再次发起进攻。他当即拟定了一份命令，要求每一位前线士兵拿出"百倍的信心和毅力"。[338] 尽管所有人都劝说他放弃发动第二次阿登战役的荒唐计划，但希特勒不肯动摇：一场伟大的胜利就在前面！

看到这种情况，吉辛开始感到不安。他意识到是他给希特勒体内注入的可卡因，让后者在药物引发的幻觉中抛开了所有自我怀疑，成为不可一世的自大狂。因此，他决定停止涂药治疗。但希特勒却不许他这样做："不，医生，请您继续治疗。今天早晨我头疼得厉害，估计是鼻塞引起的。每一天，我都在为德国的未来和前途担忧，这些担忧几乎要把我吞噬。"[339] 不过，在吉辛身上，医生的顾忌还是战胜了服从的义务，他拒绝了希特勒的要求。于是在这一天，1944 年 9 月 26 日，最高统帅没有出席军情会议，而是赌气地说，他对面临全线溃败的东部局势不再感兴趣。吉辛知道后吓坏了，赶紧出面，同意继续实施可卡因疗法，但同时提出，要为元首做一次全面体检。一向拒绝体检的"病人 A"答应了吉辛的要求，甚至在 1944 年 10 月 1 日体检这一天，破例同意脱光衣服，接受检查。这在以往是不可想象的。这一切的目的都是为了讨好医生，从而得到他所迷恋的药物："咱们聊了半天，可别忘了治疗。请您再看下我的鼻腔，给我涂上可卡因药，好让我的头不再痛。

今天，我还有重要的事情要处理。"340

吉辛依照吩咐给希特勒涂了药，这次，他用的药量很大，以致病人失去了意识，甚至一度面临窒息的危险。如果这位耳鼻喉医生的说法属实，那么希特勒这个自诩的清教徒差点儿因为吸毒过量而送命。

"快速球"

希特勒对酒精之外的任何一种毒品都很容易上瘾。他对毒品的依赖性并非针对某一种特定的成分，而是针对所有能够带给他愉悦、带他进入虚拟现实的药物。正因如此，他在很短时间内就变成了一个狂热的可卡因依赖者，接下来，又在 1944 年 10 月中旬戒断可卡因后，转而迷上了其他兴奋剂。和许多可卡因依赖者一样，希特勒在回忆这一时期的经历时，俨然摆出了一副英雄式的姿态："7 月 20 日之后的几个星期，是我一生中经历的最艰难的日子。我以德国人做梦都难以想象的英雄气概，一心战斗到底。我忍着巨大的疼痛、持续数小时的头晕和恶心顽强支撑，用钢铁般的力量与之搏斗。我曾屡屡战胜崩溃的威胁，并凭借意志让状态始终得到控制。"341

在这里，我们只需将"钢铁般的力量"和"意志"替换成"优可达"和"可卡因"，就会离真相更近一步。就连希特勒的空军副官尼古拉斯·冯·贝洛（Nicolaus von Below）在描述元首在遇刺后几周的状态时，也采用了与事实完全不符的一套说辞："只有强大的意志和超强的使命意识才能让他坚持下来。"342实际上，能让他坚持下来的是强效可卡因和超剂量的优可达。和上一年相比，优可达的单次注射剂量提高了整整

218

219

一倍，达到了 0.02 克，是正常治疗剂量的 4 倍。[343]

用可卡因和优可达为元首特制的药物鸡尾酒，在这几个星期里，变成了经典版的"快速球"（speedball）[①]：吗啡的镇定作用中和了可卡因的刺激作用。这种药理学上的双线进攻所产生的效应，是强烈的幻觉以及身体每一根神经的亢奋感。两种在生化方面彼此矛盾的强效药物，为夺取人身体中的主导权展开搏斗，并由此导致失眠以及血液循环系统负荷过重，同时也给肝脏带来了受损的危险。

在这个用药物筑建的人造天堂里，希特勒度过了战争和生命的最后一个秋天。每逢军情会议召开时，他总是沉浸在药物引发的亢奋状态中：微微踮起脚尖，膝盖绷直，一边用手比画着，一边滔滔不绝地发表宏论，就像是一位通晓万事的神明。那些因战局危急而濒于绝望的将领，根本找不到机会插话。注入体内的药物让希特勒深深陷入幻觉中，为其筑起了一座坚不可摧的堡垒，任何人和任何事都奈何他不得。在人为制造的强大自信心面前，所有担心和顾虑都是不值一提的。[344]尽管周围的世界正在被炮火夷为废墟，数百万人被夺去了生命，然而只要那些毒品还在他的血管中流动，只要药力作用下的亢奋还没有消失，元首便坚定地相信自己所做的一切都是正确的。

220　　希特勒早在年轻时就读过歌德的《浮士德》。1944 年秋天，"病人 A"终于签下了一份属于自己的魔鬼协议。这个魔鬼是由塞尔杜纳召唤来的——这位魏玛时期的年轻药剂师发现了吗啡，并以此成为优可达和各类吗啡制剂的鼻祖。它不仅消

---

① 一种在瘾君子中颇为流行的可卡因和海洛因合成剂。——译者注

除了令希特勒深受困扰的肠痉挛（一种可从外部观察到的病症），同时也成为帮助他缓解现实痛苦的甜味剂。虽然没有医学上的证据可以证明希特勒对毒品的依赖，但莫雷尔在 1944 年 9 月写下的那些字迹难辨的病历卡足以说明，希特勒在这一时期的毒品摄入是多么频繁。此外，再加上那神秘的"X"和"注射如常"，以及很可能没有被记录在案的"治疗"，我们完全有理由相信，希特勒摄入的毒品剂量大大超出了人们的想象。根据经验，在大多数情况下，一个人一旦开始使用优可达并有供货渠道保证，都会成为无法自拔的瘾君子。

在 1944 年 9 月 23 日、24～25 日和 28～29 日三个时间段，也就是在短短一周的时间里，"病人 A"共接受了 4 次优可达治疗，每次间隔只有 1 天。① 这是典型的吗啡依赖者的吸毒频率，而不是正常的临床治疗。引人注意的是吗啡与解痉药莫沙维林（Eupaverin）的合并使用。后者是一种用天然罂粟碱（Papaverin）加工制作的合成药物，具有松弛肌肉的作用，因为不会导致上瘾，所以相对较安全。这两种药物的合并使用在有意和无意间，使得希特勒的吸毒行为变得更加隐蔽。时间一长，就连希特勒自己也经常搞不清这两种药物的区别。有时候，他向医生要莫沙维林，但心里想的却是优可达。用莫雷尔的话说："元首非常开心，用力握着我的手，感激地说：我们有莫沙维林，真是一件幸运的事儿。"[345]

每次接受完 0.02 克吗啡注射后，这位独裁者是否也如其他瘾君子所说，首先通过口腔黏膜感觉到药劲的发散，然后整

221

———————

① 原文如此。——编者注

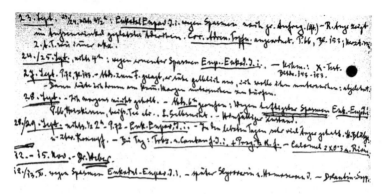

每两天一剂优可达，吗啡依赖者的典型频率

个人都"飘"了起来，我们只能凭想象去猜测。或许这一刻，他眼中的自己就像是杀死巨龙、夺取了尼伯龙根宝藏的齐格弗里德，正舒心地躺在克里姆希尔特的怀抱中。由药物唤起的能量总是在瞬间迸发，只要短短几秒钟，便让人感到无比的愉悦和轻松。希特勒曾经对莫雷尔说："亲爱的医生，每天早晨能见到您，真是好开心。"[346]这大概是他说过的最真诚的话了，因为正是每天早晨的注射让他重新成为那个凌驾于一切的超人，这种感觉是现实世界无法带给他的。

222

医生之战

你们这帮人彼此串通，一心就想把我变成病人。[347]

——阿道夫·希特勒

莫雷尔的权力在 1944 年的秋天达到顶峰。自遇刺事件后，"病人 A"对他的私人医生的需要达到了前所未有的程度。每打一针，莫雷尔的个人势力就会更添一分。在"狼穴"，没有哪个人能像他一样和希特勒走得这样近，说这样多的话，得到如此多的信任。在召开较大范围的高级将领会议时，每位与会者身后都站着一位党卫军成员，以防止袭击事件发生。每个要走近希特勒的人，都要事先交出公文包，而莫雷尔的皮包却不受这一规定的限制。

这位自封为元首"唯一御医"的人拥有的种种特权，令很多人眼红。大家对他的不信任也与日俱增。莫雷尔像以往一样，拒绝向任何人透露为希特勒治疗的细节。他对自己得宠的那些秘密始终守口如瓶，直至辞世。然而在元首总部这个幽暗的世界里，当妄想和癫狂的毒草在厚重的水泥墙包围中恣意疯长时，莫雷尔的做法无异于引火上身。他从来不和另外两位助理医生伯兰特和哈瑟尔巴赫谈论有关希特勒的治疗工作，而是让他们从头到尾都蒙在鼓里。他把自己从一个圈外人变成了红人，平日里却总是沉默寡言，行踪诡秘。甚至当手握大权的希特勒秘书鲍曼明确提出，应当为元首安排其他非生物手段的治疗时，这位胖医生也不予理睬。

但是，随着战争走向失败，人们开始为推卸罪责寻找目标。一股反对莫雷尔的势力渐渐露头。希姆莱早就在搜集与这位私人医生有关的材料，将元首染上吗啡瘾的责任扣到他头上，并借机要挟。有些人甚至在背后散布流言：莫雷尔很可能是外国派来的间谍，他的任务就是偷偷给元首下毒。

早在 1943 年，外交部部长冯·里宾特洛甫便曾邀请莫雷尔到他在萨尔茨堡的富施尔宫（Schloss Fuschl）用午餐，并借机向其发难。席间，莫雷尔一直在和里宾特洛甫太太就一些不痛不痒的话题闲扯，比如说晚婚、政府对私生子的补贴、购物排队太耽误时间等。吃完饭，部长脸一拉，请莫雷尔"到楼

223

"病人 A"和他的御医："亲爱的医生，每天早晨能见到您，真是好开心。"

上去，有要事相谈"。

224　　冯·里宾特洛甫和平时一样，神情傲慢，一副不可一世的模样。他用修长的手指夹着埃及产的香烟，弹了弹烟灰，铁青着脸在屋里扫视了一圈，然后连珠炮似的向莫雷尔发问：给元首打这么多种针，真的没问题吗？这些药里除了葡萄糖，还有哪些成分？是不是单纯从剂量上看，这些药就已经太多了？对方的回答很简短：他只给元首做"必要的注射"。但是，冯·里宾特洛甫紧接着便提出，必须"给元首的身体做一次全面彻底的调理，好让他能够抵抗更大的压力"。莫雷尔随口应承了一句，然后起身告辞。他在谈话记录中写道："外行人在考虑医学问题时总是头脑简单，不懂装懂。"[348]

不过，这位私人医生的日子已经没那么好过了。第一轮有针对性的攻击是由鲍曼发起的，目标是将希特勒的治疗工作引入规范，至少是可操控的轨道。一封标着"绝密"字样的信件被交到了莫雷尔手中。信中列举了"有关元首药物治疗的八项安全措施"，如对党卫军实验室的药剂进行抽查等，另外还特别要求莫雷尔必须事先"汇报，针对元首的具体病症，每月计划使用哪些药物，剂量是多大"。

平日里几乎无所不能的鲍曼，这一次并没能表现出他的神通。他之所以制定这些规定，主要有两个目的，一是将希特勒的药物治疗提升到官方事务的层面，二是尽可能减少与此相关的公文来往，以对外维护元首的健康形象。因此，在这些措施中，第一条便规定：所有药品必须用现金结算，其目的是避免给后人留下纸证。鲍曼还指示，所有"每月邮寄的包裹"必须存放在保险柜里随时备用，且应当"尽可能按照顺序对针剂进行编号（例如，第一批针剂可标为 1/44），同时，在包裹外包装上，必须有卫生总局药物总管的亲笔签字"。[349]

这些规定明显是将矛头指向莫雷尔，目的是加强对这位御医工作的透明化管理。对此，莫雷尔的态度出乎所有人意料：他依旧我行我素，把来自国家强力部门的指示当成了耳旁风。身处风暴中心的莫雷尔始终泰然自若，因为他抱定了一个信念：只要有"病人 A"在，就没人敢动他。

1944 年 9 月底时，耳鼻喉医生吉辛在元首总部的昏暗光线下，发现希特勒的脸色有些异样，他怀疑元首是患了黄疸病。同一天午餐时，吉辛在希特勒盛着"苹果布丁和青葡萄"[350]的餐盘旁边，发现了一盒"科斯特医生牌消胀排气丸"（Dr. Koesters Antigaspillen），这是一种不大常见的药物。吉辛

Abschrift

Der Chef der Sicherheitspolizei   Berlin, den 9. Juni 1944
und des SD

Geheime Reichssache!

IV A 5 b (IV C 4 alt) - 33/44 g.Rs.-

An den

Reichsführer -SS

Feldkommandostelle

Maßnahmen für die Sicherheit des Führers hinsichtlich der
medikamentösen Versorgung.
- -

1.) Die von Herrn Professor M o r e l l für den Führer
benötigten Arzneimittel - siehe auch Ziffer 3.) Absatz 2 - bezieht
der Sanitätszeugmeister SS - u. Pol. gegen Barzahlung
a) von den Fabriken des Herrn Prof. M o r e l l,
b) soweit erforderlich, von der Großindustrie.

2.) Die unter 1.) genannten Medikamente werden stichproben-
mäßig in den Laboratorien des Reichsarztes SS u.Pol. auf Verun-
reinigung überprüft, ohne dass in den genannten Laboratorien
die mit der Prüfung Beauftragten wissen, für welchen Zweck die
betreffenden Medikamente vorgesehen sind.

3.) Herr Professor M o r e l l soll baldmöglichst gebeten
werden, dem Sanitätszeugmeister Angaben darüber zu machen, welche
und wieviel Medikamente für den genannten Zweck er monatlich zu
verbrauchen gedenkt.

Um die Sicherheit noch weiter zu vergrössern und im
Interesse der vereinfachten Handhabung für Herrn Professor Morell
sowie, um für alle vorkommenden Möglichkeiten die Sendung reich-
haltiger ausgestalten zu können, wird vorgeschlagen, daß Herr
Professor M o r e l l dem Sanitätszeugmeister hierbei nicht nur

　　秘密指令：鲍曼意欲控制希特勒御医的企图最终落败。该备
忘录描述了纳粹党卫军想要获取和测试莫雷尔对希特勒使用的所
有药物的样本，并坚持要求莫雷尔给他们提供打算给病人的全部
用药清单。

吃惊地发现，药物成分里包含从颠茄和其他茄属植物中提取的阿托品（Atropin）和士的宁（Strychnin），后者又名番木鳖碱，是一种剧毒的化学物质，具有麻痹脊髓神经的作用，人们经常用它来制作鼠药。吉辛顿生疑窦，他判断，希特勒的症状很有可能是过量服用这种排气丸所产生的副作用。阿托品对中枢神经的作用最初是兴奋，然后是麻痹，在病人身上的反应通常是思维过度活跃、话多、幻视或幻听、胡言乱语，在一些人身上，甚至还有可能出现暴力或狂躁倾向。反过来，士的宁则会导致病人对光线过度敏感，甚至畏光，全身疲乏无力。[351]吉辛终于恍然大悟："希特勒一直表现出一种莫名的亢奋，每当在政治或军事上遭遇重大挫折，需要做出新的决策时，他总是没来由的情绪高涨。现在，这些问题大部分都可以由此得到解释。"[352]

227

　　吉辛医生认定，这种消胀排气丸是导致希特勒的躁狂症和身体衰败的元凶。于是，他决定亲自做一次尝试：在连续数日服下这些小小的圆粒药丸后，他果然出现了和希特勒相似的病状。他当即决定发起攻击，目标是以毒害元首的罪名解除莫雷尔的职务，并取而代之。于是，就在盟军从四面八方对德国展开围攻的同时，在阴森幽暗的"狼穴"元首总部，一场疯狂的药物试验升级为一场医生之间的战争。

　　为了战胜对手，吉辛选择将莫雷尔的死对头、希特勒的外科医生伯兰特作为自己的盟友。伯兰特这时正在柏林出差，和吉辛通完电话，伯兰特毫不犹豫，立刻搭乘下一班飞机赶到东普鲁士，把"被告"叫到了身边。莫雷尔听到招呼后心惊胆战，心想，一定是优可达的问题露出了马脚。听完对方的指控，他心里的石头落了地：原来对方是想用排气丸这种非处方药来把自己整倒。莫雷尔也可以坦然告诉对方，这药根本不是他开的方子，而是希特勒让侍卫搞来的。但是，对生物化学一窍不通的伯兰特却盯着士的宁的副作用不放，并威胁道："如果说这药不是你开的，你以为有人会信吗？别指望希姆莱会对你另眼相看，他一向都是就事论事，对犯事者一律格杀勿论。"[353]过了不到一周，伯兰特又对莫雷尔发出狠话："我手里有证据可以证明，你就是想用士的宁毒害元首。我可以告诉你，过去5天，我就是为了给元首治病才待在这里的。"[354]

不过，元首到底得了什么病呢？真的是黄疸病？还是因为莫雷尔注射时消毒不当导致的乙肝？莫雷尔给希特勒打针时一直是用酒精消毒，[355]这很容易给人造成不安全的印象。过去几个月以来，各种药物的毒素给希特勒的肝脏带来了极大负担，于是，肝脏分泌出大量胆红素，将皮肤和眼球染成黄色，这是人体自身发出的一种预警信号。1944年10月5日这天夜里，莫雷尔因情绪激动引发了脑溢血。与此同时，伯兰特在希特勒面前提出了对这位御医的指控。希特勒听到后惊呆了：阴谋？下毒？这么多年来，莫非他一直在受人欺骗？而欺骗他的这个人，恰恰是他亲手提拔上来的莫雷尔，这个**所有忠诚者当中最忠诚的人，所有友人当中最友善的一个**？如果让这个刚刚给他打过针、让他身心无比愉悦的人就此被搞掉，简直就是在挖自己的墙脚！这样一来，他就会变得孤立无援（同时也失去了药物的支援），不得不听凭那些大权在握的官僚的摆布。希特勒意识到，这是一场关系到自身地位的冲突，是一次潜伏着巨大危险的进攻，因为他的权力与天生的领袖魅力直接相关，当这种天赋特质消失后，是莫雷尔用药物帮他保住了头上的领袖光环。

事实上，自从希特勒健康状况迅速下滑后，在他身边的亲 229
信中，各派势力的较量便已展开。如今，这场医生之战更进一
步升级成一场为争夺纳粹未来领导权的代理人战争。形势正在
一步步走向激化：希姆莱亲口告诉伯兰特，对莫雷尔有意谋害
希特勒一事，他是完全可以想象的。这位纳粹党卫军首领把莫
雷尔叫到了自己的办公室，恶语相向道：反正他已经把这么多
人送上了绞架，再多一个也不在乎。同一时间在柏林，盖世太
保头目卡尔滕布鲁纳（Ernst Kaltenbrunner）将莫雷尔诊所的
代理总管威伯博士从选帝侯大街叫到了帝国中央保安总局，对
其进行盘问。威伯努力为他的上司辩解，一再解释说，莫雷尔
是个胆小怕事的人，他绝不可能设计去谋害元首。

对可疑药品的化学鉴定报告终于出来了，结论是：药品中
的阿托品和士的宁成分含量十分有限，远远没有达到下毒的剂
量，即使像希特勒这样大量服用，也不会对身体造成太大危
害。莫雷尔赢得了全线胜利。"我希望大家彻底忘掉排气丸这
件事，"希特勒用一句话结束了这场纷争，"对莫雷尔，你们
爱说什么就说什么。但对于我来说，他永远都是我唯一的私人
医生，我对他抱有绝对的信任。"[356]吉辛挨了一番痛骂，然后被
解职。希特勒明言告诉他，每个德国人都有自由选择医生的权
利，包括他自己。更何况，相信医生和他的诊治手段，对病人
的康复是有好处的，所以他会让自己信赖的莫雷尔继续为自己
服务。关于人们对莫雷尔的各种指摘，特别是对针剂使用的随
意性，希特勒一概予以驳回："我知道，莫雷尔的新型治疗手
段还没有在国际上得到认可，有些东西还处在研究阶段，目前
还没有明确的定论。但是，医学界的所有创新都要经历这样一 230
个过程。对莫雷尔的所作所为，我毫不担心，如果他在工作中

需要经济上的资助，我会立刻给他拨款。"[357]

一向擅长见风使舵的希姆莱马上改了口，他对哈瑟尔巴赫和吉辛两位医生说："先生们，你们不是外交官。你们很清楚，元首对莫雷尔十分信任，在这一点上，我们不应该让他产生动摇。"哈瑟尔巴赫反驳说，任何一个医学或民事法庭都会判莫雷尔有罪，因为他的渎职给他人造成了身体上的伤害。希姆莱粗暴地回答："教授先生，您别忘了，我是内政部部长，同时也是帝国卫生当局总负责人，我不希望看到法庭对莫雷尔进行立案调查。"当吉辛提出，希特勒是全世界仅有的一位每周服用120到150粒药片、接受8至10次注射治疗的领导人时，也被这位党卫军首领坚决驳回。

风头彻底转了向。在这些失势的人当中，有从鲍曼那里得到1万帝国马克支票作为酬劳的吉辛，还有哈瑟尔巴赫和神通广大的伯兰特，以及他们的后台——一心希望能够成为希特勒接班人的施佩尔。三位医生不得不离开了元首总部，只有莫雷尔一人留了下来。1944年10月8日，莫雷尔得到了一个令他兴奋的消息："元首告诉我，伯兰特以后只负责柏林方面的事务。"[358]从此，"病人A"成为他的御医的钢铁般后盾。就像每位瘾君子都会千方百计地讨好为自己供货的毒贩一样，希特勒同样也离不开这位他眼中慷慨大方的医生，因为每次不用他发话，对方就能把他伺候得舒舒服服。

231　　在整个事件结束后，希特勒对他的私人医生说："这群傻瓜根本就没想明白，他们这么做会给我带来什么后果！要是突然间没了医生，我该怎么办?! 他们明明知道，有你在我身边的这8年里，你多次救了我的命。我过去的健康状况是多么糟！那时候，所有被叫来的医生都束手无策。亲爱的大夫，我不是个不懂得感恩的人。您等着瞧，如果我们能够幸运地熬过这场战争，我一定会重重地犒劳你!"[359]

莫雷尔这些自我炫耀式的笔记，很有可能是为了给后世留下一个清白的名声。在日记中，他以大言不惭的口吻写道:"亲爱的元首，在过去这段时间里，假如是一位庸医为您诊治，您多半早已无法工作，帝国也将因此走向毁灭。"据莫雷尔自述，当时，希特勒用感激的眼神凝视了他许久，然后握着他的手说:"亲爱的大夫，有您在，我很开心，也很幸运。"

这场医生之间的战争就此落幕。"病人 A"及时出手，使自身势力得以保全。而他为此付出的代价是，御医莫雷尔的地位保住后，对病人健康的摧残又得以延续。为了镇静神经，他为元首又一次开下了处方:"优可达－优帕非林，葡萄糖针剂加氨基酸片。"[360]

自我隔绝

232

关于元首总部的生活，我不能讲得太多，因为这里的种种事情或多或少都有机密的成分。我可以开心地告诉你，元首健康状况良好，他日日夜夜都在思考，如何能够改善和拯救德国的命运。我仍然处身于东部战场最前沿的位置。[361]

——摘自莫雷尔的书信

当柏林恩格尔药房为元首特制的混合针剂一点一滴地被注入希特勒的血管，随着各种药物的毒性在其体内不断累积，希特勒一步步走向了自己的末日。了解这一变化过程，我们便可以更好地理解，那个曾经神采奕奕的元首为何最终变成了行尸走肉，这个过程与历史事件之间到底是怎样一种交互影响的关系。

　　进入 1944 年最后一个季度后，希特勒剩下的日子已屈指可数。盟军正在从四面八方对德国展开进攻，包围圈不断缩小，与此同时，日益加重的肠痉挛也在折磨着他。在这余下的有限时日里，希特勒之所以能够撑住而没有垮掉，完全是依赖麻醉剂。在药物造成的幻觉中，他仍然抱定这样的信念：他必须在有生之年亲手实现纳粹主义的宏大目标，绝不能将建立日耳曼帝国的重任托付给后继者，为此他必须抓紧时间，不能有一刻懈怠或退缩。于是，他急需莫雷尔的兴奋剂：唯有这样，他才能坚持下去，不丢掉幻想，不让现实动摇自己的决心。尽管从战局来看，德国已危在旦夕，但希特勒绝不允许人们对元首的正确性有一丝一毫的怀疑。这时候对他来说，"沉思"是危险的：一旦陷入沉思，他很快就会意识到大势已去，所有的挣扎都是无意义的。他不能让自己对这场与全世界为敌的战争产生怀疑，或是对这场由他一手发动，如今败局已定的战争产生厌烦情绪。于是，他只能让针头一次次刺穿皮肤，让药物通过静脉注入血液，然后，游戏又可以开始了。

　　自 1941 年秋天开始接受荷尔蒙和类固醇注射治疗之后，最迟在 1944 年下半年，当希特勒染上了可卡因瘾，不久后又迷恋上优可达等药物后，他再没有过一天清醒的日子，而是始终与噩梦相伴，直到生命的终点。对希特勒而言，思想与现实之间的纽带早已被割断；每一次，当通往现实的桥梁刚刚显形，就会立刻在药物的"阻击"下被炸成碎片。

　　毒品成为动力和意志的替代物。就这样，他在药物的迷幻作用下，昏昏沉沉地从一处指挥所来到另一处指挥所，从一个地堡到另一个地堡，一步步走向沉沦。没有方向，没有家，只有一场接一场白白送死的战役,还有一次接一次令人神志麻痹的注射。他就像是习惯于服用兴奋剂的运动员一样,欲罢不能,直到整个身体彻底垮掉。

超级工事 234

我亲爱的老朋友,希望我还能再这样称呼您,因为现如今,您已成为一位世界级名人,但是我清楚地知道,这名声意味着什么。德国人民应当感谢您的造福,因为如果我们失去那只强大的手,注定就会失败。而这只手迄今能够保持强大,都是您不可磨灭的功劳。[362]

——摘自一封致莫雷尔的信函

为了加强对刺杀事件的防范,更好地抵御传染病以及其他危险因素的威胁,1944 年 11 月 8 日, "病人 A"搬进了在"狼穴"元首总部核心位置新建成的一座碉堡。通常 2 米厚的水泥顶,改成了 7 米厚的混凝土防护墙。整个工事没有窗户,没有直接与外界相通的换气口,它的样子很容易让人联想到古埃及的墓穴,从空间看,也比周围其他工事大出几倍。希特勒就在这里工作、吃饭、睡觉,与外界隔绝,只有幻想做伴。这个深处密林、充满诡异气息的新居,在希特勒看来几乎完美无缺,他满意地发现,屋里的散步空间比以往大了很多。根据莫雷尔的计算:元首卧室和办公室的空间加在一起,比旧工事大了 23 立方米。当然,这个封闭的巨大"石棺"对这位私人医生是开放的,他可以在其间自由出入,为"缓解压力(对病人)进行静脉注射"。[363]

实际上，莫雷尔对病人的身体状况了如指掌，他知道后者的健康已经坏到了什么程度，也清楚地知道，这个消息已经传播了多远。从1944年秋末莫雷尔写给妻子、纳粹各大区负责人和其他旧相识的信中可以明显感觉到，他一直在努力回避现实，试图向外界传递一种带给人希望的假象。比如说，他会从"狼穴"不同花式的菜单中挑出一些，分寄给大家，作为希特勒"简朴和理性生活方式"的证明。[364] 以前在第三者面前，他总是对病人的健康状况避而不谈，现在他却经常以乐观的笔调，主动谈起这一话题。下面这些句子都是从莫雷尔的信件中摘录出来的："我的高级病人身体状况良好……"；"我的头号病人一直很硬朗……"；"病人已彻底康复……"；"看到病人这样健康，我感觉很开心……"；"我的病人身体状况非常好，为了德意志人民的利益，我会努力帮助他长久保持这样的状态……"；"除了 Duce 以外，我还治愈了其他好几位国家首脑，能够取得这些医学上的成绩，我深感自豪。"[365]

"病人 A"的身体状况其实非常糟，莫雷尔只能依靠注射和欺骗等手段来制造一种假象，让人们误以为元首仍然是健康的，而且这种假象每次能够维持的时间越来越短。大多数时候，希特勒都是躲在新建的水泥堡垒里，穿着白色睡衣，盖着军用棉被，一脸苍白和憔悴地躺在低矮的行军床上，望着没有窗子的四面墙壁发呆。在他的头顶上，是一盏不停晃动的吊灯，身旁是一个床头柜，还有一张矮桌，上面堆满了纸张、地图、战报和各种摊开的书籍，正中央是一部铃声从未响起过的电话机。还没有干透的灰白色水泥墙壁，散发着潮湿污浊的霉味。床上到处扔着折断的铅笔，还有不知放在哪里的金丝边眼镜。希特勒一直为戴眼镜这件事感到羞耻，而且由于两手颤抖，他只能依靠别人的帮助才能把眼镜戴上。但是，莫雷尔却在信中写道："我可以告诉您，元首的身体状况很好……看到我的病人如此健康，能够像以往一样，精神饱满地挑起所有重担，战胜各种危机，是我最大的快乐、慰藉和满足。……我相信，当您从我这里听到元首健康的消息后，一定会感到莫大的欣慰。"

随着优可达药效的减弱，希特勒手部颤抖的症状越来越明显，特别是在 1944 年最后几个星期，更是达到了空前的程度。希特勒的健康状况，成为人们议论的核心话题。元首对此心知肚明，并且一直在努力掩饰，不让外人发现自己手抖的毛病，但结果却总是适得其反。原来在行纳粹礼时伸得笔直的手臂，也早已成为历史。神经质的剧烈颤抖，让手臂变得几乎无法自控。莫雷尔在笔记中写道："左手颤抖十分严重。"类似的记录还有很多，例如"右手颤抖加重"，"左腿颤抖症状消失，但左臂和左手又开始了"。[366]为了掩饰，希特勒只好把手插在裤兜里，或者用右手僵硬地握住左手。当颤抖严重的时候，那样子看起来已经不再是颤抖，而是有规律的甩动。这情景让周围人看在眼里，十分心焦。不久前出任陆军参谋长的装甲兵团上将古德里安说，希特勒坐着的时候用右手按住左手，用右腿压住左腿，以此来掩饰身体的颤抖。希特勒手部抖动的幅度之大，程度之夸张，让很多人以为他是刻意而为。当他两臂交叉，抱在胸前时，整个上身都会跟着颤动。莫雷尔建议他泡澡和休息，可希特勒却问道："不能用打针来治吗？"[367]

注射并不能解决问题，而是相反。汉斯－约阿希姆·诺依曼等医学史学家经过研究判定，动脉硬化性帕金森综合征是导致希特勒四肢震颤和身体佝偻的原因，这是一种自体免疫性疾

238

嗨代替了万岁（High statt Heil）：从清教徒到瘾君子

病, 是机体对自身抗原发生免疫反应所导致的震颤麻痹。从病因看, 这很可能是使用从动物内脏中提取的荷尔蒙制剂造成的。其结果是造成分泌多巴胺的中枢神经细胞坏死, 并导致负责学习和身体控制的大脑皮质神经元退化。莫雷尔在病历记录中也曾提到希特勒有可能患有帕金森病, 尽管当他产生这种怀疑时, 已经是 1945 年 4 月。[368]如今人们已无从验证这一诊断究竟是否正确。另外一种说法是, 希特勒的身体震颤是由长期滥用混合毒品造成的。

但无论如何, 有一点是可以确定的: 莫雷尔和他的病人变得更加形影不离。对希特勒来说, 这位御医既是他的依靠, 也是他的囚徒。莫雷尔经常抱怨, 没有人能理解这个职位带给他的苦衷。多年来, 他一直被拴在元首身边, 没有支配自身行动的自由, 也无法照顾家人和事业——亲爱的妻子, 柏林选帝侯大街上的私人诊所, 远在奥洛穆茨和汉堡的药厂与实验室。当兄长去世的时候, 他连葬礼都差点儿没能出席。因为希特勒以路途危险为由, 阻止他离开元首总部。"元首听到我兄长的死讯后, 对我的出行非常担心, 因为西线的局势非常危险。我提出的各种建议都被一一否定, 比如坐飞机 (因为有大量敌机在空中活动, 所以不行), 乘汽车 (长途旅行会让我的身体吃不消, 尽管我一再保证没有问题) 或火车 (因为有可能遇到袭击, 所以行程没有保障)。"[369]

当莫雷尔建议, 在他离开后, 由武装党卫军医生施托姆费格博士 (Dr. Stumpfegger) 临时接替他的工作, 希特勒断然拒绝并生气地说: "他八成连打针都不会。"也许, 施托姆费格不了解 "X" 的秘密才是真正的原因。但莫雷尔执意坚持, 不肯放弃最后一点私生活和家庭生活的权利, 在元首的极力挽留

239

下，仍然要求去参加葬礼并在返程时顺道去柏林探望妻子。最后，希特勒不得不让步，从帝国中央保安总局调来一位保镖一路护送。当莫雷尔探亲返回后，希特勒对他表现出少有的恼怒："15 点 30 分去见元首：病人很不高兴，一言不发……腹泻严重。"[370]莫雷尔迅速拿出针管，深吸了一口气，用手绢擦去脑门上的汗珠，将针头刺入病人的小臂："葡萄糖加上维他默丁，瑞格列奈，托定磷钠。"希特勒把左手放到皮带扣上，长长地舒了口气，转动了一下肩膀，抿了抿薄薄的嘴唇，使嘴巴显得更小了。不一会儿，他脸上的表情便舒缓了下来。莫雷尔用手轻揉着希特勒的上腹部，帮他把吞进腹中的凉气排出。于是，医生同他的病人和好如初。

"拉锁"

240

1944 年 11 月，正当苏联红军接连攻克一座又一座东普鲁士城市之时，希特勒的血管变得越来越脆弱，就连注射专家莫雷尔也变得束手无策。过于频繁的注射导致静脉部位的皮肤发炎溃烂，结痂脱落后的皮肤变成了褐色。莫雷尔不得不中断治疗："我决定今天取消注射，以便入针部位更好地愈合。左臂肘窝状况尚可，右侧下针处可见明显红点（并无脓肿），元首称，这种情况以前从未出现过。"[371]

这几个星期，莫雷尔的治疗变得格外困难。每一次注射都会产生一个新的伤口。一个个硬痂在手臂上排成一列，形状就像是一条"拉锁"，这是瘾君子身上的标志性记号。慢慢地，就连希特勒本人也开始担心，害怕这样频繁的注射会带来恶性后果："在静脉注射时，元首认为我用酒精给伤口消毒做得不够充分（我的手法总是很快），所以才导致入针部位的皮肤在过去一段时间里经常红肿发炎。"莫雷尔对此却另有解释："由于连续数月待在堡垒里，终日不见阳光，导致血液含氧量不足，并由此造成凝血功能障碍，使得注射部位长时间红肿难消。"希特勒对此一直表示怀疑："元首坚持认为细菌才是元凶，甚至怀疑是注射把细菌带到了身体里。"[372]

于是在一段时间里，莫雷尔被迫停止了注射。最终还是希特勒出面，打消了所有顾虑。他性格中的自虐倾向由此得到了充分体现：尽管注射造成了身体上的种种不适，他却不肯停止，而是一再要求他的私人医生为他注射。有时候，他甚至会直截了当地告诉对方，他不需要治疗，只要打针。"早晨 6 点，我接到电话，让我立刻去见病人。……我于 20 分钟后赶到。元首连续工作了整整一个通宵，他正面临一项重大决策，因此情绪十分激动。随着情绪化的不断升级，和平时一样，痉挛又发作了。他不让我做检查，因为这只会加重疼痛。我很快配好了优可达－优帕非林针剂，并进行静脉注射。由于过去一段时间注射太多，操作变得十分困难。这也让我再次意识到，我们必须要让静脉休息一段时间。我在注射过程中停顿了一下，让病人可以稍稍歇口气，缓解一下痛苦，所以元首很开心，感激地用力握了握我的手。"[373]

从接到电话到结束注射，中间只过了 20 分钟。有这样一位雷厉风行的毒贩在身边伺候，大概是每个瘾君子的梦想。希特勒本人也对这位私人医生的周到服务十分满意，例如在 1944 年 10 月 31 日这天，他便曾夸奖道，是莫雷尔"在头一天早上的快速处置"让他"立时恢复了元气"。莫雷尔用安慰的口气告诉他："如果今后再遇到这样的状况，他可以随时找

241

我，哪怕是半夜也没关系……能为他效犬马之劳，是我最大的满足。"[374]

在"狼穴"的最后几周，"病人 A"的确一直在尽情享受着御医的 24 小时应召服务。只要身体稍有不适，哪怕是在深更半夜，他也会立刻把莫雷尔叫来。每次打完针，当传令兵把出诊包拎回医生工作间的时候，莫雷尔都会暂时留下来，观察病人对药物的反应。1944 年 11 月 8 日，希特勒在注射后感觉药劲不够大，莫雷尔毫不犹豫，马上补了一针："零点 30 分，突然接到电话。元首忽然感觉腹胀难忍，他对我说，他正面临着今生最重要的抉择，所以神经非常紧张。静脉注射优可达 - 优帕非林后，疼痛和痉挛只是稍有缓解。元首请求我再给他打半针，于是我让人拿回了包。一开始，我只注射了 0.01 克优可达，即平时剂量的一半。后来，当我又补了 0.01 克优可达后，疼痛和痉挛彻底消除了。元首一再感谢我的及时帮助，说他觉得很开心。"[375]

如果毒品不够剂量，瘾君子总是立刻就会发现。每次吸完毒，他们都会充满渴望地等待着下一次。在生活中，再没有什么比吸毒这件事更重要。在他们眼里，白天和黑夜也毫无差别。在刺杀事件后的几个月里，希特勒的吸毒剂量达到了前所未有的水平，与此同时，他也彻底失去了生理上的平衡以及健康。施陶芬贝格虽然没有杀死希特勒，但把他变成了一个瘾君子、一个废人：面色蜡黄，眼皮下垂，四肢震颤越来越严重，注意力明显下降。希特勒的另一位外科医生哈瑟尔巴赫嘲讽莫雷尔的治疗为"变戏法"，[376]在二战后接受盟军审讯时，他对希特勒的健康变化是这样描述的：1940 年时，希特勒看起来比实际年龄年轻得多，可是后来，他突然间就变老了。直到

1943 年,他的外表还和实际年龄差不太多,在此之后,他的整个身体明显垮掉了。

事实是:希特勒于 1943 年开始接受优可达注射,在 1944 年 9～12 月,剂量骤然增加,以至于有对毒品成瘾的嫌疑。药物给身体带来的愉悦,被各种令人不适的副作用抵消:失眠、震颤、消化不良,等等。每次,当毒品带来的欣喜感逐渐减弱,消化系统就会以"痉挛性便秘"作为报复,使他"没有饥饿感,腹部绞痛"。[377]夜里,他睁着眼躺在床上:"我睡不着觉……在黑暗中,我眼前看到的永远是总参谋部的那张地图,我的大脑仍在一刻不停地工作,每次都要几个小时,我才能摆脱这种状态。"[378]尽管希特勒声称,在帝国上空盘旋的英国轰炸机是导致其失眠的唯一原因,但实际上,让他睡不着觉的更有可能是毒品。莫雷尔只能让希特勒服用苯巴比妥或 Quadro-Nox 等巴比妥类镇静剂,来强迫其睡眠。这使得恶性循环变得更加严重。

或许是由于优可达注射过频,希特勒的消化系统几乎失去了作用。从肠功能紊乱这一点来看,希特勒似乎又回到了 1936 年莫雷尔第一次用穆他弗洛为他治疗时的状态。"病人 A"总是腹胀,当莫雷尔决定为他实行洋甘菊灌肠时,他"坐在马桶上,把我赶到外面,甚至锁上门"。但灌肠同样没有任何效果,"灌肠溶液根本没在体内停留,就被他排了出去(可惜!)……元首必须努力想办法入睡(不借助药物!)"。[379]在希特勒身上,最简单的身体机能变成了艰难的生理学行动,莫雷尔认真地记录下这一切,就像国防军司令部在战争日记中描述的前线战况一样:"16 点至 18 点,腹泻 4 次,2 次轻度,1 次重度。其中第二次是排出大便结块后的爆发式水样腹泻,第三

244

次和第四次散发出恶臭，第四次尤为严重（或许是因为消化分解后的粪便结块没有及时排出，成为气体和毒素积累的诱因）。病人感觉自己略有好转，表情明显松弛。他说他叫我来，只是想告诉我治疗见效这个好消息。"

罪责问题

1944 年 11 月 21 日，吃过一顿用米汤、烤芹菜和土豆泥搭配的午餐后，希特勒带着人马离开了元首总部，"狼穴"从此被封。希特勒在新建的超级工事里只待了十三天，由于苏军距离此处越来越近，所有人员不得不撤离。一辆"囚车"摇摇晃晃，向首都柏林方向移动。每当列车在轰炸后的废墟中穿行时，车窗都会被拉上，以免元首看到外面的惨象后触景生情。这是元首专列"勃兰登堡号"，一路经过的所有车站都被事先清场。此时，希特勒已经看到德军没有机会打赢斯大林的红军，于是决定放弃东线，计划按照两个月前他在可卡因幻觉中萌生的念头，发动第二场阿登战役。或许德国可以就此重演1940 年春季闪电战的奇迹，至少在西线占据主动，在最后一刻与同盟国签署局部和平协议。

列车到达柏林时已是清晨 5 点 20 分。所有行动都是在严格保密下进行的。速记员在文件上标注着：绝密！这时的希特勒由于患了声带小结，正发愁自己会因此失声。不过，很长时间以来，他说话的声音一直低得如同耳语。他的眼睛总是失神地看着前方，像是盯着某个想象中的点。每隔一会儿，他都要拿过随身携带的氧气瓶，使劲吸几口氧，那是莫雷尔在上车前为他准备的。希特勒的情绪从未像现在这样阴郁暴躁。每个人心里都清楚，要想扭转战局，打败强大的英美盟军，简直是妄想。可元首却和以往一样，对胜利似乎充满了信心。但实际上，"情绪上的剧烈波动……造成的严重腹胀和腹泻"，搞得他痛苦不堪，只有靠优可达才能稍加缓解。[380] 隔天，他又接受了 0.01 克吗啡注射。两天之后，1944 年 11 月 24 日，莫雷尔在病历中写道："我认为没有必要注射，可元首为了迅速振作，坚持要我给他打针。"[381] 三天后，"元首因为接下来有艰巨的工作需要完成，又让我为他进行了注射"。[382]

逐渐失控的毒品摄入，究竟对希特勒的心智和头脑产生了多大影响？这位独裁者还有没有正常的行为和判断能力？曾在十年前尝试过优可达（成瘾性相对较低的口服药）的哲学家瓦尔特·本雅明（Walter Benjamin），在描述这种半合成鸦片制剂的心理效应时写道："或许并不能说它是一种自我蒙蔽，使人在这种状态下产生了某种对自由或曰真实空间的排斥，以至于对**外部世界**的思维近乎成为折磨。它是一张自我编织的密密的蛛网，外界发生的事件就像是七零八落地挂在蛛网上的昆虫尸体。陷于其中的人，并不愿从这个洞穴脱身，与此同时，还出现了一些针对在场者的不友好的行为，让人产生这些行为会对他人形成骚扰和攻击的担心。"[383]

化学家和科普作家赫尔曼·洛姆普（Hermann Römpff）写道，长期滥用鸦片制剂的结果是"对性格与意志力的破坏。……它在并不导致头脑中固有思维实际流失的情况下，会对大脑的创造力造成损害。即使是品行高尚的人，也有可能去行骗和欺诈"。此外，它还有可能引发被害妄想以及对周遭环境的病态怀疑。[384]

事实上，在穷途末路的最后挣扎中，是优可达这种药物让希特勒的地堡性格找到了慰藉。其原有的冷漠气质、世界观上的偏执、热衷幻想的倾向，以及对逾越界限的毫无顾忌——所有这些性格特点都在 1944 年最后一个季度里，通过滥用阿片类物质的极端方式得到了强化。就在盟军从东线和西线对德国本土展开进攻的同时，这种强效麻醉剂消除了希特勒心中对胜利的怀疑，以及对包括平民在内的无数死难者的同情，同时也使得他在对待自己和外界的态度上变得更加无情。

在安慰剂和麻醉剂的作用下，元首的本性得到了彻底暴露：这才是真实的希特勒，这才是其一贯的面目，因为他的想法和计划、对自身能力的高估、对敌方实力的误判等，早就清楚地写在了 1925 年出版的纲领性文字《我的奋斗》中。鸦片瘾只是进一步强化了其原有的冷酷本性和指使他人而非亲手施暴的癖好，也使得他在战争和犹太人大屠杀的最后阶段仍然执迷不悟，并最终走上绝路。

因此可以说，希特勒的目标、动机以及意识形态上的妄想，这一切并不是吸毒导致的结果，而是早已存在的事实。他所实施的大屠杀也不是出于一时糊涂，直到最后一刻，他都是拥有充分责任能力的。吸毒从未让他在决策自由上受到限制，自始至终，他都是自身意志的主人，清楚地知道自己在做什么，并在意识清醒的状态下，冷漠地做出一个又一个决定。吸毒带来的麻痹和对现实的逃避使他的意志变得更坚定，但并没有把他变成一个真正的疯子。这是一个原因自由行为（actio libera in causa）的标准案例：即使吸毒再多，也无法让他逃脱对自身行为的责任。他所犯下的罪孽，绝不会因此得到饶恕。

第四部分

最后一搏——血与毒
（1944～1945 年）

这 罪恶的伤口，如何能愈合？[385]　　　　　　　　　　251

——理查德·瓦格纳

　　1944 年下半年，希特勒的军队几乎再没有打过一场胜仗。8 月底，盟军收复巴黎。8 月 23 日，德国国防军不得不撤出希腊，并开始从东南欧全线撤退。9 月 11 日，美军在特里尔攻入德国境内。德军在所有战场上都陷入了一败涂地的境地。柏飞丁只能帮助他们在撤退时撑住最后一口气，不至于倒在路上。一位装甲兵指挥官用坦率的口吻报告称："我们一刻不停地往回奔，直到离开苏联。之后，每走 100 公里，我们都会停下来歇息，吃片柏飞丁，顺便给装甲车加油。"[386]

　　正如一份研究报告所述，在服用冰毒的瘾君子当中，三分之二的人会在三年后出现心理病状。[387]由于柏飞丁和冰毒有着相同的成分，而无数德国兵是在偷袭波兰、对法国的闪电战或最迟在入侵苏联之后开始定期服用柏飞丁，因此我们有理由推断，在战争的最后几个月里，这些士兵中有很多人已经出现了心理上的后遗症。此外，为了保证药效，他们必须不断增大药量。[388]

　　因此，柏飞丁热潮能够一直延续到 1944 年，也就不足为　　252
奇了。一封泰姆勒药厂写给帝国医疗及卫生事务总监察（Generalkommissar für das Sanitäts – und Gesundheitswesen）的信，清楚地证明了这一点：就在距离战争结束只有短短几个月的时候，药厂还在要求为其供应生产柏飞丁所需的原料麻黄素、三氯甲烷和氯化氢等。这些原料将用来制造"用于军备和战争"的 400 万粒柏飞丁药片。[389]为了躲避战事，泰姆勒公司将药厂搬到了德国西南部小城迈森海姆（Meisenheim），与一家啤酒厂合用一间厂房。因此，在一段时间里，德国人在战争期间最喜爱的两种麻醉品，啤酒和冰毒，是在同一个屋檐下制造的。[390]

当时的德国空军也已离不开柏飞丁这种能量剂了。1944 年7 月召开的一次医务科学会议，就是以此作为议题。[391]陆军卫生总局也订购了柏飞丁，作为伤员运输的配给品。1944 年 11 月，A 集团军群伤员运输列车的主管医生进行了多次试验，将纯吗啡治疗与吗啡 - 柏飞丁混合疗法的药效做了对比，[392]并由此得出结论，如果在吗啡注射之外再配合服用两片柏飞丁，那么即使伤势最重的伤员，也可以"使情绪得到良好控制"。情绪的改善有助于提高伤员的康复信心，为重返战场创造更多的可能性。

但是，许多伤员根本不想重返战场，他们一个个精疲力竭，意志消沉，伤愈后需要的恢复期也越来越长。那些呼吁全民决战到底的宣传口号，在很多人听起来空洞无比。没有人再有打仗的热情，所有人的精神状态都已滑落到低谷。[393]因此，呼吁最后只能变成命令。例如，陆军司令格尔德·冯·龙德施泰特（Gerd von Rundstedt）曾发布指示：不惜一切向前挺进。最高司令部的一条指示是："损耗与伤亡是不可避免的，但医生的意志不能因此而低落。局势要求我们必须为战斗投入一切。"[394]这些投入当然也包括药物。

意识形态早已不起作用，因为纳粹领导层除了"最后胜利"这种越来越难让人相信的说法之外，再也想不出其他能够唤起士兵斗志的新词。于是，国防军做出决定，要千方百计地研究出一种药物，能够对人的中枢神经产生强大的刺激作用，把半死不活的伤员变成生龙活虎的战士，重返战场与敌人厮杀。这是名副其实的最后一搏：在战争进入损失惨重的最后阶段后，纳粹政府只能抓住每一根有可能救命的稻草。除了传说中的"奇迹武器"外，德国积极着手研发"奇迹毒品"，以期力挽狂澜，反败为胜。

当地时间：慕尼黑，联邦国防军卫生学院

联邦国防军卫生学院坐落于当年纳粹武装党卫军的一座兵营里，学院的地位与兰克教授1930年代末在后备军官中进行柏飞丁试验的柏林军医大学相当。接待我的是和蔼可亲的沃尔克·哈特曼博士（Dr. Volker Hartmann），他的职务是营养学系系主任。哈特曼博士带我走过宽阔的校园，经过一辆有红十字标志的装甲车，还有一架临时停放的救援直升机。路边竖着一块牌子，上面写着：戒备等级——阿尔法（Gefährdungsstufe Alpha）。哈特曼安慰我说，这话的意思就是"平安无事"。他借机给我描述了一番联邦国防军的未来设想，因为在他看来，德国军队应当只参加不携带武器的人道主义行动。"况且德国兵早就不会打仗了，或许他们本该如此。我们的强势是在其他方面。"他对此的解释是："'我们帮助他人'是对'我们为德国服务'①的最好补充。"

哈特曼本人就曾为"帮助他人"到过许多地区：作为"戈尔希·福克号"随船医生到黎巴嫩海岸执行巡航任务，在非洲之角参与援助行动，在印度尼西亚班达亚齐（Banda Aceh）参与飓风后救援，在科索沃和阿富汗执行维和任务。2012年，他在阿富汗马扎里沙里夫（Mazar-e Sharif）担任医疗救援队指挥官，负责德国在整个地区的医疗服务工作。当时，曾有一位连长向他索要提神剂莫达非尼，为攻打塔利班做

①　后一句系出自德国联邦国防军宣传片。——译者注

准备，被哈特曼一口回绝。莫达非尼是一种觉醒促进剂，它的作用原理迄今没有得到彻底解释。在体育界，它被归入兴奋剂一类，属于违禁药品。在中学和大学里，一些学生私下里把它当作"聪明药"，试图借助它来集中注意力和提高学习效率。哈特曼在解释自己的做法时说："这与伦理或政治无关，我只是不想让士兵们变成瘾君子。"

军事与毒品是哈特曼多年来专注研究的领域。关于德国海军在二战最后阶段研究开发"奇迹毒品"的故事，就是他亲口告诉我的。这天傍晚，依照他的建议，我俩在慕尼黑音乐厅广场第二次会面。从地理历史角度看，选择这个地点再合适不过，因为广场一侧就是统帅堂，1923 年 11 月 9 日纳粹党发动

255 啤酒馆暴动后，就是在这里与警察发生了血腥冲突。我俩会面这天正值 9 月底，傍晚的空气凉爽怡人。街上到处都是从啤酒节回来的人们，身穿民族盛装，脸上醉意醺醺。在这样的气氛下讨论历史、暴力和麻醉品，简直就像是天意安排。

"希特勒发动政变那天，巴伐利亚警察就站在前面，向人群开枪，"哈尔特曼用手指点着对我说，"有个中枪的纳粹分子就站在希特勒旁边，两人手挽着手。中枪者倒下时，把希特勒也拽到了地上。希特勒的保镖被子弹打成了筛子，倒在了他的身上。十几个叛乱者当场毙命，另外还有四名警察和一位路人也被流弹击中。看热闹的人们吓得叫嚷着，东逃西窜。希特勒几乎毫发未伤，他从人堆里爬起身，逃跑了。很多时候，历史是由偶然决定的。"

随后，我们来到附近的普法尔茨皇宫酒馆，酒馆的外墙上悬挂着纪念在啤酒馆政变中殉职的四名巴伐利亚警察的纪念牌。这四位警察是死于纳粹之手的第一批受害者。在酒馆里坐

下后，我们点了兑苏打水的白葡萄酒，这在啤酒节期间，着实有些不合时宜。接下来，哈特曼开始步入正题，讲述他所了解的故事。这个故事与人们经常听到的关于国防军清正廉明的神话是矛盾的，它是当年德国海军——人们眼中的道德楷模——经历的一段不光彩历史。

奇迹毒品寻踪　256

战争的真相从不出现在书本中。[395]

——沃尔特·惠特曼

　　在德国海军中，有一位赫赫有名的军官，名叫赫尔穆特·海耶（Hellmuth Heye）。1950年代时，他曾作为基民盟议员进入联邦议会。但在1944年3月16日这天，他满脑子想的还是如何才能赢得二战的胜利。他和另外两位军官坐在基尔港的一间会议室里，共同商量着对策。海耶是海军小型作战部（Kleinkampfverbände der Kriegsmarine）的少将指挥官，由海军司令邓尼茨（1945年5月成为希特勒接班人）直接领导。当时的海上局势对"皇家海军"（与"纳粹空军"不同的是，人们总是习惯用这一说法来称呼德国海军）十分不利。在大西洋战役中，德军已彻底败北。由于英国意外破译了德军的电报密码，再加上盟军的空中优势和由此给德军造成的重创，另外还有军工业的错误规划，德国不得不中止潜艇战。此后，同盟国就可以畅通无阻地从美国向英国输送给养，为进攻诺曼底做准备。1944年春，海耶和他负责的新成立的小型作战部，就是以防范这类行动为职责。

海军少将海耶将希望寄托于"9号药物"（D IX）：一种用可卡因、柏飞丁和优可达混合加工的合成药物

　　希特勒将正在研制中的"小型作战武器"看作抵御美军登陆的真正机会："一旦有了它，就能阻止入侵了。"[396]1944年1月初，在"狼穴"召开的一次装备会议上，希特勒面对在场的装备部部长施佩尔、武装党卫军头目希姆莱和其他几位陆军元帅，提出了加快"奇迹武器"研制的要求。这些被希特勒寄予厚望的小型武器包括新型双人潜水艇、迷你U型潜艇、炮艇、单人鱼雷快艇等，德军将利用这些新型装备，以精准打击的战术为辅助，对实力强大的敌军发动袭击，击沉敌舰，或至少拖垮敌人，逼迫其撤退。这是一场大卫和歌利亚之战，尽管性质和《圣经》并没有关系。"小型作战部队"是海军中的尖兵，其特长是对敌人发动突袭，尤其是不能让对手发现或用仪器监测到。具体计划是派小型作战船偷偷靠近敌人的巨型战舰，发射鱼雷，实施打击。要达到这一目标，必须做到连续几个昼夜在水下潜伏，没有睡眠。这一点远远超出了柏飞丁所能达到的药效，因为根据经验，大剂量服用柏飞丁最多只能让人坚持48小时不睡觉。另外，也没有任何特殊训练能够让水兵胜任这一具有生命危险的任务。唯一的解决办法是找到一种药效超过以往所有产品的新型兴奋剂。

　　如果这场世界大战有最后一刻钟的话，那么从这一刻起，这一刻钟的倒计时开始了。1944年春天，海耶急切地寻找着一种"能够方便获得的药物，可以让士兵在单独执行远远超过正常时间的攻击任务时不睡觉，并且保持清醒和战斗力"。此外，这种药物还能够"提升士兵的自信心，充分调动身体的潜能"。[397]可是，这样的"奇迹药物"有谁能发明呢？

　　格哈德·奥热霍夫斯基博士（Dr. Gerhard Orzechowski）是德国驻波罗的海海军司令部卫生局的上尉军医和首席药物学家，

入伍前是基尔大学（Kieler Universität）的药理学教授。在德国占领法国期间，他一直在位于布列塔尼小城卡纳克的海军潜艇医学研究所工作，从事兴奋剂类药物研究。[398]若要用药物唤起屡屡受挫的德国兵残存的斗志，让他们勇敢地驾驶小型战艇，在医学帮助下赢取最后的胜利，这位戴眼镜的科学家显然是不二人选。奥热霍夫斯基博士的研究目标就是：用化学的办法"把人变成猛兽"。[399]

这正好与海耶的想法不谋而合。这时候，海耶正计划将一种型号为"黑人"（Neger）的单人潜艇投入战斗，"黑人"这个名称是为了纪念这种袖珍潜艇的发明者理查德·摩尔（Richard Mohr①）。从外表看，它的形状就像是两枚上下捆绑在一起的鱼雷。其实，只有下半部才是鱼雷，上半部分是驾驶舱和控制室，顶上是一个用有机玻璃制成的球形密封罩。驾驶这种潜艇的士兵，就像是一个伏在炮弹上的骑士。这种鱼雷和运载器的结合体可以用普通的机械瞄具瞄准目标，在视线好的情况下，驾驶员也可以用脚踏板来控制发射。发射完毕后，驾驶员要返回港口必须冒着生命危险，因为露出水面的有机玻璃罩将成为美军战斗轰炸机的火力扫射目标。

奥热霍夫斯基博士为这项敢死队计划研发出 10 种合成药物，代号缩写为 D I 到 D X，即 1 号到 10 号药物。这些药物是用优可达、可卡因、柏飞丁和氢可酮（Dicodid）等成分，按照不同比例加工配制的。氢可酮是一种半合成吗啡衍生品，其作用原理与可待因（Codeine）相似，但药效要强得多。这些都是当时全世界知名的强效药物，被杂七杂八地混在了一起。

---

① Mohr 在德语中的意思是黑人。——译者注

毒品设计师奥热霍夫斯基："把人变成猛兽"

由此可以看出，德国海军对待兴奋剂的态度是多么随意，以及当时的局势对德国人来说是多么绝望。

　　1944 年 3 月 17 日，基尔海军医院药房按照配方制成了 10 种试用药，每种 5 片。第二天，50 名"蓝带"（Blaukoppel）训练营的士兵服下这些药物，接受试验。由于时间紧迫，人们必须争分夺秒，尽快完成试验，而来不及去考虑这些药物有可能导致的交叉反应。在试验中，第 9 号药物"D IX"表现超群。这是用 5 毫克优可达、5 毫克可卡因和 3 毫克甲基苯丙胺配制而成的强效合成药，就连希特勒本人很可能也尝试过。这种药物的生产还必须得到海军卫生总监、海军少将军医格鲁尔博士（Dr. Greul）的批准，因为按照规定，粉末状可卡因属于违禁品，医生是不能随意开方的。海耶也为此开了绿灯。很快，卫生局就为"海狸"（Biber）——一种携带两枚鱼雷的微型潜艇——和"黑人"潜艇备好了 500 片"D IX"。

　　尽管采取了严格的保密措施，但研制强效毒品的消息仍然不胫而走，甚至传到了武装党卫军那里。当时在党卫军里，人们也在积极培养敢死队，因此在得到消息后，他们立刻对海军战友的成果产生了兴趣。于是，一场特殊的合作开始了。战争结束后，海军方面对这次合作始终闭口不谈。1944 年 3 月 30 日，党卫军特种部队头目奥托·斯科尔兹内（Otto Skorzeny）抵达基尔，来到了海耶领导的海军司令部。斯科尔兹内素以手段毒辣闻名，一度被西方媒体冠以"欧洲第一恶汉"的绰号（这一绰号实际上有夸大之嫌）。自从他于 1943 年 9 月策划实施了营救囚禁中的墨索里尼的行动后，希特勒对他就像对希姆莱一样青睐有加。这个脸上有一道明显刀疤的男人对外宣称，他此次到访目的是考察海军小型作战部队的新型武器，但实际

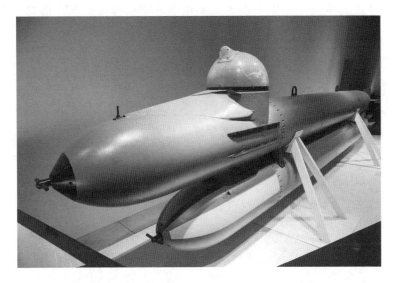

仅在服过强效药后使用："黑人"号单人鱼雷艇

上，这个从不隐瞒自己有严重毒瘾的男人，是奔着奥热霍夫斯基的神药"D IX"来的。他当即打包了 1000 片，准备在"执行特殊任务"时试用。[400]一场具有深远影响的跨部门合作由此拉开了序幕。

"D IX"这种药物的效果究竟如何呢？在不多的几份相关文献中，可以查到这样的记录："在服下 1～2 片药后的一个小时之内，所有人都有明显的不适症状。那些之前睡眠充分、精力充沛的人出现了短暂的幻觉，两手发抖；那些之前感觉身体疲劳的人在服药后感觉肌肉紧张，膝盖无力。在整个药物作用期里，服用者会逐渐出现中枢神经麻痹症状，幻觉随之消失，决断力和思维出现障碍，体能减弱，判断力下降，在严重盗汗后是明显的酒醉感、疲倦和情绪低落。"[401]

这些听起来并不令人愉快。但是，"D IX"仍然在战斗中被投入使用，并进一步加速了德国海军的惨败。在"海狸"
潜艇驾驶员中，只有不到三分之一的人侥幸生还。传说中的
"奇迹毒品"因为它的严重副作用，给士兵带来的不是帮助而
是负担。于是，就像它问世的速度一样，这种药物很快被丢到
了一边。

263　　　　在此期间，德国面临的军事形势越来越险恶。盟军在欧洲
大陆登陆后，正在集中大规模兵力向德国西部边境挺进。1944
年秋天，德国海军又将希望寄托于一种最新型号的袖珍潜艇
"海豹"（Seehund）。这种载有两枚鱼雷的小型潜艇拥有超强
的下潜能力，其技术据称是革命性的。海耶的作战计划是派遣
"海豹"出航泰晤士河口和诺曼底海滩，炸沉盟军船只。但
是，对潜艇的操控和导航却是一项艰巨的挑战。潜艇里的空间
狭小异常，只有一口小锅可以用来加热饭菜，大小便只能排到
空饭盒里。[402]后来被任命为小型作战部队医疗负责人的海军医
生汉斯·约阿希姆·里歇尔特博士（Dr. Hans-Joachim
Richert）写道："要在这样的作战器里待上整整 4 天，是令人
煎熬的，如果没有药物刺激的话，根本不可能做到。"[403]但是，
在利用药物帮助士兵克服恶劣环境的问题上，里歇尔特博士显
然是有顾虑的。在并非为记录私人生活写下的战争日记中，他
用旁观者的口吻写道："军队领导层的意见是，在战争中，如
果受形势所迫，必须使用强效药物，那么即使对身体造成损害
也在所不惜。"1944 年 10 月 11 日，里歇尔特与毒品设计师奥
热霍夫斯基在吕贝克附近会面，共同商议"为'海豹'配备
提神醒脑剂的问题"。

　　　　由于使用混合型药物的失败率很高，人们普遍对其持排斥
态度，因此两人的想法是，能否利用大剂量的纯可卡因或纯甲

- 5 -　　　5

Datum	Ort	Eintragungen
Zu: 11.10.44.	Timmendorfer Strand	Dr. Orzechowski über ein wachhaltendes und leistungssteigerndes Mittel für Seehund. In diesem Kampfmittel müssen 2 Mann etwa 4 Tage Einsätze fahren. Die Bedingungen sind ähnliche wie im Hecht. Die Soldaten sitzen in gepolsterten Stühlen hinter einander. Die Rückenlehne des vorderen Sitzes kann umgelegt werden, sodaß ein Mann zeitweise liegen kann. Antrieb über Wasser durch Diesel-, unter Wasser mit E=Motor. Luft= erneuerung mit Injektorverfahren. Verpflegung durch Konserven, die mittels eines elektrischen Topfes gewärmt werden. Der vordere Mann ist Kommandant und navigiert, der achtere ist L.I. und bedient die Maschinenanlage. Der Letztere hat in dem ihm zur Verfügung stehenden Raum sehr wenig Bewegungsfreiheit. Die Bedingungen in dieser Hin= sicht für den vorderen Mann sind besser, zumal er im Turm sitzen bzw. stehen kann. Das Aushalten für 4 Tage in diesem Kampfmittel wird schwierig und ohne Reizmittel nicht immer möglich sein. Die militärische Führung steht auf dem Standpunkt, daß in diesem Krieg, wenn es erforderlich ist, auch Schädigungen durch stark wirkende Medikamente in Kauf genommen werden müssen, sofern sie die Durchführung von Einsätzen ermöglichen. Zur Aus= wahl stehen neben Bohnenkaffee die Mittel Cardiazol- Coffein, Peryitin und Cocain. Mit Prof. Dr. Orzechowski werden die notwendigen Versuche besprochen.
15.10.44.	- " -	Aufstellung der K - Flottille 212 (Linsen).
16.10.44.	- " -	Stabsarzt d.Lw. Dozent Dr. Malorny zur Ver= fügung Kom.Adm. U.-Boote abkommandiert. Zusammen=

一位海军医生的战争日记："奥热霍夫斯基医生，关于
'海豹'的一种刺激性和提高表现的物质。如果没有兴奋剂，
在这种战船上停留四天是困难并且不太可能的。军方领导人
认为，在这场战争中，在必要的情况下，如果强效药物能够
使行动成为可能，必须将其考虑在内。除咖啡外，可用的物
质是卡地阿唑-咖啡因、柏飞丁和可卡因。将与奥热霍夫斯
基教授讨论必要的试验。"

265　基苯丙胺，让士兵两天两夜不睡觉，并保持充沛的精力。情形已刻不容缓。9 天后，即 1944 年 10 月 20 日，海军总司令邓尼茨来到小型作战部队视察。希特勒对奇迹武器的执迷，把这位海军元帅几乎逼到了死角。里歇尔特在向邓尼茨汇报时说："要让'海豹'潜艇连续 4 天、每天 24 小时保持战斗状态，从条件上讲十分困难，因此必须开发和试验新的药品。"为了避免再次发生"D Ⅸ"那样的灾难性后果，他们决定这次在使用药物之前先做试验，以便"搞清楚几种药物的耐受性与药效，这些药物包括高浓度可卡因片剂、口香糖形式的高浓度柏飞丁与低浓度盐酸古柯碱等"。

　　但是，应当在哪里、在谁身上进行这些危险的试验呢？这时候，海军指挥官们突然想起了当初通过斯科尔兹内与党卫军建立的合作关系。是不是可以借助这层关系，让党卫军打开壁垒森严的大门，帮海军一个忙？邓尼茨同意了这一方案，海耶也对此表示认可。于是，素以正气闻名的德国海军将士又一次与臭名昭著的党卫军混混们建立了联络，开始了一次严格保密的合作行动。直到今天，这次合作的很多细节仍然充满了谜团。1944 年 11 月底，主持这次试验的海军医生里歇尔特走进了一扇为他敞开的大门，以往，他与这个门背后的阴森世界从未有过任何瓜葛。在大门上方，是一行用铁条焊成的大字：劳动带来自由。[404]

前往萨克森豪森的公务之旅

　　空旷的院落里冷风习习，院中央是一块块对称分布的花
266　坛，里面种着万年青。四周围竖着 3 米高的围墙，墙头装着电

网，围墙前面是铁丝网和一片铺满鹅卵石的空地：**中立区，未
经许可踏入者格杀勿论。**

萨克森豪森集中营位于柏林北部小城奥拉宁堡（Oranienburg）
近郊，距离柏林大约 35 公里。这是第一座由纳粹党卫军建筑
师自行设计的集中营，于 1936 年奥运年建成启用。它的等边
三角形式布局是按照全面监控的建筑理念设计的：只要一名守
卫，站在漆成草绿色、桁架结构的 A 瞭望塔上，就可以将半
圆形操场周围的 4 排砖房全部纳入视线。只要一挺机枪，就足
以用火力控制住所有囚犯。在战争结束前，这里关押过近 40
个国家的 20 多万名囚犯，他们当中有政治犯、犹太人、辛提
人和罗姆人、同性恋者、耶和华见证人信徒、欧洲占领国的公
民、"反社会分子"、酒徒和吸毒者。数万人死于饥饿、疾病、
劳役、虐待和药物试验。1941 年秋，大约有 1.3 万至 1.8 万
名苏联战俘在这里被断头台处死，这种断头台是纳粹为了行刑
程序的规范化而引进的。

萨克森豪森集中营的另一个恶名是所谓的"试鞋突击队"
（Schuhläuferkommando）。让囚犯们通过高强度的长时间行军，
为德国制鞋企业测试鞋底的耐磨度。德国各大制鞋公司（包
括 Salamander、Bata、Leiser 等当今德国知名品牌）将最新产
品寄到集中营，供测试之用。为了解决战时皮革定量供应所导
致的原料紧张，各大公司都在开发新型材料作为替代品。在今
天的萨克森豪森集中营遗址，我们还可以看到这条鞋底测试跑
道的部分遗迹。这条跑道共 700 米长，58% 的路面铺上了水
泥，10% 是煤渣路，12% 是沙土，8% 是泥泞和水洼，另外还
有 4% 的石子、4% 的大块碎石和 4% 的平整石板路。它所模拟
的是德国士兵在占领欧洲时有可能遇到的所有路面形态。

267

"试鞋突击队"是一个惩戒营。所有被发现有怠工、赌博、私下交易或从食堂和狗屋中偷窃食物的犯人，都会被送到这里。偷懒、违抗命令或是有同性恋嫌疑的人，也要在这里接受惩罚。这支队伍最初只有120人，后来，一位职业文官、来自东普鲁士森斯堡（Sensburg）的制鞋专家恩斯特·布莱恩舍特博士（Dr. Ernst Brennscheidt）把人数扩大到170人。布莱恩舍特既不是武装党卫军成员，也不是纳粹党党员，却以一向心狠手辣闻名。他用提高速度的方式，将测试者每天的行走距离提高到40公里以上。在这种马拉松式的行进过程中，他还要求犯人背上25磅负重，以测试鞋底的强度。此外，很多人还必须穿着窄得夹脚或两脚大小不一的鞋进行测试，据说这样可以获得更全面的数据。

走在第一个的犯人手里拿着一摞带编号的纸板，每走完一圈，就把一张纸板扔到钉在木桩上的木箱里，以供随时记录。每走完10公里，都要对鞋底磨损程度进行一次检测。在行走过程中，犯人们经常要按照命令下蹲、卧倒、匍匐前进或原地蹦跳。经常有测试者因体力不支当场倒下。这时，布莱恩舍特就会放出狼狗，扑上去撕咬。为了节省经费，即使在恶劣天气里，犯人们也要排成一列，整齐地迈着正步，在跑道上一圈圈地奔走。

测试跑道的养护费由帝国经济部出资，新材料的测试由经济部统一管理，只有在萨克森豪森通过测试的皮革替代品，才能获准生产。测试经费按人头和天数向集中营支付，每人每天6马克。经过不断改良，橡胶鞋底的耐磨性已经达到了3000公里，相当于连续行走75天。大部分材料都达不到这样的强度，再生革材料通常过不了1000公里大关，然而法本公司研制的一种聚氯乙烯合成鞋底，竟然意外通过了 2000 公里测试。[405]
这些结果都被详细记录了下来。但是，究竟有多少人死于这项
测试却没有任何资料可以提供，或是记录被人为销毁。据猜
测，每天倒在跑道上的人不下 20 个。[406]"用劳动来杀人"
（Vernichtung durch Arbeit），这才是武装党卫军的真实信条。

药片巡逻队

1944 年 11 月 17～20 日，海军以"秘密突击任务"为名，
征用了集中营里的试鞋突击队。第一天晚上 8 点 30 分，里歇
尔特医生将大剂量毒品发放到囚犯们手中：含有 50～100 毫克
高浓度纯可卡因的药片，含 20 毫克可卡因或柏飞丁的口香糖
（后者的药物剂量是泰姆勒药厂生产的传统柏飞丁药片的 7
倍）。30 分钟后，当药物刚刚显效，这些人就被赶到了跑道
上，开始了持续整个夜晚的奔跑。

Geheime Kommandosache!   **18**

Um eine Weiterverbreitung der Kenntnis über die an=
gewandten Mittel im Laienkreise zu vermeiden, sind in dem Bericht
die Medikamente nur abgekürzt vermerkt.
C Hydrochloricum bedeutet   Cocainum hydrochloricum
C bas.   "   Cocainum basicum
P   "   "   Pervitin

"特殊命令物质"——使用成分在报告中均用缩写词表示，以
防止使用药物的信息传播出去

到了清晨四五点钟的时候，也就是在服药 7～8 小时后，　269
大多数人因为"两脚肿烂"停了下来。[407]当年被关押在萨克森

豪森集中营的联合国教科文组织创始人之一奥德·南森（Odd Nansen）后来回忆道："当时有一支奇怪的巡逻队，总是绕着操场转圈，就像'试鞋队'一样。那些人都背着包，一边走一边唱着歌、吹着口哨。他们就是'药片巡逻队'，是用来试验新发明的能量剂的小白鼠。人们是用他们来做试验，人吃了这些药片后能坚持多久。在过了 24 小时之后，许多人支撑不住了，纷纷倒在地上。不过人们由此看到，这些药片的确具有奇效，而且没有常见的副作用。是的，这正是德国人当时最需要的东西。"[408]

关于药物试验过程中的虐囚问题，里歇尔特在记录中只字未提。第 3 号测试者，20 岁的君特·雷曼（Günter Lehmann）是唯一一位服用 75 毫克可卡因后，一直撑到第二天上午的人。11 点的时候，他一个人走完了最后一圈，一共走了 96 公里，"毫无倦意"，试验记录这样写道。[409] 下午 1 点，他被送回牢房，与其他参与测试的囚犯一起待到傍晚。所有人都感觉不到睡意。晚上 8 点，同样的药片又被分发到他们手中。接下来，又是一个不眠的长夜。"参与者……可以随意做自己喜欢的事"：在集中营里，与高浓度的可卡因和冰毒相伴。

第三天晚上 8 点，"又发了一轮药，整个小组和之前一样待在牢房里"，打牌，聊天，看书。有人躺下打了个盹，但很快又醒了。之后一天的情况在里歇尔特的记录里是这样描述的："第 1、第 10 和第 11 号在早上睡着了，第 9 号看起来精疲力竭，其余人没有明显反应，还在继续做之前的事情。晚上 7 点 30 分，再次发药。"第四天下午 4 点，测试结束，这些非自愿的测试者摇摇晃晃地回到了各自的牢房。

第二组人将进行负重行军测试，并组成了新一拨"药片巡逻队"。人们要求这些囚犯必须以雷曼的成绩作为标准，并威胁说：凡提前放弃者，一律格杀勿论。结果，这些人果然都完成了90公里的行军。海军医生满意地记录道："在药物影响下，人的天性和意志力都不再起作用。……在被迫无奈的情况下，接受测试者明显进入了一种与本能相悖的状态。"这些集中营囚犯克服了身体虚弱等不良条件，生生被变成了走路的机器。尽管海军指挥官海耶对试验结果颇为满意，然而他并不能肯定，他手下的士兵是否有足够强大的动力和意志力，去迎接这场没有胜算的最后决战。

但是，在这些药物的不同剂量配比中，哪一种能更好地满足战场的特殊"需求"呢？这里不妨再摘录一句里歇尔特的话："要达到预定目标——让人连续4个昼夜保持清醒或尽最大可能地消除睡意，并保持战斗力——可以在A~D药物进行选择。其中B和C是最优之选。"B和C是指用盐酸可卡因和精炼可卡因加工制成的两种口香糖，其中的药物成分都是20毫克。里歇尔特的建议就是，让这些年轻的海军士兵嚼着可卡因口香糖与敌军做最后的搏杀，用4个不眠不休的昼夜作为撒手锏。

尽管这场试验看起来是如此荒唐和灭绝人性，但在海军医生里歇尔特看来，这趟公务之旅的收获十分圆满。他甚至计划进行更多次试验，来观察"在药效作用下的这些不眠昼夜里，人的注意力表现如何"。由于时间原因，准确地说是因为盟军的距离越来越近，这些后续试验没能进行。

在纽伦堡的纳粹医生审判中，这些海军卫生局的成员并没有成为被告。战后他们甚至一再声称，他们和武装党卫军从没任何瓜葛。但事实并非如此。纳粹的"能量剂"研发，是从

- 1 -
Geheime Kommandosache!

Arzneimittelversuch zur Hebung der Leistungsfähigkeit

und Nachhaltung vom 17. - 20.11.44.

Zweck des Versuches: Grobe Prüfung über Verträglichkeit und
Wirkung von:

Medikament	A	= C.hydrochl. in verschiedener Dosis, (in Pillen
- " -	B	= C. 20 mg in Kaugummi form)
- " -	C	= C.bas. 20 mg in Kaugummi
- " -	D	= P. 20 mg in Kaugummi

I. Gruppe.

Lfd. Nr.	Name	Alter	Gewicht	Größe	1-malige Arzneimittel- gabe innerhalb 24 Stun- den.
1.	F.B.	18	80 Kg.	1,79	100 mg von A
2.	F.	24	80 "	1,89	100 mg " A
3.	G.L.	20	62 "	1,71	75 mg " A
4.	F.Schw.	21	70 "	1,75	50 mg " A
5.	H.T.	22	71 "	1,72	50 mg " A
6.	A.F.	23	53 "	1,66	B
7.	E.F.	24	68 "	1,75	B
8.	Z.M.	23	70 "	1,73	C
9.	M.P.	23	66 "	1,67	C
10.	E.Schm.	20	72 "	1,73	D
11.	W.Schm.	25	66 "	1,66	D

Wie aus der Aufstellung ersichtlich ist, handelt es sich
um junge Männer zwischen 18 und 24 Jahren, die ausreichend er-
nährt und in gutem Kräftezustand sind.

17.11. Tagsüber nur leichte Arbeit.
20.30 Uhr Einnahme der Arzneimittel.
21.00 " Beginn des Gepäckmarsches mit 25 Pfund schwerem Tornister.
Nach 2 1/2-Stunden Marsch jeweils 20 Minuten Pause.

18.11. Zwischen 4 und 5.Uhr scheiden die meisten Teilnehmer in-
folge wundgelaufener Füße aus; abgesehen von lfd.Nr. 2. und 3.
sind alle im Maschieren untrainiert und haben Schuhwerk, das
nicht von ihnen eingelaufen wurde.

Marschleistungen:

Lfd. Nr.	1.	43 Klm.
	2.	38 "
	3.	96 " marschierte am 18.11. bis 11.00 Uhr.
	4.	28 "
	5.	40 "
	6.	41 "
	7.	51 "
	8.	41 "
	9.	41 "
	10.	58 "
	11.	41 "

Nr. 3. als trainierter Marschierer geht bis 11.00 Uhr ohne Er-
müdung weiter und tritt um 13.00 Uhr wieder zum Marschieren an,

gibt

秘密突击队：海军在萨克森豪森集中营的毒品试验

兰克主持，以军医大学志愿者为对象的柏飞丁试验开始的，此后，在海军卫生局军官的授意下，演化为一场集中营里的人体试验。

真实的末日

1944年12月7日，邓尼茨以元首接班人的身份在德累斯顿登上了演讲台。他的面前是5000名希特勒青年团成员，他们当中大多数人都是十五六岁的年纪，有些甚至只有10～12岁。在讲台上，挨着麦克风的位置，摆着一艘装饰着花环的微型潜艇，它的样子就像是一副大号棺材。在这位海军总司令的眼中，它是德国赢得决战胜利的唯一希望。这次演讲的目的，是为海军招募志愿者。无数报名的应征者将在之后的几天里坐上卡车，别上写着编号的黑色胸牌，前往服役舰队所在的港口。在那里，他们将平生第一次穿上海军军服，去执行这项绝密的突击任务。[410]这些年轻小伙子对即将到来的一切一无所知。他们不知道，当他们戴上帽檐绣着金色箭鱼[411]的军帽后，就要登上仓促打造的鱼雷艇，吃下为这场战斗临时加工的药片或可卡因口香糖，他们当中的大部分人都将葬身大海，就像一群装在麻袋里的小猫。

潜艇实习生海因茨·曼蒂（Heinz Mantey）在描述一次服药后驾驶"海豹"潜艇进行训练航行时的情景说："我们感觉很兴奋，身体轻飘飘的，所有物体的颜色看上去都很不真实。"[412]当时，他和同行的技师都不知道，他们吃下的能量剂里到底有哪些成分。很快，曼蒂就出现了幻听，他和同伴都以为那是奇妙的音乐声。船上的仪表盘开始闪烁，数字在眼中变得

忽大忽小。但是，这种美妙幻觉没有持续太长时间。随着药效
274 的增强，恐惧感变得越来越强烈。两人手忙脚乱地驾驶潜艇浮
出水面，在海上没有目标和方向地漂了几个小时。后来在回忆
这次航行时，他们对驶过的路线几乎没有任何记忆。

吃了可卡因口香糖的敢死队队员

这种充满迷幻的奥德赛之旅并非个别现象。据一位实习潜
艇兵说，人们"对待能量剂的态度非常随意"，他没有一次出
航是不吃药的。另一位"海豹"驾驶员也承认，每次出航前，
他都会拿到5粒红色的小药片，人们告诉他，在感觉困的时候
就吃1粒。从没有人给他讲过这些药的成分和副作用，他就这
样在毫不知情的情况下，为了克服睡意，在不到2小时的时间
里便吞下了所有药片。结果是，连续4天4夜，他都没有合
过眼。

　　另一位潜艇兵详细讲述了自己执行任务的情况：1945年1月，他接到命令，上级派他去泰晤士河入海口巡航，确认这里是否适合作为5天4夜持续进攻的战场。潜艇里的空间拥挤狭小，人在里面几乎转不开身，再加上大剂量的药物，"使人内心充满了恐惧"。他校准方向，系好安全带，身边是各种仓促装配、技术尚不完备的仪器，在对航海一知半解且与外界彻底隔绝的情况下，只身一人，带着一腔被毒品污染的热血，操纵着一个满载炸药的"金属罐"驶入深海。他并没能到达泰晤士河入海口，对这一点，大概没有人会感到奇怪。

　　还有很多人都有过类似的失控体验。一位实习潜艇兵在药劲上来后出现了呕吐的症状，因为船身永远在晃动，机器像心跳一样，总是按照固定的节律不停地震动。当他小便时，只能坐着把尿尿到舱底。在舱底漂着油污的脏水里，腐烂的食物残渣散发着恶臭。"我从来没有晕过船，这次却吐了个稀里哗啦。其实这并不是晕船，而是一种病状。想和潜艇一起同归于尽的念头，不时在脑海中闪现。整整两天两夜，我们都没有睡过觉。虽然舱里很冷，可我却在不停地出汗。永远不变的坐姿让人精疲力竭。晃动，臭气，噪声，潮湿。"[413]这是现实版的"恐惧大西洋"（Fear and loathing im Atlantik）。①

　　这支靠兴奋剂支撑的海军小型作战部队，是当时德国国防军的真实写照。曾经所向披靡、意欲征服世界的铁军，如今变成了一群苟延残喘的残兵败将。直到1945年4月，仍有"海豹"在海上活动。据一位潜艇指挥官说，每次出航前，他都

---

　　①　套用美国电影片名《恐惧拉斯维加斯》（Fear and loathing in Las Vegas），又名《赌城风情画》。——译者注

会吞下大把药片。在深海里，他时常感觉眼前有房屋和街道的影子在晃动。"有一次我突然感觉，好像有一只乌鸦正从后面向我扑来，想一口咬断我的脖子。我赶紧转过头，只见一架被击落的闪电战斗机正朝着我们俯冲而来。在同一瞬间，就看到两块黑色的飞机残骸落到了旁边。"这位指挥官和他的同伴侥幸没有被击中，并成功逃脱。在执行任务的第5天到第7天，

276 两人每天都会服下15～20片药，以此创下了一个魔鬼纪录。当他驾驶的微型潜艇终于抵达艾默伊登（Ijmuiden）基地时，遥望着低垂的天幕下被炮火炸毁的船坞，两个男人拿出一条白色毛巾，系在潜望镜上，两人挽着胳膊坐在指挥台围壳边，向对方缴械投降。对方是谁，投降后会发生什么，对他们来说都无关紧要："7个无眠的日子终于到头了。"

帝国的陷落不仅仅发生在阴暗幽闭的柏林元首地堡里，同样也发生在大西洋冰冷的波涛间，在那些咀嚼着可卡因口香糖的士兵身上。这些年轻的潜艇兵操纵着微型鱼雷艇，带着大剂量毒品导致的幻觉，在大洋深处潜行，并最终葬身鱼腹。小型作战部队的指挥官，海军上将海耶在1945年4月3日14点48分发出的电报中，对当日的表现做出了如下评论："从目前的战况报告可以看出，突击队正在竭尽全力，为完成作战任务而战。虽然前线形势不明，谣言四起，但突击队却毅然顶住逆流，勇猛地向前挺进。事实再次证明，只要将士团结一心，就会有希望。即使不能赢得一时的胜利，但我们所取得的战绩是令人骄傲的。"[414]

将士团结一心？即使是的话，那么把这些人的心团结起来的也是毒品，而非其他。海耶口中描述的潜艇兵勇敢赴死的情景，完全是自欺欺人。这些实际上是被强征硬拉来的年轻人，

大概没有哪个人会自愿加入这支实为敢死队的"精英部队"。
他们只是依靠药物，才被激发出了最后的潜能。

作为战争幸存者，赫尔穆特·海耶一生都在为德国军队做事。　277
1961 年，由阿登纳任总理、基民盟领导的联邦政府任命海耶为
国防事务顾问。当年其麾下那些头戴绣着箭鱼军帽的年轻士兵，
如今依然躺在钢铁打造的棺材里，孤独地沉睡在海底深处。

洗脑

毕业于莱比锡大学的武装党卫军一级突击队中队长库尔
特·普略特纳博士（Dr. Kurt Plötner）在被美军俘虏后得到的
战俘证上，其特征是这样描述的："身材结实，头型偏圆，金
发，蓝眼，戴玳瑁眼镜，近视，高颧骨，没有胡须，左侧太阳
穴有一道刀疤，性格冷淡。"[415] 自 1944 年秋天起，他在慕尼黑
附近的达豪集中营[416]担任防御科学研究所主任，并在犯人身上
进行"通过化学方法剥夺意志力"试验。这些试验的前身，
是布鲁诺·韦伯博士（Dr. Bruno Weber）在奥斯威辛集中营
用巴比妥类药物、吗啡衍生物和麦司卡林所做的一系列试验。
当时在奥斯威辛，韦伯博士的职务是卫生与细菌学研究处的负
责人。他主持这些试验的动机来自盖世太保，因为后者在审讯被
俘的波兰抵抗战士时，常常因对方意志力太过顽强而无法获得有
价值的口供。① 因此，与萨克森豪森以增强耐力为目标的试验
不同，在奥斯威辛，试验的目的在于洗脑和控制人的意识。

---

① 当年，行刺希特勒的乔治·艾尔塞（Georg Elser）被捕后，人们为了逼
他开口说出背后指使者，便曾强迫其服用柏飞丁，但最终无果。

278　　普略特纳在达豪集中营延续了这一系列野蛮试验。他在犯人不知情的情况下，强迫其服用麦司卡林，一种从墨西哥仙人掌植物中提取的强效致幻剂。由于这种成分在服用后可以导致强烈的幻觉，因此数千年来，美洲原住民一直将其用于祭祀活动，以便与祖先和神灵进行沟通。1920 年代时，麦司卡林曾在思想家、艺术家和心理学家当中风靡一时，因为据说这种药物可以增进人的意识。作家阿道司·赫胥黎（Aldous Huxley）曾在《知觉之门》（The Doors of Perception）一书中将这种作用称为"开启知觉之门"。毒品的作用效应总是与"心境"（the set）和"情境"（the setting）有关，即吸毒时的环境。普略特纳并不希望他的试验对象对服用麦司卡林一事在思想上有所意识，而是相反。正如他的前辈韦伯博士在奥斯威辛所做的一样，他希望通过试验了解，是否可以借助洗脑使审讯获得更理想的结果。[417]

　　"任何审问都是一种侵犯。当审问被作为暴力工具时，它就像一把刀子切割着被审问者的身体，"埃利亚斯·卡内蒂（Elias Canetti）在其著作《群众与权力》（Masse und Macht）中这样写道。[418]当一个人的自由在很大程度上被用于保护其个人的隐私时，普略特纳就必须要找到一把格外锋利的利刃，用它来刺破这个人的内心中最隐秘的部分。这位恶毒的党卫军"祭司"偷偷把麦司卡林混入咖啡或酒精，然后开始与试验对象进行轻松的谈话。过了半小时到一小时之后，变化出现了。这时候，药剂已经通过胃黏膜进入了血液。普略特纳欺骗这些被毒品"打开心门"的"小白鼠"道，他们所在的审讯室是一个特殊的屋子，在这里，他可以清楚地观察到每个人的内心活动。所以他建议对方主动坦白，如果抗拒或隐瞒，将会面临

279

可怕的后果。这个计谋果然很有效："当麦司卡林见效后，审问者只要提问巧妙，就必定可以从囚犯口中套出其内心隐藏最深的秘密。哪怕是涉及男女私情或淫秽之事，对方也会直言不讳。……心理上的设防不复存在，仇恨或报复之类的感情也会暴露无遗。受审者不会对问题再有所忌惮，因此人们很容易从其回答的内容中抓到把柄。"[419]

普略特纳没能完成他的一系列试验。美军解放了集中营，没收了其中的所有设施。对美国情报机关而言，普略特纳的试验成果是令人惊喜的一大收获。由位于首都华盛顿的海军医学研究所的查尔斯·萨维奇（Charles Savage）和哈佛大学的医学家亨利·K. 比彻（Henry K. Beecher）牵头，以"Chatter 计划"（Project Chatter）和其他项目的名义继续了这项试验，并为贯穿整个 1950 年代，涉及众多领域，有数千名试验对象参与的一系列研究项目提供了范例。在朝鲜战争中，相关研究成果为美方揭露苏联间谍提供了帮助。与当年的德国人一样，美国这一系列研究的目的也是"更多地了解毒品的作用原理，并在与（刑事或军事）犯人打交道时作为可利用的实用工具"。正如美国作为战胜国将第三帝国在火箭领域的科研成果——对太空世界的研究——据为己有一样，纳粹为控制人的内心世界而进行的毒品研究也被美国借鉴。[420] 在普略特纳试验的基础上，美国秘密制订了"MK Ultra 计划"（Project MK Ultra），将"思想控制"（Mind Kontrol）作为目标。从"Kontrol"这个单词的拼写方式，即用"K"来代替"C"，便可以清楚地看到德国的影响。

普略特纳本人并没有因为他的行为而受到惩处。1952 年之前，他一直化名"施密特先生"在德国北部隐居。1954 年世界杯之年，他被弗莱堡大学医学系任命为特聘教授。

毒品的黄昏

> 一个人达到的层次越高，就越懂得割舍！……如果一名扫街工不能或不肯戒掉对烟酒的嗜好，他就会（对自己）说："好吧，正因为你缺乏舍弃的大智慧，所以你只能去扫街，而不可能成为领导国家的大人物。"[421]
>
> ——阿道夫·希特勒

1944 年 11 月 28 日，第一支美国护航舰队驶入盟军占领的安特卫普港，为盟军的后勤运输提供保障。12 月，美军向斯特拉斯堡发动进攻，并从西部全线向德国边境方向逼近。1944 年 12 月 9 日，莫雷尔在记录与希特勒的会面时写道："本想停止静脉注射，但由于（病人）面临巨大的压力，于是依照愿望为其注射了 10 毫升葡萄糖，外加 10 毫升胎盘素。"当天夜里，又补打了一针优可达。[422]

在这个冬天的日日夜夜里，"巨大的压力"呈直线增长。这时的希特勒变成了一个监测战事失利的人肉地震仪，几乎每天夜里，"由于局势变化和盟军对德国城市的轮番轰炸"，他都在承受着"一生中前所未有的巨大压力……和对神经的考验"。[423] 他总是说，他需要打针，好让自己撑住。1944 年 12 月 10 日，希特勒出发前往另一处元首总部——位于巴特瑙海姆（Bad Nauheim）附近的"鹰巢"。他将在这里规划幻想中的西线反击，即第二次阿登战役。莫雷尔在记录中写道："清晨 4 点 30 分被叫醒。元首又犯了痉挛症。注射优可达和莫沙维林。一生中最紧张的日子。必须要打一场大胜仗！中午 11 点 30 分，元首仍然有痉挛和失眠问题，还要不断召集大范围会议。出发时间取决于一些重要的预期中的消息。连续静脉注射是不行的，因为元首必须在中途下车透气。但元首坚持要求，要我再为他进行一次大剂量静脉注射。"[424]

12月11日清晨，元首专列在一片凄凉中抵达了陶努斯山中的新指挥所。希特勒召集西线指挥官开会，出于安全考虑，这些人被分成了两组。所有随身携带的武器和公文包都被收缴，汽车拉着一群灰头土脸的将军，在枝叶萧条的树林里东转西转，好让他们辨不清方向。半个小时后，车队终于在工事前停了下来。将领们走过一排列队站立、身着黑色军服的党卫军士兵，走向一个"佝偻着身子、面色苍白的躯体，他蜷缩在椅子里，两手颤抖，努力掩饰着强烈抽搐的左臂"，冯·曼陀菲尔将军（General von Manteuffel）如此回忆道。[425]这个形貌可怖、嘴角流着口水的废人就是希特勒，他刚刚喝了两碗稀粥，现在正努力打起精神，故作镇定地向面前一群垂头丧气的将军描述自己的进攻计划。其间，他不得不解释说，这是一场冒险行动，它与德军"当前的实力和处境难免有些矛盾"。[426]在莫雷尔的笔记中，这次气氛阴森的会议被大肆美化："元首和四五十名将领开了几个小时会。元首精力充沛，神采飞扬，充满激情，看不出丝毫病容。"[427]

第二次阿登战役和1940年的第一次战役全然不同。它只能依靠躲避和坏天气的掩护，以免暴露德军的行踪，被盟军飞机发现。党卫军一级突击大队长奥托·斯科尔兹内率领1000名党卫军士兵，换上缴获的美军军服，背包里揣着"D IX"兴奋剂，在敌人后方展开行动。为了迷惑敌人，德军还散布谣言，声称正在密谋刺杀美军统帅艾森豪威尔。美英联军的确因

282

为加强安全戒备而一度转移了注意力。

　　但结果很快证明，德国人的努力完全是徒劳的。国防军和党卫军的偷袭被击退，损失惨重。1944 年 12 月 19 日，希特勒喝完一碗菠菜汤后，向莫雷尔索要"肝脏制剂和柏飞丁，以缓解工作压力"。[428]也就是说，他又开始使用甲基苯丙胺，至于说是注射还是口服，莫雷尔并没有在笔记中说明。据推测，很可能是第一种，因为他是将柏飞丁和用于注射的肝脏制剂并列提及的。但是，曾经担任希姆莱营养顾问的恩斯特－君特·申克（Ernst-Günther Schenck）在战后说，"病人 A"一直在定期口服兴奋剂，具体讲，是秘密配制的精品维他默丁。申克曾将一板金色包装的药片交给军医大学的防御药理学研究所进行检测，结果证明，其所含成分是甲基苯丙胺和咖啡因。

283　　1944 年和 1945 年之交，希特勒也是在迷药的陪伴下度过的。先是配合葡萄糖，打了一针富含荷尔蒙的动物肝脏制剂，然后他又在新年前夜静脉注射了一剂优可达，具体剂量莫雷尔在笔记中虽没有交代，但记录了它的效果："元首变得非常安静，左臂和左手的颤抖明显减轻。"[429]

　　在对外宣传中，这位独裁者的状态仍然是可歌可颂的。在1944 年最后一天出版的《帝国》周刊中，戈培尔这样写道："这个以解救民众、塑造（欧洲）大陆形象为目标的男人，摒弃了所有凡俗享受和小资式的惬意，不仅如此，这些东西在他眼里根本不存在。……你只要走近他，就可以通过身体感觉到他释放出的能量有多大，他的体格是多么强壮。"对于元首明显佝偻的体态，这位宣传部部长的解释是："如果说他的头部略显前倾，那是长期伏案研究地图导致的。……他是一位清心寡欲的模范。假如我们全体人民的饭桌上都摆着和元首一样的餐食，我们就再也不用为德国人的饮食操心了。"[430]

1945 年 1 月 1 日，德国空军最后一次大规模攻击以惨败告终。在这次行动中，德国出动了近千架战斗机。尽管采取了严格的保密措施，盟军防空部队还是做出了快速反应，几十名德国飞行员揣着最后一份柏飞丁配给，在盟军的炮火中坠落。一些侥幸逃脱敌方火力、试图掉头返航的飞行员，迎来的却是更凄惨的结局：他们陷入了本国高射炮部队的猛烈炮火之中，因为这次空军的出击是一次秘密行动，其他兵种对此毫不知情。德国空军便以如此惨烈的方式葬身长空，此后再没能发起一次像样的攻势。

1945 年 1 月 2 日是新年——纳粹最后一年——的第一个工作日，希特勒"除了因德军连续进攻所导致的神经紧张之外，感觉良好。他问起如何消除左手颤抖的问题。在这种情况下，按理说应当使用镇静剂，但鉴于（元首）经常要思考重大问题，无法采用这种办法，以免对思维产生不良影响"。[431]

这条笔记标志着一个重要的转折点，因为从此之后，莫雷尔再没有用优可达为希特勒进行过治疗。是他终于意识到这种强力麻醉剂是导致希特勒陷入癫狂的元凶，还是有其他原因促使他下决心减少毒品的使用呢？比如说，或许是药品的日渐短缺，给他增添了新的烦恼。当时，德国的药品生产基地也变成了英军的轰炸目标，产能因此严重受损。圣诞节前两周，优可达和可卡因制造商、达姆施塔特的默克药厂被炸，70% 的设备被毁。默克公司的一位职员回忆说："当时，厂里大部分员工——2292 名德国人和大约 700 名外国人——都在忙着收拾轰炸后的烂摊子。总的来看，当时的产量非常低，因为防空警报的原因，在将近三分之二的工作时间里，大家都无法开

284

工。"[432]因此，莫雷尔这时候手头也许已经没有存货了，又没办法得到新的补给，所以才不得不给病人停了药。

1945 年 1 月 16 日，希特勒撤离了"鹰巢"。第二次阿登进攻计划就此落空。希特勒带着他的御医垂头丧气地坐上了前往首都的列车，和身边一小撮亲信搬回了帝国总理府下面的地285 堡，来到了逃避现世的最后一站。莫雷尔以前曾在信里抱怨在过去几年里每年只能回柏林两次，每次只能待短短几天，而且他已经有大半年时间没有见过自己的太太了。可如今，他虽然回到了柏林，却整天躲在地底下，就像一只地鼠。1945 年 1 月 17 日，就在希特勒一行抵达柏林的第二天，苏联红军攻克了华沙。斯大林的军队开始一刻不停地向柏林逼近。

最后出口——元首地堡

我见过针头和它带来的创伤……每个瘾君子都像一轮正在坠落的夕阳。[433]

——尼尔·扬（Neil Young）

1945 年 1 月 30 日，就在纳粹上台整整 12 年后的这一天，苏联红军在奥得河西岸的科斯琴（Küstrin）建起了桥头堡，对柏林形成了直接威胁。在同一天召开的战局讨论会之后，希特勒发表了最后一次电台演讲，让世人又一次见识了其癫狂的心理。

1945 年 2 月 3 日，2264 吨炮弹落在了柏林，造成 2.2 万人丧生。地铁沿线共有 50 处被炸，在贝勒联盟广场（Belle-Alliance-Platz）、今天的哈雷门车站（Hallesches Tor），一辆满

载乘客的地铁列车正在驶出车站。鲜血映红了天空，幸存者惊
惶失措地四下奔逃。在西里西亚车站，人们打出了一条横幅，
上面写着："我们要和平，无论哪一种。"[434] 因瓦登大街
（Invalidenstraße）的军医大学，兰克当年从事药品研究的地
方，整个屋顶都被炮火烧焦，操场上遍布着弹坑。阶梯教室里 286
的座椅都被烧成了灰烬，残败的围墙冗自矗立着，冒着滚滚黑
烟。空袭警报声不断，高射炮的轰鸣声不绝于耳，轰炸一轮接
着一轮，在满街的弹片堆里，尸体四处横陈。[435] 11 天之后，拥
入了数十万难民的德累斯顿老城被彻底夷为平地。

　　这时候，地堡里的药品库看来是真的见底了。至少这是唯
一的合理解释，因为在莫雷尔的笔记中，那些一向受其青睐的
药品名称再也没有出现。2 月 17 日，他在笔记中写道："元首
试图在没有镇静剂的情况下努力坚持。"[436] 除了自制的动物肝脏
制剂，地堡里已经找不到其他药品。[437] 希特勒在这几个星期出
现的各种症状，显然都和毒品戒断有关。震颤加剧，身体迅速
衰败。在 1945 年 2 月 24 日对纳粹党魁的最后演讲中，人们在
希特勒身上，再也见不到以往熟悉的魅力。每位访客看到他的
样子，总是禁不住心生同情：身形佝偻，嘴角垂着涎水。当他
说起海军的奇迹武器，由海耶掌管的有望逆转战局的小型作战
武器时，再没有人会拿他的话当真。就在同一天，莫雷尔写信
给帝国内政部，要求为其颁发许可，允许其自行制造新的类固
醇药剂。[438] 这封不切实际的申请书发出后没有得到任何回音。
莫雷尔的请求很可能是因为他无法再从柏林方面得到药品供
应，这使得"病人 A"的治疗工作变得越来越棘手。他的助
手们找遍了这座废墟中的城市，"最后才在第 6 药房（紧邻动 287
物园）订到了第二天可以取货的药品。……如今，就连武装

党卫军总部医务处也很难拿到需要的药品。大部分药品都随着药厂被炸，被埋进了废墟"。[439]

眼下，莫雷尔遇到了作为一名"毒贩"最不该遇到的麻烦，一件违背供货商基本准则的丢脸事：断货。"连续四五天，病人一直极度焦虑，疲乏不堪。他试图在没有镇静剂的情况下努力坚持。"接下来，莫雷尔又用不安的口吻写道："元首对我的态度有些不同于往常，话很少，带着怨气。"[440]仅凭这些还不足以证实希特勒在1944年最后三个月里染上了优可达瘾而无力挣脱。在总理府地堡里度过的最后几周，他从没有明确地表达过对毒品的愿望。然而从很多迹象都可以看出，希特勒渐渐看清了发生在自己身上的问题，知道在药物依赖方面，他早已走上了一条不归路。

这场最后一搏已进入尾声，这时的希特勒全然没有了当年的领袖风采。他上身前倾，拖着沉重的步子，费力地挪动着身体，一摇一晃地穿过地下墓穴的低矮走廊，从客厅走到会议室。很多时候，他必须扶住冰冷的墙壁，才能稳住随时都有可能歪倒的身体。所有的自控力和意志力都已不见了踪影。我们完全有理由猜测，这种状况的出现是因为没有了优可达，以及吗啡，就连这种医生药箱里用来镇痛的必备药也已经断了货。没有毒品的支撑，希特勒的躯体只剩下一个纸糊的外壳。习惯了药物刺激的身体，无法再分泌"快乐激素"安多芬（Endorphine），多巴胺和血清素值也随之大幅下降。不再有愉悦感，不再有抵抗外部威胁的防护力，整个身体脆弱得如一张薄纸。尽管地堡的水泥墙壁还在，但身体的化学"工事"却早已坍塌。

元首终于不得不直面战败的现实。所有苦痛都在一瞬间迸发，其程度胜过以往的百倍。而他只有赤膊面对，不再有快乐激素，不再有化学刺激。这时如果有优可达，情况或许会有所不同：只需一秒钟，他就会从绝对的痛苦进入绝对的天堂，所有美妙的感觉都会重新回到他的身上。亢奋将再次注入他的血液，让他找回自己的信仰，并激励他人，共同为赢得战争胜利奋战。可是，优可达没有了。在 1945 年 3 月和 4 月，没有了麻醉剂的帮助，每一场战事会议都变成了折磨，压抑又令人恐惧。突然间，所有将领似乎都弃他而去。不该发生的一切都将不可避免地发生，历史又将重蹈覆辙。军队不再听从最高指挥官的命令，周围到处都在酝酿着阴谋，第二轮"背后一刀"行将上演。于是，希特勒开始尖叫、咆哮、嘶吼，不停挥动着手臂，五官狰狞，状如魔鬼。面对环伺的阴谋者和叛徒，他只有用主动进攻才能防范。

与希特勒几乎寸步不离的戈培尔公开指出了元首的健康衰退问题，并在日记中写道，元首的状况明显出现了异常。这位宣传部部长对莫雷尔的治疗方法提出了强烈质疑：希特勒身体震颤严重，并在大量药物和麻醉剂的作用下不断受到刺激。他时常想，那些在症状一出现便立即施行的预防性注射，是不是对希特勒健康和生命的一种摧残，其恶果如今有目共睹。 289

清晨 6 点，在结束连夜召开的战事会议后，"病人 A"瘫倒在一张小小的沙发床上。在整个开会的过程中，他一直心不在焉地摆弄着手里一只空空的小药瓶。眼下倒在沙发上，他满脑子只有一件事：马上就要开饭了，这是一天中最让人开心的一顿饭——一小壶热可可，满满三大盘点心。如今，甜食变成了可供享用的仅有的毒品：一小份多巴胺，给身体的一份微薄奖赏。那对曾经精光四射的蓝色眸子，早已变得污浊灰暗。泛紫的嘴唇上，粘着残留的点心渣。这是一具贪食甜品的活尸，包裹在一副松松垮垮的皮囊里。身体麻木，就像没了知觉，体温不断升高，只有靠吸氧才能略微缓解。

在周围人眼中，希特勒的模样总让人心生恐惧，至多也只是同情。虽然身边每时每刻都有人伺候，可他的身体状况仍然每况愈下。过去，只要元首打个喷嚏或擤一下鼻涕，都会让周围的人神经紧张，如临大敌。可眼下，他的身体状况已经坏到了无药可救的程度：牙齿釉质层全部剥落，牙龈干燥发炎，坏牙一颗颗脱落。神经毒品对大脑造成了不可逆转的破坏，由于得不到新的刺激，感觉系统中的神经递质完全失去了作用。各种神经质症状以变本加厉的形态反复发作：被迫害妄想，由皮疹引发的焦虑，对犹太人和布尔什维克的恐惧，等等。另外，还有可怕的头疼和一个新添的毛病：他总是忍不住用一支金色的小镊子撕扯身体上发黄的皮肤，动作粗暴，充满了神经质。他想用这种办法来去除以往注射时随着针头进入体内的病菌，在他看来，正是这些病菌在从内部侵蚀着他的肉体。莫雷尔曾尝试为他做一次放血治疗，但没能成功。因为过去为希特勒注射的高脂肪、富含荷尔蒙的动物肝脏制剂，把他的血液变得像果冻般黏稠。治疗失败后，希特勒用最后仅有的幽默自嘲说：可以考虑用这些血来制作一批"元首血肠"。[441]

失去了元首光彩的"病人 A"变成了一只奄奄一息的可怜虫，整天喘着粗气，浑身上下打着哆嗦，体重下降，肾功能失常，血液循环也出现了障碍。注意力变得越来越不集中，全身每一个细胞似乎都在被饥渴折磨着。他的左眼皮肿得睁不开，因此，他总是不停地用手揉搓着，可"说什么也不肯戴上眼罩"。[442] 偶尔，他会钻出地堡，走进总理府的花园，在砖头瓦砾中跌跌撞撞地挪动着步子，被风沙和浓浓的失败气息包围。然后，满是疲惫的他艰难地迈步走回地堡，新的点心已经备好，上面撒着面包屑，这些都是专门为其准备的。几乎失去了咀嚼功能的他狼吞虎咽地把点心吞下肚，带入了过量空气，从而引发腹胀。当这些乱七八糟的东西被填进肚腹后，这台名为元首的破机器又开始吱吱嘎嘎地动了起来，处理一些信手拈来的琐事，颁布一些没有意义的军事命令，对随意想到的某个人进行报复，处决身边的亲信，等等。这些被处决的人当中，就包括希特勒的前私人外科医生、在医生之战后失宠的卡尔·伯兰特。

291

塞巴斯蒂安·哈夫纳曾经提出，那些关于地堡时期希特勒健康严重衰退的报道是"不着边际的夸大之辞"。[443] 他的判断显然是错误的，至少是不严谨和不全面的，因为他没有考虑到毒品戒断对希特勒造成的影响。尽管由于年代久远，资料匮乏，我们无法做出准确判断，也无法为希特勒身上出现的中毒现象找到确切的证据，但各种迹象表明，战争失利给希特勒造成的困扰，远不及那些让他饱受折磨、看似永无尽头的肉体疾苦。直到自杀的那一刻，他才终获解脱。

此时，这位独裁者对他的御医仍然宠爱有加。1945年3月3日，希特勒在去奥得布鲁赫（Oderbruch）做最后一次前线视察时，出于安全考虑，阻止莫雷尔和他同行。这位私人医生骄傲地在笔记中写道："因为在那里，很有可能因为意外和低空飞行器受到重伤。如果我出了事，他就没有医生了。……他更愿意自己出门在外时，知道有我在家里等着他。"[444]

这个"家"还能支撑多久呢？3月7日，美军跨越雷马根大桥，渡过了莱茵河。东部的格但斯克和南部的维也纳，相继落入苏军之手。莫雷尔的治疗工作变得越来越漫不经心，除了维生素外，只剩下针对神经衰弱进行的直流电治疗。元首一辈子从没有去柏林的专科医院看过病，比如查利特医院（Charité）。眼下的他显然自知山穷水尽，因为只有这一点可以解释他为什么在最后时刻萌生了大毁灭企图。1945 年 3 月 19 日，希特勒下达了所谓的"尼禄法令"（Nero Befehl），其内容相当于彻底毁灭德国："摧毁全德境内的所有军事性交通、通信、工业和后勤设施以及有价值物品"，[445] 炸毁所有水闸、堤坝、水库、运河大桥和港口设施，切断所有供电线路，将所有银行和残存的文化古迹全部夷为平地。由于缺少资源，这项宣泄仇恨式的命令没能得到彻底贯彻。纳粹德国的所有破坏性力量此时都已消耗殆尽，正如希特勒的药品库一样。

4 月 8 日，莫雷尔告诉他的病人，现在他连维生素药片也没有了。剩下的只有注射用针剂，于是，接下来的所有治疗都换成了打针：各种稀奇古怪的药品，比如 I 型和 II 型毒毛旋花甙、Benerva forte、Betabion forte、握姆纳丁（Omnadin），等等。这些几乎从没有人听说过的药物以隔日注射一次的频率，注入了希特勒的血管，成为最后关头被派上化学战场的生力军，正如那些从课堂被拖上高射炮阵地的 14 岁年轻人一样。

1945 年 4 月 16 日，攻打柏林的战役开始了。4 天后，希特勒度过了自己的最后一次生日。这天，莫雷尔在为希特勒注射时，因为手抖得太厉害，以至于失了手。助理医生施图姆普菲格（Strumpfegger）接替了他，把药柜里余下的针剂一股脑儿都派上了用场，如"毒毛旋花甙，Betabion forte，外加骆驼蓬碱"，[446] 后者是从植物骆驼蓬中提炼的一种生物碱。另外，还有一份莫雷尔在绝望中配制的口服药："我在心脏胶囊里添加了肝脏成分，它具有强烈的刺激性作用。"[447]

解雇

293

我要把历史上的所有人物都甩在身后，我要成为最伟大的人，为此，就算赔上所有德国人民的性命也在所不惜！[448]

——希特勒和莫雷尔的对话

就在苏联军队用喀秋莎火箭炮瞄准柏林内城开火后的第二天，莫雷尔医生被解雇了。一个手上没了货源的毒贩、一个连针也打不了的医生，留下还有什么用处？这天，当莫雷尔端着药盘，上面放着一支临时搞来的咖啡因针剂，来到希特勒的房间，准备为他注射时，遭到了对方劈头盖脸的训斥："你以为我是傻瓜吗？你应该给我打的是吗啡！"莫雷尔一脸茫然，正欲争辩，他的病人一把揪住他的衣领，恶狠狠地说："滚回家去！脱下你的御医制服，就当你从没见过我！"[449]

这是一个疯狂的决定，因为此时，莫雷尔在天鹅岛上的别墅早已被炸平，位于选帝侯大街的诊所，所有窗户玻璃都被炸碎，临时糊上了纸板，就连候诊室的隔墙也震塌了。当他在希特勒面前，听到对方威胁说，如果他再不走，就要向他开枪时，他吓得腿脚瘫软。他赶紧手忙脚乱地收拾好行李，然后拖着肥胖的身躯，上气不接下气地爬了37级台阶，一头钻进最后一辆闲着的公务车中，哭得像个孩子。下午2点，一架秃鹰飞机起飞了，里面坐着被解职的御医。这时候，他才感觉自己终于解脱了。飞机低低地飞过苏军防线和燃烧的村庄，小心地绕开美军的探照灯和高射炮，经过一番盘旋后，降落在慕尼黑南部诺伊比贝尔格（Neubiberg）军用机场那未被炸毁的跑道上。

294   莫雷尔的目的地是巴伐利亚贝希特斯加登地区的小镇拜仁里希格迈因（Bayerisch Gmain），此前他已将自己的实验室转移到了这里。一连几天，他都努力装出一副什么事都没有发生的样子：神态轻松地处理信件，打理日渐惨淡的药品生意，修理半手工制作的电子显微镜——那是希特勒送他的礼物，同仅剩的一位雇员商谈工作，并近乎荒诞地指示后者给财政部写信，申请延时递交有关公司销售额、员工和税务情况的报表，"因为战争造成的人力困难，统计工作迟迟没有完成"。[450]

夺命之毒

> 我搞不了政治了，这实在让我作呕。[451]
>
> ——阿道夫·希特勒

戈林也逃到了德国南部，穿着一身针脚到处开绽、看上去滑稽万分的迷彩服。他宁肯落入美国人之手，也不想被苏联人抓到。他从巴伐利亚往柏林的地堡发了一份电报，暗示希特勒已丧失行为能力，表达了自己想要成为元首接班人的志向。希特勒得知后恼羞成怒，大骂戈林是软蛋和叛徒，说自己早就发现，戈林这家伙是吗啡瘾君子，① 并当即撤销了后者的所有头衔和职务。

---

① 被盟军俘获时，戈林带着一个装有 2.4 万粒吗啡类药品（以优可达为主）的皮箱，当时他每天的服药剂量相当于常规剂量的 20 倍。在卢森堡贡多夫皇宫酒店监禁期间，在美国看守和医生的监督下，剂量被逐渐缩减。

4 月 27 日，希特勒把氰化钾分发给身边的亲信。他用沙 295
哑无力的嗓音说，他能给他们的最好东西，就剩下这个了。戈
培尔的太太玛格达先拿了六粒给自己的六个孩子一一服下。
"病人 A"给自己的爱犬布隆迪喂了一粒，作为试验，而没有
拿自己开刀。在他的政治遗嘱中，这个被自己亲手犯下的罪孽
送上绝路的人，最后一次表达了对犹太人的仇恨，他将所有罪
责都推到后者身上，并称其为"毒害世界的人"。因为手抖得
太厉害，他差点儿连字都签不成。

在奥林匹克体育场前，人们将甲基苯丙胺分发给童子军，
好让他们在步步逼近的坦克和苏联红军的重炮面前，不至于被
吓尿了裤子。同一天早上，海军司令邓尼茨给元首送来了一份
厚礼：一封誓死效忠的决心书，还有一批调来增援的新招募的
海军士兵。不过，对保卫柏林来说，这些在城市作战方面毫无
训练的水兵，无疑是在白白送死。地处市中心的地堡成为火力包
围的焦点，战火从四面八方一点点聚拢，逐渐向地堡靠近。炮弹
如雨点般落下，爆炸声此起彼伏，总理府花园的土层被炮火一次
次掀起。希特勒已经很多天不敢走出地堡，到花园里透气了。在
没有轰炸的时间里，到处是轰隆隆的建筑物倒塌声。随后大火更
加肆虐，熊熊烈焰卷着黑烟，吞噬着一切，包括所有的氧气。

这个地狱般的所在，便是纳粹帝国覆灭的现场。在这里，
一场魔鬼之旅，一段持续十二年的癫狂期结束了。在这十二年
里，一群纳粹分子在对现实的畏惧和逃避中，制造了人间最令
人发指的噩梦。希特勒最终被其想象中的毒菌打败了。他这一
辈子都在为清理这些毒菌而战，却最终发现一切只是徒劳。于 296
是，他决定和情人爱娃一起共赴黄泉。他叫来身边的侍卫，仔
细商量自杀过程中有可能遇到的问题，比如说，扣动扳机时，

如果手抖得太厉害怎么办。这个犯下了无数滔天恶行的魔头，最终将以一死逃脱掉所有肩负的罪责。因为没有优可达能够助他实施安乐死，他选择了子弹。此时，比针管更强大的只有手枪了。自杀前，他与从贝格霍夫别墅赶到"围城"[452]的爱娃仓促举行了婚礼。希特勒在遗书中用饱含深情的口吻描述了这一场景。在充满幽灵气息的婚礼结束后端上来的，是番茄酱配通心粉，配上氢氰酸作为餐后甜点，外加一把 6.35 毫米口径的瓦尔特手枪。

1945 年 4 月 30 日 15 点 30 分，"病人 A"饮弹自尽。他用臆想构筑的自我体系，以大剂量毒品鸡尾酒支撑的躯壳，从一开始便注定失败的欲让全世界陷入癫狂的妄想，都在这一刻化为乌有。是一位超级瘾君子把德国变成了毒品之国，一个背弃世界，同时给世界带来巨大伤痛的国家。这个超级瘾君子就是阿道夫·希特勒。

莫雷尔的"内爆"

当希特勒死亡的消息传出后，在德国各地，到处都有效忠希特勒的"民族同志"选择自杀，或为捍卫荣誉，或出于对未知结局的恐惧。在新勃兰登堡（Neubrandenburg），短时间内自杀的人数超过了 600 人。在小镇诺伊施特雷利茨（Neustrelitz），自杀人数多达 681 人。在全德国，自杀的纳粹分子一共有十几万人，包括 35 名陆军将领、6 名空军将领、8 名海军将领、13 名武装党卫军将官和 5 位将级警官。在 43 名纳粹党大区领袖中，有 11 人自杀。另外还有许多盖世太保和国家安全部的头目，以及党卫军和警察局高层领导，也都以自我了断的方式，

297

追随其效忠的元首而去。1945年5月8日，德国国防军宣布投降。海耶麾下的小型作战部队的少数潜艇兵没有及时得知这一消息，在兴奋剂的支撑下，这些人在一场业已结束的战争中继续鏖战了四天四夜，直到5月12日才停止。[453]

1945年5月中旬，《纽约时报》一位女记者在莫雷尔的巴伐利亚藏身地，发现了这位希特勒前御医的踪迹。几天后，她以《有关希特勒注射问题的医生口述》（Doctor Describes Hitler Injections）为题，在报上发表文章。不久后，莫雷尔被关进了巴特莱辛哈尔（Bad Reichenhall）美军战俘营，并在这里关押了近两年时间。在无数次审讯中，莫雷尔的表述往往语无伦次、前后矛盾，经常长时间陷入沉默，并表现出严重的抑郁情绪。他靠着一路打拼、辛苦建起的一人独霸的药物帝国，如今已彻底崩塌，而且他也无法像许多人那样做到顺时应变，就此迈入新的时代。

从莫雷尔口中，审讯者了解到的有关希特勒的事寥寥无几。这个已彻底成为废人的医生，并没能为纳粹的战争罪行提供多少证据。他总是两眼无神地沉浸在自己的世界里，脑子里满是幻觉，总以为希姆莱会为自己撑腰，就像当年医生之战时那样。在纽伦堡审判时，他也没有能力出庭做证。在他的自言自语中，人们只能听清一句："我真希望我不是我。"[454] 1947年初夏，美军将这个形貌不堪、患有严重心脏病的囚犯放出了战俘营，用车把他送到了慕尼黑火车站。这个当年叱咤风云的男人穿着破烂的军服，领子上别着金色的军医徽章，光着脚走在冰冷的人行道上。一位有一半犹太血统的红十字会女护士出于恻隐之心，把他送到了特格尔恩湖（Tegernsee）一家医院。之后，他一直待在那里，直到1948年5月26日去世。

Arbeitsplatz: REICHSKANZLEI BERLIN 970-86 CIC Personalbogen
1. Name Dr. MORELL THEODOR
Zu(r)Familien(name) Vor(Tauf)name
2. Andere von Ihnen benutzte Namen oder solche, unter welchen Sie bekannt sind: GILBERT
3. Geburtsdatum 22.7.86 4. Geburtsort TRAIS-MUN-ZENBERG 5. Größe 176 m
6. Gewicht 90 KG 7. Haarfarbe SCHWARZ 8. Farbe der Augen GRAU
9. Narben, Geburtsmale oder Entstellungen HYPOSPADIE (ANGEBOREN)
10. Gegenwärtige Anschrift: UNTERS. GEFÄNGNIS
(Stadt, Straße und Hausnummer)
11. Ständiger Wohnsitz BERL. KURFURSTEND. 216
(Stadt, Straße und Hausnummer)
12. Art der Ausweiskarte ÄRZTE B. N.KEIN B. Wehrpaßnummer NEIN
14. Reisepaß-Nr. NEIN 15. Staatsangehörigkeit DEUTSCH 16. Falls naturalisierter Bürger,
geben Sie Datum und Einbürgerungsort an NEIN
17. Aufzählung aller Ihrerseits oder seitens Ihrer Ehefrau oder Ihrer beiden Großeltern innegehabten
Adelstitel KEINE 18. Religion
19. Welcher Kirche gehören Sie an? EVANGEL. 20. Haben Sie offiziell oder inoffiziell Ihre
Verbindung mit einer Kirche aufgelöst? NEIN 21. Falls ja, geben Sie Einzelheiten und Gründe an
NICHT BETREFF. 22. Welche Religions-
angehörigkeit haben Sie bei der Volkszählung 1939 angegeben? EVANG. 23. Führen Sie alle Verge..., Uebertretungen oder Verbrechen an, für welche Sie je verurteilt worden sind, mit Angaben des
Datums, des Orts und der Art AUTOSCHNELLF. (GOTHA)
24. Waren Sie vom Militärdienst zurückgestellt? JA 25. Falls ja, geben Sie die ganzen Umstände an LEIBARZT HITLERS 26. Waren Sie Generalstäbler? NEIN
27. Wann? N. BETR. 28. Waren Sie NS.-Führungsoffizier? NEIN 29. Wann
und in welchem Truppenverband? NICHT BETR.
30. Haben Sie in der Militärregierung oder Wehrkreisverwaltung irgendeines der von Deutschland besetzten Länder, einschließlich Oesterreich und Sudetenland, gedient? NEIN 31. Falls ja, geben Sie
Einzelheiten über Ihre Aemter und Pflichten sowie Ort und Zeitdauer des Dienstes an:
NICHT BETR.

"工作地点：帝国总理府"……

32. Sind Sie berechtigt, militärische Orden oder andere militärische Ehrenauszeichnungen zu tragen?
Falls ja, geben Sie an, ⌐ Ihnen verliehen wurde, das Datum, den Grun nd Anlaß für die Ver-
leihung *UNGEFAHR 15 AOSZEICHN.*
33. In der folgenden Liste ist anzuführen, ob Sie Mitglied einer der angeführten Organisationen waren
und welche Aemter Sie darin bekleideten.

	1 ja oder nein	2 von	3 bis	4 Nummer	5 Höchstes Amt oder höchster Rang	6 Antritts- datum
34. NSDAP.	*JA*	*1933*	*ENDE*	*?*	*LEIBARZT*	
35. Allgemeine SS.		*UNBEKANNT*				
36. Waffen-SS.						
37. Sicherheitsdienst der SS.						
38. SA.		*LEIBARZT*				
39. HJ. einschl. BdM.						
40. NS-Frauenschaft		*HITLERS*				
41. NSKK.						
42. NSFK.						
43. Gestapo		*NICHT MEHR*				
44. Geheime Feldpolizei						
45. RSHA		*ERINNERLICH*				
46. KRIPO						
47. RAD						

48. Sind Sie jemals zu einem Schweigegebot für eine Organisation verpflichtet worden? *NEIN*
49. Falls ja, geben Sie die Organisation und Einzelheiten an
NICHT BETREFF.
50. Waren Sie seit 1933 Mitglied einer verbotenen Oppositionspartei oder -gruppe? *NEIN!*
51. Welcher? *NICHT BETR.* 52. Seit wann? 53. Jeglicher Dienst in
militärischen, militärähnlichen, polizeilichen, Gesetzvollzugs-, Schutz-, Aufklärungs- oder Luftschutz-
diensten, wie z. B. der Organisation Todt, der Technischen Nothilfe, den Stoßtrupps, Werksdiaren, dem
Bahnschutz, Postschutz, Funkschutz, Werkschutz, der Land- und Stadtwacht, Abwehr, des SD., der Ge-
stapo und ähnlichen Organisationen. *N) LUFTSCHUTZ*
Die auf diesem Formular gemachten Angaben sind wahr und ich bin mir bewußt, daß jegliche
Auslassung oder falsche und unvollständige Angabe im Vergehen gegen die Verordnungen der Militär-
regierung darstellt und mich der Anklage und Bestrafung aussetzt. *ANGABEN SOWEIT MIR*
NICHT IM MOMENT ERINNERT INNE.

Eigenhändige Unterschrift *Datum 1.45.*
Bescheinigung des unmittelbaren Dienstvorgesetzten
Ich bescheinige hiermit die Richtigkeit obigen Namens und obiger Unterschrift. Mit Ausnahme der
nachfolgenden Punkte sind die in diesem Personalbogen gegebenen Antworten meines besten Wissens und
Gewissens und im Rahmen der mir zur Verfügung stehenden Auskunftsmöglichkeiten richtig. Aus-
nahmen: (Das Wort „keine" ist einzufüllen, falls solche nicht vorhanden sind).
Georg Haider, Wachtm. d. Hilfspolizei, Reichenhall.

Beglaubigung der Unterschrift:
Eigenhändige Unterschrift *Georg Haider* Amtsstellung *Reichen* Datum *7.8.45*

莫雷尔被俘后填写的登记表，1945 年 8 月

300   **千古之辩**

    在史学界，始终存在一种争论：历史人物的个性特征是否对历史发展具有决定性作用？还是说，客观规律才是左右历史进程的主要力量，而那些旷世英雄、失败者或罪人所扮演的角色，不过是可以被替换的木偶？这两种说法各有各的道理。雅典历史学家、人称历史科学之父的修昔底德，便曾就划分结构性原因与个体原因——特别是包括人的天性在内的因素作为重大历史事件起因——的问题做出论述。[455] 在希特勒的系统化，同时又极端个性化的药品滥用问题上，这两种因素的作用的确都得到了体现。这让希特勒的案例变得更加复杂，也更加有趣。我们之所以在这里研究和探讨这个自诩的禁欲主义者的吸毒史，绝不是以猎奇，或以博人眼球为目的，刻意去挖掘某个不为人知的秘闻。正如塞巴斯蒂安·哈夫纳所言："他所犯下的错误，大多都是源自其**此前既有**的错误。"[456] 对希特勒和第三帝国的命运影响至深的，并不是 1945 年春最后决战的柏林地堡阶段，即帝国的覆灭，而是 1944 年 7 月 20 日刺杀事件后毒品交叉滥用的几个月，即个体的自我毁灭。

    直到今天，尽管我们一直在努力将目光焦点从历史人物转移到结构性因素上来，但我们仍然难免将这个德国独裁者看作个体意志和力量塑造历史的标志性符号。当年受希特勒操纵的宣传机器，便曾致力于刻画这样的形象，其影响之深远，不禁令人感叹。但实际上，那些对人类命运和战争进程具有决定性作用的社会现实，早在 1941 年秋季之后，就已在希特勒的血

301   管里扎下了根，并从内部对其行为产生影响。虽然事实的确是

希特勒这个人，是这一个体的一时之念，决定了德国对苏联的入侵。但作为个体的人，他同样也是时代之子。从这样的视角来观察，我们就会发现，对希特勒这个逐渐为"供货商"所控制的主体进行解构，其结果是可怕的。这是一个依赖于针管，被形形色色的绳索牢牢束缚的家伙。正如将世界引向毁灭一样，他是其所处的化学与现代化时代的产物，他自己发动但自相矛盾的"禁毒运动"也是时代的产物。

　　假如我们的核心结论是，在第三帝国，纳粹利用毒品作为人工制造的动员力量，用以替代随着时间逐渐减弱的意识形态动力，并借此维持领导集团的行动力，那么我们必须强调的是，这人类历史上最黑暗的一页之所以被揭开，并不是因为人们吃下了太多的毒品。毒品只是对业已发生之事，起到了强化的作用。如果拙著能够让人们对第三帝国——这个彻底背离适宜人类生存的现实、制造灾难无数的变态世界——多一些深层的了解，我将不胜欣慰。

致　谢

303　　如果那些学究先生……认为我的想法太可笑，也不算错。或者，他们干脆还不如摆出一副高贵的姿态，彻底无视我才好。您知道为什么吗？因为他们说，我是个不懂行的人。

——约翰·沃尔夫冈·歌德[457]

　　作为一个小说家，下决心鼓起勇气撰写一部非虚构的历史作品，是一个出人意料而绝非自然而然的过程。但这个过程，同时也充满了快乐。一些同行、亲朋和挚友的积极参与，最终促成了这次转型。这件事的开端要感谢亚历山大·克莱默（Alexander Krämer），是他告诉我，据说纳粹当年吸毒问题很严重，问我愿不愿就这个题材创作一部电影剧本。于是，我们开始就这一想法展开讨论。后来，当雅尼娜·芬德艾森（Janina Findeisen）向我提议，去档案馆就相关史实做进一步考证后，事情开始变得越来越有意思。为此，我谨向柏林、萨克森豪森、科布伦茨、马尔巴赫、慕尼黑、弗莱堡、达豪以及华盛顿等地的档案馆为我提供热心帮助的工作人员，致以诚挚的谢意。在本书创作之初，史学家彼德·施泰因坎普（Peter Steinkamp）曾给予我极大启发。另一位我要感谢的专家，是联邦国防军卫生学院的沃尔克·哈特曼。此外，我还要向试读拙著的读者玛蒂娜·阿什巴赫（Martina Aschbacher）、米夏埃

尔·迪林格（Michael Dillinger）、弗兰克·昆斯特（Frank
Künster）、康纳德·劳滕（Konrad Lauten），还有我的父亲沃
尔夫冈·奥勒（Wolfgang Ohler）表示感谢。在专业方面为我 304
提供帮助的，还有温弗里德·海涅曼（Winfried Heinemann）、
彼德·贝尔茨（Peter Berz）、维尔纳·贝尔格（Werner Berg），
以及德累斯顿联邦国防军军事历史博物馆科学部主任戈尔希·
皮肯（Gorch Pieken）和他的助手延斯·维尔纳（Jens
Werner），还有陪同我前往"岩巢"做实地考察的汉斯·罗特
（Hans Roth）。特别感谢道格拉斯·戈顿（Douglas Gordon），
他的贡献不仅仅是为拙著设计了封面。此外，为我提供莫大帮
助的还有我的责任编辑卢茨·杜尔斯特霍夫（Lutz Dursthoff）、
我的助手马蒂亚斯·兰特维尔（Matthias Landwehr），以及出
版人赫尔嘉·马尔肖（Helga Malchow），是后者使这些文字最
终以非虚构著作的形式呈现在读者面前。我还要特别感谢伟大
的当代史专家和历史学家汉斯·蒙森（Hans Mommsen），他为
我的写作提供了莫大支持。从这份名单可以看出，一本所谓的
非虚构著作实际上是一种集体创作。为此，我谨向所有人——
包括那些未在此列出名字的为我提供帮助的人——再次表达我
最真诚的谢意。

诺曼·奥勒
2015年夏于锡尔斯玛利亚

纳粹主义与政治现实性的丧失

汉斯·蒙森

　　诺曼·奥勒的研究对象，是所有与纳粹政权相关的话题中，迄今未曾得到足够重视的一个维度：兴奋剂滥用对纳粹社会造成的影响。在本书中，奥勒向读者清晰地展示了这个强权打造的"民族共同体"是如何依靠日趋泛滥的药物，来维系自身的运转。纳粹宣传的意识形态动力所发挥的作用，因此被大大削弱。从对化学助力剂之需求的不断增长可以看出，专制政权的内部蜕变早在战争爆发前的几个年头，便已显露出迹象。诺曼·奥勒称之为"药片形式的纳粹主义"。

　　本书的一大成就，是对希特勒和私人医生莫雷尔之间共生关系的描写。这些描述充满了颠覆性，它为我们理解1941年秋天后发生的种种事情，首次找到了合理的路径。奥勒用生动的语言告诉我们，元首总部是如何渐渐失去领导力，希特勒又是如何一步步走上了自闭的道路。毒品这种医学上的庸俗之物，竟有可能起到左右世界风云的作用——这是一个令人极度不安的发现。不仅是普通民众开始大肆滥用兴奋剂，就连最高领导层也在越来越多地依赖药物去应对灾难性局面。当意识形态变得无济于事时，希特勒只能依靠毒品的拐杖，来支撑自己沿着已然踏上的道路继续走下去。从围绕莫斯科展开的冬季战役，到斯大林格勒的溃败，在这个关键性阶段，纳粹命运一直是被药物作用下的幻觉世界所操控，由此一步步陷入危机，并最终走向覆灭。作者在书中描述的希特勒如何被药物变成一个废人的过程，读起来既引人入胜，又令人心惊。纳粹领导层在判断军事和经济形势上的日趋无能，也让人掩卷而泣叹。对德国战争指挥者的不光彩一面予以毫不留情的揭露，这正是诺曼·奥勒的贡献。本书堪称一部颠覆认知之作。

注 释

1. Werner Pieper 的精彩文集外另见:»Nazison Speed. Drogenim 3. Reich«,
   Birkenau-Löhrbach 2002。

2. Jens, Walter,»Statt einer Literaturgeschichte«, München 2001, 第 11 页及
   下页。

3. 尽管在市场上仍然存在以甲基苯丙胺为基础的处方药，例如在美国
   [如用于治疗注意力不足过动症（ADHD）的 Desoxyn]，但从总体上
   看，甲基苯丙胺目前在全世界都已作为麻醉品受到严格管控，医生对
   此没有处方权，只有在作为基础原料的前提下才可进行交易。欧洲没
   有任何以甲基苯丙胺合成加工的药品，只有哌甲酯（Methylphenidat）、
   右旋安非他命（Dextroamphetamin）等具有类似作用的药物。

4. Dansauer,Friedrich und Adolf Rieth, »Über Morphinismus bei Kriegsbesch-
   ädigten«, Berlin 1931.

5. Fleischhacker,Wilhelm, »Fluch und Segen des Cocain«, in: *Österreichische
   Apotheker-Zeitung*, Nr. 26, 2006.

6. 参见»Viel Spaß mit Heroin«, in: Der Spiegel, 26/2000, 第 184 页及
   下页。

7. 摘自 Pieper 前述著作, 第 47 页。

8. Ridder,Michaelde, »Heroin. Vom Arzneimittelzur Droge«, Frankfurt 2000,
   第 128 页。

9. 见Pieper 前述著作, 第 26、205 页。

10. BArch-BerlinR 1501, Aktenbetr. Vertrieb von Opiumund Morphium, Bd.
    8, Bl. 502, 15. 9. 1922.

11. 摘自Holzer, Tilmann,»Die Geburt der Drogenpolitik aus dem Geist der
    Rassenhygiene-Deutsche Drogenpolitik von 1933 bis 1972«, Inauguraldis
    s-ertation, Mannheim 2006, 第 32 页。

12. Auswärtiges Amt, AA/R 43309, Vermerk von Breitfeld（Opiumreferentim AA）, 10.3.1935. 引语摘自 Holzer 前述著作，第 32 页。

13. 一些颇具名望的自由派历史学家也参与了协助官方编造战前历史的工作。参见 Mommsen, Hans,»Aufstiegund Untergangder Republik von Weimar 1918 – 1933«, Berlin 2000, 第 105 页。

14. Mann, Klaus,»DerWendepunkt«, Reinbek 1984。引语摘自 Gordon, Mel,»Sündiges Berlin-Die zwanziger Jahre: Sex, Rausch, Untergang«, Wittlich 2011, 第 53 页。

15. 参见 Pieper 前述著作，第 175 页。

16. Ostini, Fritz,»Neues Berliner Kommerslied«, 另 一 名 称 为 » Wir schnupfen und wir spritzen«, 刊载于 *Jugend*, Nr. 52, 1919。

17. Pohlisch, Kurt,»Die Verbreitung des chronischen Opiatmissbrauchs in Deutschland«, in: Monatsschrift für Psychiatrie und Neurologie, Bd. 79, 1931, 第 193～202 页，附录图表 II。

18. 纳粹党从未制定过传统意义上的党章，也从未刻意隐瞒其倡导的非理性主张。直到最后覆灭，纳粹党的体系始终是混乱的。参见 Mommsen 前述著作，第 398 页。

19. Grass, Günter,»Die Blechtrommel«, Neuwied am Rhein und Berlin-West, 1959, 第 173 页。

20. 这 句 话 出 自 Georg Strasser 之 口。摘自 Wellershoff, Dieter,»Der Ernstfall-Innenansichten des Krieges«, Köln 2006, 第 57 页。

21. 参见 Pieper 前述著作，第 210 页。

22. 同上书，第 364 页。

23. BArch-BerlinR 1501/126497, Bl. 214, 216, 220.

24. "监禁期长短视需而定"，摘录于 Holzer 前述著作，第 191 页。另参见»Maßregelnder Sicherungund Besserung«, in §§ 42b, c RStGB: Unterbringung von straffälligen Süchtigen in Heil-und Pflege-oder Entziehungsanstalten, 该法案有效期一直持续到 1953 年 10 月 1 日。

25. 《帝国医生条例》,1935 年 12 月 13 日颁布。另参见 Pieper 前述著作，第 171、214 页，以及 Fraeb, Walter Martin,»Untergangder bürgerlich-rechtlichen Persönlichkeit im Rauschgiftmißbrauch«, Berlin 1937。

26. 参见 Holzer 前述著作，第 179 页。

27. 同上书，第 273 页。

28. BArch-Berlin R58/473, Bl. 22（Mikrofiche）。

29. 摘自 Pieper 前述著作，第 380 页，下面的引语来自同一出处。

30. 同上书，第 186、491 页。

31. Freienstein, Waldemar,»Die gesetzlichen Grundlagen der Rauschgiftbe –
kämpfung«, in：Der öffentliche Gesundheitsdienst, Bd. A, 1936 – 1937,
第 209~218 页。另参见 Holzer 前述著作，第 139 页。

32. Gabriel, Ernst,»Rauschgiftfrage und Rassenhygiene«, in：Der öffentliche
Gesundheitsdienst, Teilausgabe B, Bd. 4, 第 245~253 页，摘自 Holzer
前述著作，第 138 页。另参见 Pieper 前述著作，第 213 页及下页。

33. Geiger, Ludwig,»Die Morphin-und Kokainwelle nach dem Ersten
Weltkrieg in Deutschland und ihre Vergleichbarkeit mit der heutigen
Drogenwelle«, München 1975, 第 49 页及下页。另参见 Scheer,
Rainer,»Die nach Paragraph 42 RStGB verurteilten Menschen in Hadamar
«, in：Roer, Dorothee und Henkel, Dieter：»Psychiatrie im Faschismus.
Die Anstalt Hadamar 1933 – 1945«, Bonn 1986, 第 237~255 页，此处
参见第 247 页。一个具有代表性的例子是牙医赫尔曼·维尔斯廷
（Hermann Wirsting）博士，他于 1940 年 4 月 15 日被送入萨克森州
Waldheim 治疗与护理院接受强制戒毒治疗，第二天便被院方用救护
车转送到集中营杀害。参见 Holzer 前述著作，第 262 页，以及
Friedlander, Henry,»Der Weg zum NS-Genozid. Von der Euthanasie zur
Endlösung«, Berlin 1997, 第 191 页。

34. Klee, Ernst,»Das Personenlexikon zum Dritten Reich-Wer war was vor
und nach 1945«, Frankfurt/M. 2003, 第 449 页。

35. BArch-Berlin NS 20/140/8, Ärzteblatt für Niedersachsen, Nr. 5, Jg.
1939, 第 79 页及下页（Bruns, Erich），另参见 Holzer 前述著作，第
278 页。

36. 摘自 Binion, Rudolph,»… daß Ihr mich gefunden habt«, Stuttgart 1978,
第 46 页。

37. Reko, Viktor,»Magische Gifte：Rausch-und Betäubungsmittel der neuen
Welt«, Stuttgart 1938。在该书充满法西斯气息的序言中，有一句话足
以说明一切，见第 9 页："在 12 个精选章节中，列举了一批具有麻醉

作用的嗜好品，例如几年前从低劣种族传播到文化民族的古柯碱。"

38. Hecht, Günther, »Alkohol und Rassenpolitik«, in: Bekämpfung der Alkohol-und Tabakgefahren: Bericht der 2. Reichstagung Volksgesundheit und Genußgifte Hauptamt für Volksgesundheit der NSDAP und Reichsstelle gegen den Alkohol-und Tabakmißbrauch, Berlin-Dahlem, 1939.

39. Kosmehl, Erwin, »Der sicherheitspolizeiliche Einsatz bei der Bekämpfung der Betäubungsmittelsucht«, in: Feuerstein, Gerhart: »Suchtgiftbekämp fung. Ziele und Wege«, Berlin 1944, 第33~42页，此处参见第34页。

40. Pohlisch前述著作，第72页。

41. Hiemer, Ernst, »Der Giftpilz. Ein Stürmerbuch für Jung und Alt«, Nürnberg 1938。

42. 摘自Pieper前述著作，第364页及下页，下面的引语来自同一出处。

43. 在医生当中，纳粹党党员比例高达45%，远远超过平均数。参见 Lifton, Robert Jay, »Ärzte im Dritten Reich«, Stuttgart 1938, 第37页。

44. 该药品目前仍然流通于市场，用于治疗慢性肠炎。在广告词中，制造商特别强调该药物所"独有的天然有效成分"。穆他弗洛系处方药，可凭医疗保险报销。

45. Goebbels, Joseph, in: *Das Reich-Deutsche Wochenzeitung*, 31.12.1944, Leitartikel, 第1页及下页。

46. Giesing, Erwin, »Bericht über meine Behandlung bei Hitler«, Wiesbaden 12.6.1945, in: »Hitler as seen by his Doctors«, Headquarters United States Forces European Theater Military Intelligence Service Center: OI-Consolidated Interrogation Report (CIR), National Archives at College Park, MD.

47. "今天德国的政治和经济形势与1914年一样，仿佛是一个被世界占领的据点，它需要我们在敌对状态形成之初便以灭绝性打击的方式，迅速做出战争抉择。"法本公司董事长卡尔·克劳赫（Carl Krauch）的这番纲领性表态已预先透露出有关闪电战的理念。摘自 Frieser, Karl-Heinz, »Die Blitzkrieg-Legende-der Westfeldzug 1940«, München 2012, 第11页。

48. 作为化工业废料的苯丙酮经过溴化处理，与甲胺反应和还原后加入麻黄素，再与碘化氢和磷一起合成为甲基苯丙胺。参见 Kaufmann，Hans P. , »Arzneimittel-Synthese«, Heidelberg, 1953, 第 193 页。

49. 帝国专利局，1938 年，专利注册号 767.186，类别 12 q，属别 3，名称为"胺类产品制造法"，每片柏飞丁中的有效成分含量为 3 毫克。

50. Landesarchiv Berlin, A Rep. 250 – 02 – 09/Nr. 218，无日期。另参见 Holzer 前述著作，第 225 页。

51. 摘自 Pieper 前述著作，第 118 页及下页。按有效成分含量计算，为每日 6 毫克甲基苯丙胺。病人的身体很快便会适应这一剂量，并在几天后产生耐药性，并由此导致所谓的"药物饥渴症"（Craving），即要通过不断增加药量来保证药效。当药量逐渐失控后，病人便会对药物产生依赖，即所谓"瘾"。

52. Püllen, C. , » Bedeutung des Pervitins（1 – Phenyl – 2 – methylaminopropan）für die Chirurgie«, in: Chirurg, Bd. 11, H. 13, 1939, 第 485 ~ 492 页，此处参见第 490、492 页。另参见 Pieper 前述著作，第 119 页。

53. Haffner, F. , » Zur Pharmakologie und Praxis der Stimulantien «, in: Klinische Wochenschrift, Bd. 17, H. 38, 1938, S. 1311。另参见 Pieper 前述著作，第 119 页。

54. Snelders, Stephen und Toine Pieters, » Speed in the Third Reich: Methamphetamine（Pervitin）Use and a Drug History from Below«, in: Social History of Medicine Advance Access, 2011.

55. 在这些行业里，直到今天，甲基苯丙胺仍然深受欢迎。参见 Müller-Bonn, Hermann, »Pervitin, ein neues Analepticum«, in: Medizinische Welt, H. 39, 1939, 第 1315 ~ 1317 页，摘自 Holzer 前述著作，第 230 页，以及 Pieper 前述著作，第 115 页。

56. 参见 Seifert, W. , » Wirkungen des 1 – Phenyl – 2 – methylaminopropan （Pervitin）am Menschen«, in: Deutsche Medizinische Wochenschrift, Bd. 65, H. 23, 1939, 第 914 页及下页。

57. Neumann, Erich, » Bemerkungen über Pervitin «, in: Münchener Medizinische Wochenschrift, H. 33, 1939, 第 1266 页。

58. Eichholtz, Fritz, » Die zentralen Stimulantien der Adrenalin-Ephedrin-Gruppe«, in: »Über Stimulantien«, Deutsche Medizinische Wochenschrift

1941，第 1355～1358 页。另参见 Reichsgesundheitsblatt 15，296
（1940）。帝国卫生局后下令停止生产含甲基苯丙胺成分的巧克力。
该产品制造商希尔德勃兰特公司同时还将一种含咖啡因的饮料
"Scho-Ka-Kola" 投放市场，这种饮料在市场上目前仍然有售。

59. Hauschild, Fritz,»Über eine wirksame Substanz«, in：Klinische Wochenschrift, Bd. 17, H. 48, 1938，第 1257 页及下页。

60. Schoen, Rudolf,»Pharmakologie und spezielle Therapie des Kreislaufkollapses«, in：Verhandlungen der Deutschen Gesellschaft für Kreislaufforschung, 1938，第 80～112 页，此处参见第 98 页。引语摘自 Holzer 前述著作，第 219 页。

61. 参见 Graf, Otto,»Über den Einfluss von Pervitin auf einige psychische und psychomotorische Funktionen«, in：Arbeitsphysiologie, Bd. 10, H. 6, 1939，第 692～705 页，此处参见第 695 页。

62. Lemmel, Gerhard, und Jürgen Hartwig,»Untersuchungen über die Wirkung von Pervitin und Benzedrin auf psychischem Gebiet«, in：Deutsches Archiv für Klinische Medizin, Bd. 185, 5. und 6. H., 1940，第 626 页及下页。

63. Püllen C.,»Erfahrungen mit Pervitin«, in：Münchener Medizinische Wochenschrift, Bd. 86, H. 26, 1939，第 1001～1004 页。

64. Haffner, Sebastian,»Anmerkungen zu Hitler«, München 1978，第 31 页及下页。

65. Mann, Golo,»Deutsche Geschichte des 19. und 20. Jahrhunderts«, Stuttgart/Mannheim 1958，第 177 页。

66. Böll, Heinrich,»Briefe aus dem Krieg 1939－45«, Köln 2001，第 15 页。

67. 同上书，第 16 页。

68. 同上书，第 30 页。

69. 同上书，第 26 页。

70. 同上书，第 81 页。

71. 同上书，第 22 页。

72. Wenzig, K.,»Allgemeine Hygiene des Dienstes«, Berlin-Heidelberg 1936，第 288～307 页。

73. Ranke, Otto,»Ärztliche Fragen der technischen Entwicklung«, in：Veröff.

a. d. Geb. d. Heeres-Sanitätswesens, 109（1939），第 15 页。另参见 BArch-FreiburgRH 12 – 23/1882, Rankes Rede » Leistungssteigerung durch ärztliche Maßnahmen« zum Stiftungsfest der MA, 19. 2. 1939，第 7 页及下页。"柏飞丁尤其适用于那些耗时较长、体力消耗较小的工作，如驾驶汽车和飞机等。其相关从业者面对的最危险的敌人是睡眠。"

74. BArch-Freiburg RH 12 – 23/1882, Rankes Bericht an die Heeres-Sanitätsinspektion vom 4. 10. 1938.

75. BArch-Freiburg RH 12 – 23/1882, Rankes Vortrag über Weckmittel, Feb. 40, nicht gehalten，第 6 页，另参见 Rankes Bericht an die Lehrgruppe C über leistungssteigernde Mittel, 4. 5. 1939。

76. 在 1938 年德国出兵占领苏台德地区的战役中，柏飞丁第一次向人们显示出它的威力。BArch-Freiburg RH 12 – 23/1882, » Berichte über Pervitineinsatz, hier bei Einheit N. A. 39«.

77. BArch-Freiburg RH 12 – 23/1882, Rankes Rede » Leistungssteigerung durch ärztliche Maßnahmen« zum Stiftungsfest der MA, 19. 2. 1939，第 7 页。

78. Benn, Gottfried, »Provoziertes Leben: ein Essay«, in: Benn, Gottfried, »Sämtliche Werke. Band IV: Prosa 2«, Stuttgart 1989，第 318 页。

79. BArch-Freiburg 12 – 23/1882, Brief des Direktors des Physiologischen Instituts der Universität Wien an Ranke, 8. 12. 1941.

80. 来源同上, Brief von Ranke an Lehrgruppe C, 4. 5. 1939。

81. 来源同上, Brief von Ranke an Generalarzt Kittel vom 25. 8. 1939。

82. 来源同上, Bericht an Ranke über den Einsatz von Pervitin。

83. 来源同上, Wehrphysiologisches Institut der Militärärztlichen Akademie, Anlage zum Bericht 214 a vom 8. 4. 1940。

84. 来源同上, Bericht an Ranke über den Einsatz von Pervitin, 下面两条引语来自同一出处。

85. 来源同上, Bericht Dr. Wirth, Betr: » Verwendung von Pervitin als Stärkungsmittel«, 30. 12. 1939.

86. 第 20 步兵师即一例。参见 BArch-Freiburg RH 12 – 23/1842, Bericht von Stabsarzt Dr. Krüger。

87. BArch-Freiburg RH 12 – 23/1882, Bericht an Ranke über den Einsatz von Pervitin, 下面两条引语来自同一出处。

88. BArch-Freiburg RH 12 – 23/1882, Bericht von Oberarzt Grosselkeppler vom 6. 4. 1940.

89. BArch-FreiburgRH 12 – 23/1882, Berichtvon Oberstabsarzt Schmidtan Ranke vom 25. 3. 1940, 另参见 BArch-Freiburg RH 12 – 23/271, Bericht Ranke an Lehrgruppe C, 13. 1. 1940, 以及 BArch-Freiburg RH 12 – 23/1882, Bericht von Stabsarzt Dr. Krüger。

90. BArch-Freiburg RH 12 – 23/1882, »Erfahrungen mit Pervitin und ähnl. Stoffen«, Armeearzt A. O. K. 6 (Haubenreisser), 15. 4. 1940.

91. BArch-Freiburg RH 12 – 23/1882, »Erfahrungen mit Pervitin, Elastonon usw. «, Korpsarzt IV. Armeekorps (Günther), 8. 4. 1940.

92. Ballhausen, Hanno (Hg.), » Chronik des Zweiten Weltkrieges «, München 2004, 第 27 页。

93. Mann, Golo 前述著作, 第 915 页及下页。

94. Kroener, Bernhard R. , »Die personellen Ressourcen des Dritten Reiches im Spannungsfeld zwischen Wehrmacht, Bürokratie und Kriegswirtschaft 1939 – 1942«, in: Müller, Rolf-Dieter und Hans Umbreit, »Das Deutsche Reich und der Zweite Weltkrieg «, Bd. 5. 1: Organisation und Mobilisierung des Deutschen Machtbereichs, Kriegsverwaltung, Wirtschaft und personelle Ressourcen 1939 – 1941, 1988, 第 826 页。

95. 参见 Frieser 前述著作, 第 11、43、57 页。

96. Speer, Albert, »Erinnerungen«, Frankfurt/M. 1969, 第 431 页。

97. BArch-Freiburg RH 2/768, Handakten Halder, Hans-Adolf, Bl. 6 (Rückseite).

98. BArch-Freiburg H 20/285/7, Wehrphysiologisches Institut, 16. 10. 1939, Betr. : »Pervitin«, 另参见 Brief vom 16. 10. 1939 an Winkler sowie RH 12 – 23/1644 und Kriegstagebuch Ranke, Eintrag vom 4. 1. 1940。

99. BArch-Freiburg RH12 – 23/1644, Kriegstagebuch Ranke, Eintrag vom 8. 12. 1939.

100. BArch-Freiburg RH12 – 23/1644, Brief Ranke an Zechlin vom 24. 1. 1940, 另参见 BArch-Freiburg RH 12 – 23/1882, Rankes Rede

»Leistungssteigerung durch ärztliche Maßnahmen« zum Stiftungsfest der MA, 19. 2. 1939，第 5 页："我必须要代表个人和其他受益者承认，在服用柏飞丁后，我们会以更充沛的激情投入工作，在就重要事务做出决策时，也会比平日轻松得多。"

101. BArch-Freiburg RH12 – 23/1644, Kriegstagebuch Ranke, Eintrag vom 8. 11. 1939，第 6 页。

102. 来源同上，Eintrag vom 19. 11. 1939，第 16 页。

103. Kramer, Eva,» Die Pervitingefahr «, in: Münchener Medizinische Wochenschrift, Bd. 88, H. 15, 1941，第 419 页及下页。

104. Liebendörfer,»Pervitin in der Hand des praktischen Nervenarztes «, in: Münchener Medizinische Wochenschrift, Bd. 87, H. 43, 1940，第 1182 页。

105. Benn 前述著作，第 317 页。

106. BArch-Berlin R22/1475, Bl. 395, Conti an Reichsjustizministerium am 21. 10. 1939，下面两条引语来自同一出处。

107. BArch-Berlin R36/1360,»An die ehrenamtlichen Mitglieder der früheren R. f. R. «, 19. 10. 1939.

108. Reichsgesetzblatt 1 (1939),第 2176 页；Reichsgesundheitsblatt (1940)，第 9 页："根据帝国内政部《有关肝脏制剂及其他药物安全管理条例》规定，所有苯丙胺类药品（如 Benzedrin、Aktedron、Elastonon）以及甲基苯丙胺类药品（如柏飞丁）只能凭处方在药房购买。"

109. Conti, Leonardo,» Vortrag des Reichsgesundheitsführers Dr. Conti vor dem NSD-Ärztebund, Gau Berlin, am 19. März 1940, im Berliner Rathaus«, in: Deutsches Ärzteblatt, Bd. 70, H. 13, 1940，第 145 ~ 153 页，此处参见第 150 页。

110. Speer, Ernst,» DasPervitinproblem «, in: Deutsches Ärzteblatt, H. 1, 1941，第 4 ~ 6 页、第 15 ~ 19 页，此处参见第 19 页。另参见 Holzer 前述著作，第 238 页及下页。

111. BArch-FreiburgRH 12 – 23/1575, Brief Conti an Handloservom17. 2. 1940 sowie Antwortschreiben Handloser an Conti vom 26. 2. 1940.

112. "目标是通过重点转移，切断驻扎在比利时的强大敌军，并予以歼灭。" RH 19 I/41, Akten HGr 1: Entwurf einer Notiz Mansteins für das

Kriegstagebuch, 17. 2. 1940, Anl. 51（Bl. 174 f. ）; 另参见 BArch-Freiburg RH 19 I/26, Notiz über Führer-Vortrag, Bl. 121。

113. 摘自 Frieser 前述著作, 第 81 页。

114. BArch-Freiburg, Nachlass Erich von Manstein, Notiz Nr. 32.

115. Waldmann, Anton: Unveröffentlichtes Tagebuch, Eintrag vom 13. 4. 1940, Wehrgeschichtliche Lehrsammlung des Sanitätsdienstes der Bundeswehr.

116. BArch-Freiburg RH 12 – 23/1882,» Leistungssteigerung durch ärztliche Maßnahmen« sowie Rankes Vortrag über Weckmittel, ausgearbeitet Feb. 1940（nicht gehalten）.

117. 同上书, Brief des Korpsarztes b. d. Gruppe von Kleist, Dr. Schmidt, an Ranke, 15. 4. 1940。

118. 同上书, Heeres-Sanitätsinspekteur, 17. 4. 1940,» Betr. Weckmittel «, inkl. Anlage 1 und Anlage 2。

119. 同上。

120. BArch-Freiburg RH 12 – 23/1884,» Auslieferung von Pervitin und Isophen vom Hauptsanitätspark an Heer und Luftwaffe«.

121. BArch-FreiburgRH 21 – 1/19, Ia/op Nr. 214/40 vom 21. 3. 1940, 第 2 页。

122. Wahl, Karl,» … es ist das deutsche Herz«, Augsburg 1954, 第 246 页。另参见 Leeb, Wilhelm Rittervon,» Tagebuchaufzeichnung und Lagebeurteilungen aus zwei Weltkriegen. Aus dem Nachlaß «, herausgegeben und mit einem Lebensabrissversehen von Georg Meyer, Stuttgart 1976, in: Beiträgezur Militär- und Kriegsgeschichte, Bd. 16, 第 184 页。

123. 据古德里安称, 这是一句 "他最喜欢用的谚语", 参见 Guderian, Heinz,» Erinnerungen eines Soldaten«, Stuttgart 1960, 第 95 页。

124. Interview im *ZEIT-Magazin* vom 7. 5. 2015, 第 50 页。

125. 摘自 Frieser 前述著作, 第 114 页。

126. 同上书, 第 136 页。

127. 该装甲师兵力为近 400 名军官、2000 名下级士官以及约 9300 名士兵。

128. BArch-FreiburgRH 12 – 23/1882, 参见其中的» Vorlage eines Erfahrungsberichtes über Anregungsmittel « vom 23. 2. 1940, 第 2 页:

"第二天夜里，每位驾驶员和副驾驶员都拿到了 2 片柏飞丁，并得到指示，将药片放在军帽衬布里，在必要时服用，最迟不得超过凌晨 1 点。"

129. 参见 Frieser 前述著作，第 195 页及下页。

130. Fischer, Wolfgang, » Ohne die Gnade der späten Geburt «, München 1990，第 62 页及下页。

131. BArch-Freiburg N 802/62, Nachlass Guderian, » Aus dem 3. Bericht über die Fahrten des Kommandierenden Generals während des Einsatzes in Frankreich «, Bl. 008.

132. 同上书，Bl. 010。

133. Bloch, Marc, »Dieseltsame Niederlage: Frankreich 1940«, Frankfurt/M. 1995，第 93 页及下页。

134. 摘自 Frieser 前述著作，第 219 页。

135. 据当事人口述。

136. Frieser 前述著作，第 419 页。

137. 这里指的不仅仅是二战，而是指迄今为止所有以坦克为主力的常规战争。

138. 即所谓"背包原则"（Rucksack-Prinzip），在出征头几天，军事行动的成败往往是由后勤这一基础层面的保障决定的。可参见 Kielmansegg, Johann Adolf Graf von, »Panzer zwischen Warschau und Atlantik«, Berlin 1941，第 161 页。

139. 摘自 Frieser 前述著作，第 162 页。

140. BArch-Freiburg N 802/62, Nachlass Guderian, a. a. O. , Bl. 007 u. Bl. 011/012.

141. Churchill, Winston, » Zweiter Weltkrieg «, Bd. II, 1. Buch, Stuttgart 1948/49，第 61 页。

142. BArch-Koblenz N 1348, Brief Morell an seine Frau vom 3. 6. 1940.

143. Frieser 前述著作，第 336 页。

144. 摘自 Frieser 前述著作，第 326 页，下面的引语来自同一出处。

145. Churchill 前述著作，第 65 页。

146. Ironside, Edmund, »Diaries1937 – 1940«, New York 1962，第 317 页。引语摘自 Frieser 前述著作，第 325 页。

147. Halder, Franz,»Kriegstagebuch. Tägliche Aufzeichnungen des Chefs des Generalstabes des Heeres 1939 – 1942«, Bd. 1, 1964, 第 302 页。引语摘自 Frieser 前述著作，第 322 页。

148. BArch-Koblenz N 1348, Brief Morell an seine Frau, 26. 5. 1940.

149. 来源同上，Brief Morell an seine Frau, 28. 5. 1940。

150. Ironside 前述著作，第 333 页。

151. Hansen, Hans-Josef,»Felsennest, das vergessene Hauptquartier in der Eifel«, Aachen 2008, 第 81 页。

152. Die Deutsche Wochenschau Nr. 22 vom 22. 5. 1940.

153. 盖世太保一直在积极搜集有关戈林吗啡瘾的证据。参见 Speer 前述著作，第 278 页。

154. Berliner Lokal-Anzeiger, Zentralorgan für die Reichshauptstadt, Tagesausgabe Groß-Berlin, 1. 6. 1940, 第 1 页。

155. 摘自 Hesse, Reinhard,»Geschichtswissenschaftin praktischer Absicht«, Stuttgart 1979, 第 144 页。

156. 摘自 Bradley, Dermot,»Walther Wenck, Generalder Panzertruppe«, Osnabrück 1982, 第 146 页。

157. BArch-Freiburg RH 12 – 23/1931,»Berichtüber die Kommandierung zur Gruppe Kleist«, 12. 7. 1940.

158. 同上。

159. BArch-Koblenz N 1348, Brief Morell an seine Frau, 3. 6. 1940.

160. 摘自陆军卫生监察官未公开发表的战地日记，由联邦国防军卫生学院沃尔克·哈特曼提供。

161. BArch-Freiburg ZA 3/163, Kriegstagebuch Waldau, Chef des Luftwaffen-führungsstabes: März 1939 bis 10. 4. 1942, Eintrag vom 25. 5. 1940；另参见 BArch-Freiburg ZA 3/163, Schmid,»Feldzug gegen Frankreich 1940«, 以及 BArch-Freiburg ZA 3/58, USAF History Project, 第 16 页，收录于：Ob. d. L. /FührungsstabIc, Nr. 10641/40 geh., Überblick über den Einsatz der Luftwaffe bei den Operationenin den Niederlanden, in Belgien und Nordfrankreich, 3. 6. 1940。

162. Guderian, Heinz,»Erinnerungen eines Soldaten«, Stuttgart 1986, 第 118 页。

163. Berliner Lokal-Anzeiger, Zentralorgan für die Reichshauptstadt, Tagesausgabe Groß-Berlin, 20. 6. 1940, 第 2 页,»Sturmfahrt bis zur Grenzeder Schweiz«。

164. BArch-Freiburg RH 12 – 23/1931,»Bericht über die Kommandierung zur Gruppe Kleist«, 12. 7. 1940, 下面四处引语来自同一出处。

165. BArch-Freiburg RH 12 – 23/1882, Brief von Oberstarzt Dr. Seyffardt, » Betr: Pervitinmißbrauch«, an Oberstabsarzt Dr. Althoff, 16. 5. 1941, Feldpostnr: 28806.

166. BArch-Freiburg RH 12 – 23/1882, Aktennotiz Ranke, 25. 4. 1941.

167. BArch-Freiburg RH 12 – 23/1882, Ranke an Stabsarzt Dr. Scholz, 27. 5. 1941.

168. IfZArch, MA 617, Rolle 2, 另参见 Brief Fa. Hamma an Morell vom 27. 5. 1941: 产品说明上标注的天然维生素成分为野蔷薇粉、黑麦芽、硫胺和烟碱酸, 配料为"奶粉、可可和少许可可脂"。

169. 来源同上, Brief Fa. Hamma an Apotheker Jost, 29. 10. 1942.

170. BArch-Koblenz N 1348, Brief Morell an seine Frau, 16. 5. 1940.

171. BArch-Freiburg R43, Brief Fa. Hamma an das SS-Führungshauptamt/Sanitätsamt, 26. 8. 1941.

172. 武装党卫军在对苏战争中也使用了莫雷尔的维他默丁, 参见希姆莱 1942 年 1 月 12 日的讲话: (IfZArch, MA 617, Rolle 2): "元首指示, 应立刻为东线战场的武装党卫军部队配备适宜的维生素药剂。这些药品的指定生产商是汉堡的 HAMMA 有限公司。请各方采用一切可能的方式, 为厂商获取生产所需原料和辅料提供协助, 以便元首命令能够及时得到贯彻。——武装党卫军总指挥。"

173. BArch-Koblenz N 1348, Brief Morell an seine Frau, 16. 5. 1940.

174. Brief Morell an Göring wg. Hippke, Records of Private Individuals (Captured German Records), Dr. Theo Morell, National Archives Microfilm Publication T253, Roll 35. National Archives, College Park, MD.

175. BArch-Freiburg ZA 3/801, Suchenwirth, Richard, »Hermann Göring«, unveröffentlichte Studie, 第 42 页及下页。

176. Aldgate, Anthony, und Jeffrey Richards, »Britain can take it: The British

Cinema in the Second World War«, Second Edition, London 2007, 第 120 页。

177. Luttitz, Horst, Freiherr von, 摘自纪录片 »Schlaflosim Krieg«, 制作人 Pieken, Gorch und Sönke el Bitar, Arte 2010。

178. 摘自 Steinhoff, Johannes, »Die Straße von Messina«, Berlin 1995, 第 177 页及下页。下面两条引语来自同一出处。讲述这段回忆的施泰 因霍夫 (Steinhoff) 准将是 1950 年代德国空军建设的主要负责人之 一, 后出任北约军事委员会主席, 并于 1970 年代中期转入军工业。 文中描述的服药经历发生于 1943 年, 从这些叙述来看, 似应是这 位 1940 年 "英伦空战" 参与者第一次服用柏飞丁这种兴奋剂。

179. Osterkamp, Theo, »Durch Höhen und Tiefen jagt ein Herz«, Heidelberg 1952, 第 245 页; 另参见 Speer 前述著作, 第 272 页。

180. Falck, Wolfgang, »Falkenjahre. Erinnerungen 1903 – 2003«, Moosburg 2003, 第 230 页。

181. Overy, Richard, J., »German Aircraft Production 1939 – 1942«, in: Study in the German War Economy, zugl. Diss. Queens College, Cambridge 1977, 第 97 页。

182. BArch-Freiburg ZA 3/842, Göring zu Oberstleutnant Klosinski, Kommodore des K. G. 4, im Herbst 1944, zitiert aus Befragungsprotokoll Klosinskis durch Suchenwirth am 1. 2. 1957, 参见 Onlinepublikation http: // hss. ulb. uni – bonn. de/2005/0581/0581. pdf。

183. 第一次世界大战时, 可卡因并不是消除疲倦的常见药物。兰克在 1940 年 2 月 (未公开发表的) 有关唤醒剂的报告 (BArch-Freiburg, RH 12 – 23/1882) 中指出: "唤醒剂属于强效药物。可卡因由于具 有强烈的致瘾性并有可能对身体造成严重损害, 故不适合于在军事 领域加以应用。"

184. BArch-Freiburg ZA 3/326, stenographischer Bericht über die Besprechung beim Reichsmarschall am 7. 10. 1943, » Betr. : Heimatverteidigungsprogr amm«.

185. Linge, Heinz, »Bis zum Untergang«, München 1980, 第 219 页。

186. 参见 »Udets Ernst, Spaßpilot, Kriegsverbrecher und komischer Zeichner «, in Meurer, Christian, »Wunderwaffe Witzkanone -Heldentum von Heß

bis Hendrix«, Essay 09, Münster 2005, 第 73 页及下页。

187. 柏林德国通讯社 1941 年 11 月 18 日消息，摘自 Udet, Ernst, » Mein Fliegerleben«, Berlin 1942。

188. 参见 Suchenwirth, Richard, »Ernst Udet-Generalluftzeugmeister der deutschen Luftwaffe«, unveröffentlichte Studie, BArch-Freiburg ZA 3/805。

189. 甲基苯丙胺一方面药效明显强于苯丙胺，另一方面，在服用不当（剂量过大，服用过频）的情况下，很有可能对神经造成毒害。它将导致中枢神经的血清素和多巴胺分泌能力下降，并由此使身体的神经化学系统发生持续性改变。

190. BArch-Freiburg RH 12 – 23/1884, Brief Conti vom 20. 12. 1940.

191. BArch-Freiburg RH 12 – 23/1884, Brief Handloser vom 20. Und 29. 1. 1941.

192. Speer, Ernst 前述著作，第 18 页。

193. Holzer 前述著作，第 242 页及下页。

194. Holzer 前述著作，第 245 页及下页。

195. BArch-Berlin NS 20 – 139 – 6/Rundschreiben Vg. 9/41, NSDAP, Hauptamt für Volksgesundheit, 3. 2. 1941, Conti, 摘自 Holzer 前述著作，第 244 页。

196. RGBl. I, 12. 6. 1941, 第 328 页："第 6 条，有关将其他药品纳入鸦片法条例的规定。"

197. 一些富有经验的军医——如卫生监察官安东·瓦尔德曼（Anton Waldmann）——很早便发出警示："目前全民处于神经紧张和急躁状态，毒品消费不断增长。尽管效率有所提升，但如不及时采取措施应对，颁发禁令并让民众调养生息，很可能会面临全民健康全线崩溃的危险。"摘自瓦尔德曼前述著作，Tagebucheintrag vom 1. 11. 1940。

198. 参见帝国"化学品"局 1941 年 5 月 7 日致泰姆勒公司函——"帝国国防委员会主席、帝国总理戈林元帅有关加速推进国防军装备计划的命令"，Landesarchiv Berlin, A Rep. 250 – 02 – 09 Temmler。

199. IfZArch, MA 617, Rolle 2, Manuskript einer Rede Theo Morells, 第 4 页。他以颇具时代特色的方式，将两句有关传统家长式病患关系的名言合并在一起：前一句"医患之间的信任关系"系出自西普鲁士医生与医学史作家埃尔文·列克（Erwin Liek，1878～1935），后一句关于"行医之道"的观点系出自俾斯麦的私人医生埃米尔·施文尼格尔（Emil Schweninger）之口。

200. Fest 前述著作，第 737 页。

201. 同上书，第 992 页。

202. *Der Spiegel*，42/1973，第 201 页。

203. Gisevius, Hans Bernd，»Adolf Hitler. Versuch einer Deutung«，München 1963，第 523 页。

204. Kershaw, Ian，» Hitler 1889 – 1945 – Das Standardwerk «，München 2008，第 850 页。在书中另一处（第 947 页），作者的表述同样也有些含糊不明："莫雷尔和他的医术对解释德国所经历的灾难而言，是一个既非重要，亦非不重要的因素。"

205. 参见 Neumann, Hans-Joachim und Henrik Eberle，» War Hitler krank? – Ein abschließender Befund«，Köln 2009，第 97、100 页。

206. BArch-Koblenz N1348, Eintrag Morell 8. 11. 1944.

207. »Gutachten über Professor Morell «，Camp Sibert，15. 1. 1946，Entry ZZ – 5. In：IRR-PersonalName Files，RG NO. 319，Stack Area 230，Row86，Box 11，National Archives at College Park，MD.

208. 同上。

209. 这三位专家分别是图宾根大学药学所主任费利克斯·哈弗纳（Felix Haffner）教授、同样来自图宾根大学的康纳德·恩斯特（Konrad Ernst）教授以及来自克莱伯施泰因（Krebsstein）的特奥多尔·本辛尔（Theodor Benzinger）博士。"1947 年 4 月 23 日，这三位科学家签署了一份书面声明，大意是从现有文件中无法发现希特勒可能经常摄入毒品的信息。"此外，美方还询问了柏林大学药学研究所的霍依普纳（Heubner）教授以及帝国卫生局鸦片处负责人林茨（Linz）教授，两人都矢口否认希特勒存在大剂量使用麻醉剂的问题。但同时也有不同的声音：接受讯问的柏林缉毒处警官容尼克尔（Jungnickel）、柏林米特区恩格尔药房老板约斯特（Jost）先生以及柏林大学法医和犯罪侦查研究所所长穆勒－赫斯（Müller-Hess）教授都表示，由私人医生向希特勒提供毒品的情况是有可能存在的。但是，这些人却不愿或无法就毒品的具体数量和作用提供进一步信息。In: IRR impersonal Files, RG NO. 319, Stack Area 770, Entry 134A, Box 7: » Hitler, Poisoning Rumors «, XE 198119, National Archives at College Park, MD.

210. "… inorder to provide further material for the debunking of numerous Hitler myths", 来源同上。

211. BArch-Koblenz N1118, Nachlass Goebbels, Brief an Hitler, Weihnachten 1943.

212. Schramm, Percy Ernst, »Adolf Hitler-Anatomie eines Diktators« (5. Und letzte Fortsetzung), in: *Der Spiegel* 10/1964.

213. 摘自 Schenck, Ernst Günther, » Dr. Morell. Hitlers Leibarzt und seine Medikamente«, Schnellbach 1998, 第 110 页。

214. BArch-Koblenz N 1348, Ärztliches Kalenderblatt Morells vom 18. 8. 1941.

215. BArch-Koblenz N1348, Eintrag Morell 9. 8. 1943.

216. BArch-Freiburg RH 12 – 23/1884, 另参见 Holzer 前述著作，第 247 页。

217. BArch-Koblenz N1348, Eintrag Morell 8. 8. 1941.

218. BArch-Koblenz N1348, Eintrag Morell 8. 8. 1941. 关于复合药剂问题可参见 Morells Nachlass an dieser Stelle seinen Brief vom 2. 12. 1944。

219. BArch-Koblenz N1348, Eintrag Morell 8. 8. 1941.

220. BArch-Koblenz N1348, Eintrag Morell 11. 8. 1941.

221. Keller, Philipp, » Die Behandlung der Haut-und Geschlechtskrankheiten in der Sprechstunde«, Heidelberg 1952.

222. BArch-Koblenz N1348, Eintrag Morell 27. 8. 1941.

223. 关于希特勒服用的每一种药品的具体说明参见：www. jkris. dk/jkris/Histomed/hitlermed/hitlermed. htm。

224. 摘自 Katz, Ottmar, » Prof. Dr. med. Theo Morell-Hitlers Leibarzt «, Bayreuth 1982, 第 219 页。

225. Schramm, Percy E. (Hg.), » Kriegstagebuch des Oberkommandos der Wehrmacht 1940 – 1941«, Teilband II, 1982, 第 673 页。

226. 同上书，Eintrag vom 21. 10. 1941, 第 716 页。

227. BArch-Freiburg RH 12 – 23/1882, Dr. Guther, Otto, » Erfahrungen mit

Pervitin«，27. 1. 1942.

228. 海军也不例外。"欧根亲王"号重型巡洋舰撤离布雷斯特港口便经
历了类似的情况。当时，"欧根亲王"号遭到了英国空军的狂轰滥
炸，为避免战舰被炸沉并由此使德军形象受损，希特勒下令让"欧
根亲王"号与另外两艘同样遭受攻击的战舰——"格奈森瑙"号与
"沙恩霍斯特"号战列巡洋舰——一同撤离港口返航。此时，德军面
临的问题是，这些战舰必须穿越英吉利海峡，才能返回距离布列斯
特港口约两天航程的德国港湾。在过去两个世纪里，还不曾有过一
支敌国舰队能够毫发无损地驶过 300 海里长的英国海岸。因此，海
军司令部一再以"无法实施"为由拒绝执行上述命令。可是到 2 月
11 日这一天，德方的机会来了。这天深夜，布列斯特港浓雾弥漫，
负责监视德国海军基地的英国潜艇放松了警惕，因为在英国人看来，
在这个时间，德国战舰不可能再有任何行动。于是，一场持续 48 小
时无眠无休的战斗航程开始了。所有人各就各位，严阵以待：在瞭
望塔上，在机舱里，在指挥中心，在甲板上。每个人都必须保持高
度戒备，不得有任何松懈，否则随时有可能给行动造成无可挽回的
影响。为此，每个人都被发放了舒口巧克力（Schokakola，每人一
份）和柏飞丁药片。"欧根亲王"号随船军医在总结报告里有关 2 月
12 日这一天的记录中写道："以战斗小组为单位发放药片，每人 3
片。"大约中午时分，德军舰队驶过了丹佛港。在此期间，英国人
发现了德军在他们眼皮底下展开的行动。部署在海边的高射炮部队
集中所有火力，向德国战舰开火。英国空军派出 240 架轰炸机加入
攻击行动，而德国空军则派出 280 架战斗机，与英军展开对抗。战
舰上的官兵全体投入战斗，用大炮和防空狙击炮回击敌人。一场以
苯丙胺助力的战斗在海上打响："柏飞丁的强力药效将睡魔和困倦
一举驱散，"海军上校军医维特（Witte）在报告中称。2 月 13 日傍
晚，德国战舰抵达威廉港。在英国人眼里，德国舰队成功横渡英吉
利海峡是英国海上历史的最大耻辱之一。这次行动的成功给德国人
带来了一大收获，正如德方军医在报告中所总结的："为处于高度战
备状态的舰船配备柏飞丁是十分必要的。每支拥有 1500 名兵力的部
队需要的药品配给为 1 万片。"（BArch-Freiburg RM 92 – 5221/Bl. 58
– 60，Kriegstagebuch des Kreuzers » Prinz Eugen « 1. 1. 1942 –

31. 1. 1943, Bd. 2,»Geheime Kommandosache- Ärztlicher Erfahrungsbericht über den Durchbruch des Kreuzers > Prinz Eugen < durch den Kanal in die Deutsche Bucht am 11. 2. 1942 bis 13. 2. 1942.)

229. 一条铁的定律是：只要在两天至三天内连续服用 3 剂、每剂 10 毫克（3～4 片柏飞丁）甲基苯丙胺类药物，就会导致人体产生抗药性。每个人的耐药性反应视个人身体情况而定：有些人只要服用 2 剂，就必须靠增大剂量才能保证最初的药效；有些人需要连续几天服用固定剂量后，才能明显感觉出药效下降。总体而言，甲基苯丙胺通过对大脑神经细胞的人为刺激，抑制了人体机能的自然界限，即人体的警示功能。当事者对生理和心理负荷的承受力失去了感知，在身体明明需要休息的情况下，却依然无限制地加大负荷。

230. BArch-Freiburg Rh 12 – 23/1384,Heeresverordnungsblatt 1942, Teil B, Nr. 424, 第 276 页，» Bekämpfung des Missbrauchs von Betäubung smitteln«；另参见 Holzer 前述著作，第 289 页及下页。

231. Halder,Franz, »Kriegstagebuch. Tägliche Aufzeichnungen des Chefs des Generalstabes des Heeres 1939 – 1942 «, Bd. 3, Stuttgart 1964, 第 311 页。

232. Gisevius前述著作，第 471 页；引语摘自 Fest 前述著作，第 883 页。

233. BArch-Koblenz N1348, Brief Morell an den Herzspezialisten Professor Weber vom 2. 12. 1944："散步变成了一个陌生的词，因为在好几个月里，每日在户外逗留一刻钟变成了一种规定动作。"

234. 摘自 Schenck,Ernst Günther, » Patient Hitler «, Augsburg 2000, 第 389 页。

235. IfZArch, MA 617,Rolle 3. Aus einem Brief des Mutaflor-Erfinders Nißle an Morell vom 1. 3. 1943.

236. Speer 前述著作，第 592 页。

237. IfZArch, MA 617,Rolle 1, Sicherheitsmaßnahmen für FHQ Werwolf vom 20. 2. 1943.

238. Speer 前述著作，第 256 页及下页。

239. 摘自 Fest 前述著作，第 903 页。

240. Speer 前述著作，第 361、368 页。

241. Schramm 前述著作，Eintrag vom 21. 12. 1942。

242. BArch-Koblenz N1348, Eintrag Morell 18. 8. 1942.

243. Haffner 前述著作，第 110 页。

244. Fest 前述著作，第 922 页。

245. Speer 前述著作，第 345、353 和 475 页。

246. Brief der Engel-Apotheke an Theo Morell vom 29. 8. 1942, National Archives Microfilm Publication T253/45.

247. BArch-Koblenz N1348, Eintrag Morell 9. 12. 1942.

248. 来源同上，Eintrag Morell 17. 12. 1942。

249. 摘自 Pieper 前述著作，第 174 页。

250. IfZArch, MA 617, Rolle 1.

251. Gesprächsnotiz Morell, National Archives Microfilm Publication T253/45，下面两条引语来自同一出处。

252. BArch R42/5281 – 5182, Brief vom 20. 8. 1942, sowie BA R38/0156 – 0157, Brief vom 25. 1. 1943.

253. IfZArch, MA 617, Rolle1, Aufstellungvom 14. 2. 1943. 另外他还计划制造一种"水溶性脊髓制剂"（从神经组织中萃取合成），参见 1943 年 9 月 22 日与穆里（Mulli）博士的对话。

254. Aus einem Brief Morells an seine Frau vom 22. 10. 1942, National Archives Microfilm Publication T253/45.

255. Bescheid von Reichskommissar Koch vom 29. 8. 1942, National Archives Microfilm Publication T253/35.

256. IfZArch, MA 617, Rolle 2, Brief Morell an Koch vom 22. 9. 1942.

257. 参见 Brief an Dr. Möckel vom 1. 4. 1944："我对你硕果累累的科研工作以及对毒品的关注很感兴趣。"另参见 Briefe Morells an Koch vom 14. und 17. 12. 1943, National Archives Microfilm Publication T253/35。

258. 参见 Schlögel, Karl, in: DIE ZEIT, 30. 10. 2014，第 19 页。

259. 摘自 Schenck,»Dr. Morell«，第 267 页。

260. Brief Morell an Koch vom 16. 10. 1942, National Archives Microfilm Publication T253/35.

261. BriefKoch vom 31. 10. 1943. 这里涉及的屠宰场所在城市包括维尼察（Winniza）、基辅、赫梅利尼茨基（Proskurow）、别尔基切夫（Berditschew）、日托米尔（Shitomir）、杜布诺（Dubno）、达尔尼齐

亚（Darnitsa）、卡扎京（Kasatin）、克洛佩夫尼茨基（Kirowograd）、白采尔科维（Biala-Cerkow）、尼古拉耶夫（Nikolajew）、梅利托波尔（Melitopol）、扎波罗热（Saporoshje）、第聂伯罗（Dnjepropetrowsk）、波尔塔瓦（Poltawa）、克列缅丘格（Krementschuk）、乌曼（Uman）、科罗斯坚（Korosten）等。National Archives Microfilm Publication T253/42.

262. 摘自 Schenck,》Dr. Morell《，第 253 页。

263. Vandenberg,Philipp,》Dieheimlichen Herrscher：Die Mächtigen und ihre Ärzte《，Bergisch-Gladbach 2000，第 256 页。

264. Brief Morellan Amtmann Schuhmacherin Lembergvom 12. 12. 1943, National Archives Microfilm Publication T253/35.

265. 国防军元首顾问团在一项指示中称："对所有为非战略目的随意或未经批准征用车辆的人员，均以破坏战争罪论处。"National Archives Microfilm Publication T253/36.

266. IfZArch,MA 617, Rolle 3, Notiz über ein Gespräch mit Dr. Mulli vom 9. 10. 1943 um 22. 35 Uhr.

267. 来源同上,Brief Fa. Hamma an Morell vom 5. 2. 1945，下面的引语来自同一出处。

268. 参见 Brief Morell an Reichsminister Ohnesorge vom 11. 2. 1944："我会向元首建议，请求他拨冗接见您。" National Archives Microfilm Publication T253/41.

269. IfZArch, MA 617, Rolle 3, Brief Mulli an Morell vom 10. 8. 1943.

270. Brief Morell an Koch, vom 28. 10. 42, National Archives Microfilm Publication T253/35.

271. Briefentwurf Morell,》Betr. Herstellung neuer Arzneifertigwaren《，30. 3. 1944. National Archives Microfilm Publication T253/38. 信中还写道："我用在乌克兰收集的牛肝，加入一些特殊的有效成分，加工制成注射用肝脏制剂。这是第一种可被人体顺利吸收的肝脏针剂。一年多来，经过与我相熟的名医以及我本人的亲身试验，证明它的药效是超群的。由于在市场上无法买到同类产品，我不得不亲自组织生产，因为从我的病人的健康考虑，如果我不亲自制造这些药物，我的治疗工作就无法正常完成。为了人民健康，特别是我的病人的健康考虑，必须另想办法绕开那些烦琐的官僚程序。"

272. Tagebucheintrag Goebbels vom 20. 3. 1942. Zitiert nach Gathmann, Peter und Martina Paul,»Narziss Goebbels-Eine Biografie«, Wien 2009，第 95 页。

273. Brief Weber an Morell vom 16. 6. 1943, National Archives Microfilm Publication T253/34. 信中还透露，戈培尔在一次接受莫雷尔针剂治疗后，连续头痛了三天。

274. BArch-Koblenz N1348,»Führerbefehl zur Untersuchung einer Slibovicz-Probe auf Methylalkohol und andere schädliche Stoffe« vom 11. 1. 1944. 陆军医院当天回复称："味道和气味像是斯利沃威茨白兰地。从检验结果看，饮用它不会给健康造成危害。"

275. 摘自 Schenck,Ernst Günther,»Patient Hitler-eine medizinische Biographie«, Augsburg 2000，第 389 页及下页。

276. BArch-Koblenz N1348, Eintrag Morell 18. 7. 1943.

277. BArch-Koblenz N1348, Eintrag Morell 6. 12. 1943.

278. 摘自 Yang, Rong,»Ich kann einfach das Leben nicht mehr ertragen-Studien zu den Tagebüchern von Klaus Mann（1931 – 1949）«, Marburg 1996，第 107 页。

279. 摘自 Pieper 前述著作，第 57 页。

280. BArch-Koblenz N1348, Eintrag Morell 18. 7. 1943，下面的引语来自同一出处。

281. 来源同上，»Special Entry of July 18, 1943«。

282. 在美国药品市场上，用优可达中的有效成分羟考酮（Oxycodon）制成的药物 "Oxygesic" 和 "Oxycontin" 在 2010 年的销售额达到 35 亿美元，在所有药品中名列第五位。在德国，销售量最大的口服羟考酮类药品是 "Oxygesic"。目前在德国市场上，拥有药品许可的羟考酮类成药共有 147 种，其中大多数是用于治疗慢性头痛等病症的缓释制剂。希特勒于 1943 年夏天首次服用的以 "优可达" 命名的药物，已于 1990 年停止销售。

283. Burroughs, William,»Naked Lunch«, 1959。摘自 *Die Tageszeitung*, 5. 2. 2014，第 15 版。

284. Speer 前述著作，第 119 页。

285. 摘自 Katz 前述著作，第 280 页。

286. Brief Morell an Sievert vom 26.8.1943, National Archives Microfilm Publication T253/45.

287. Brief des Apothekers Jost an Morell, 30.4.1942："因为我需要为可卡因消费提供证明并在麻醉品登记册中做相应记录，故请尽快按照 B. M. G. 规定开具五份处方并邮寄给我。" National Archives Microfilm Publication T253/45。另参见 Brief vom 10.10.43 in T253/39。

288. 在这一时期出售的明信片上，印着这样的宣传性口号："元首心中只有奋斗、工作和操劳。大家应各尽所能，为其分忧。"

289. 参见Canetti, Elias, »Masse und Macht«, 1994, 第 330 页。

290. Goebbels, Joseph, »Die Tagebücher«, Teil II, Diktate 1941–1945, Bd. 9, Juli bis September 1943, München 1987, 第 456 页及下页。

291. Brief Koch an Morell vom 31.5.1943, National Archives Publication T253/37.

292. BArch-Koblenz N1348, Eintrag Morell 7.10.1943.

293. 来源同上，Eintrag Morell 21.11.1943。

294. 来源同上，Eintrag Morell 27.1.1944。

295. Brief Staatssekretär Köglmaier an Morell, 10.12.1943, National Archives Microfilm Publication T253/35.

296. Speer 前述著作，第 339 页。

297. 参见Brief Frau v. Kries, Adjutantur der Wehrmacht beim Führer an Morell vom 17.2.1943："大家感觉有些疲惫，如蒙用药物提供帮助，我们将不胜感激。希特勒万岁！"（IfZArch, MA 617, Rolle 2.）

298. Brief Morell vom 1.12.1944, National Archives Microfilm Publication T253/37.

299. 最具代表性的例子参见一位老病人于 1944 年 4 月 14 日致莫雷尔的信："我们经常说起你和你们。这些回忆总是让我们感觉很振奋。" National Archives Microfilm Publication T253/38.

300. BArch-Freiburg RH 12－23/1321, Durchschlag, Ph IV Berlin, 20.12.1943 an den »Herrn des Stabes«. 另参见 Holzer 前述著作，第 254 页及下页。

301. BArch-Freiburg RH 12 – 23/1321, Bl. 125 a, gez. Schmidt-Brücken und Wortmann, Oberstabsapotheker.

302. "请即刻向反间谍局提供 1 公斤制造商原产可卡因。"参见 BArch-Freiburg RH 12 – 23/1322, Bl. 123, Wortmann an Hauptsanitätspark Abt. 1, 22. 5. 1944, geheim。

303. 据 Herta Schneider 口述，引自 Toland 前述著作，第 920 页。

304. BArch-Koblenz N1348, Eintrag Morell 9. 1. 1944.

305. 来源同上，Eintrag Morell 9. 1. 1944。

306. 来源同上，Eintrag Morell 29. 1. 1944。

307. 来源同上，Brief Morell an seine Frau vom 16. 5. 1940。

308. 1949 年，曼施泰因被一所英国法庭判处战争罪。1953 年出狱后，他作为唯一一位前国防军陆军元帅出任新组建的联邦国防军非官方顾问，一直到 1960 年卸职。1955 年，他写作出版了具有自我美化色彩的回忆录《失败的胜利》（*Verlorene Siege*），他在书中极力为自己在对苏战争中的行为进行辩解，并将大部分责任推卸到希特勒身上。

309. 参见»Marshal von Kleist, Who Broke Maginot Line in 1940, Seized«, in: The Evening Star Washington, D. C., vom 4. 5. 1945，第 1 页。

310. Bericht von Hasselbach vom 29. 5. 1946, S. 3, IRR-Personal Name Files, a. a. O., Box 8, National Archives at College Park, MD.

311. BArch-Koblenz N1348, Eintrag Morell 14. 3. 1944.

312. 摘自»Life History of Professor Dr. med. Theo Morell«, 第 6 页；IRR-Personal Name Files, a. a. O., Box 8, National Archives at College Park, MD。

313. Brief Dr. Stephan Baron v. Thyssen-Bornemisza vom 5. 11. 1943, National Archives Microfilm Publication T253/45.

314. 他到底给这些病人开了哪些药，只有部分留下了记录（如墨索里尼的治疗笔记），其他大部分记录很可能都在战争后期的混乱中遗失了。

315. IfZArch, MA 617, Rolle 2, Brief Morell an Luise Funk, die Frau des Reichswirtschaftsministers, 12. 5. 1944. 他为自己安排助手或许还有另一个原因：莫雷尔确实曾有过在希特勒面前扶植威伯之意，这一

点在威伯后来的笔记中可以得到确认。莫雷尔的考虑是，一旦形势所需，他即可让威伯接替自己的工作，以便自己脱身。但是，莫雷尔的这条金蝉脱壳计最终只停留在设想阶段，而没能真正付诸实施。直到被希特勒解雇，他从未真正尝试过脱离希特勒的核心权力圈。

316. BArch-Koblenz N1348, Einträge Morell vom 20. und 21. 4. 1944.

317. 随着红军不断挺进，莫雷尔无法再从乌克兰获得动物肝脏原料。于是，他开始从波希米亚和摩拉维亚搜集"寄生虫和蚂蟥肝脏"，即被各类吸虫，如牛羊肝吸虫（Fasciolahepatica）和矛形双腔吸虫（Dicrocoelium lanceatum）（Trematoda）侵蚀的动物肝脏，但莫雷尔并不把这一问题当回事。参见 Brief vom 28. 10. 1944 an Morell von seiner Firma Hamma（T253/34）以及 Morells Brief an den Reichsminister des Innern（T253/42）："自从丢掉乌克兰后，我们急需找到新的原料基地。出于众所周知的原因，（我们）无法在旧帝国找到需要的健康完好的肝脏原料。但是，在采取相应的谨慎措施的情况下，这些所谓寄生虫和蚂蟥肝脏对加工萃取肝脏制剂并无影响。由此可以保证，这些毫无用处的废料经过加工，将会变成价值连城的珍贵药品。"

318. BArch-Koblenz N1348, Brief Morell an Wirtschaftsminister Funk vom 12. 5. 1944.

319. 摘自 Katz 前述著作，第 245 页。

320. 同上书，第 161 页。

321. Goebbels, Joseph, »Die Tagebücher «, Teil II, Diktate 1941 – 1945, Bd. 12, April bis Juni 1944, München 1987, 第 405 页。

322. BArch-Koblenz N 1348, Eintrag Morell 10. 6. 1944.

323. 来源同上，Eintrag Morell 14. 7. 1944。

324. 来源同上，Eintrag Morell 20. 7. 1944。

325. Giesing, Erwin, »Bericht über meine Behandlung bei Hitler«, Wiesbaden 12. 6. 1945, Headquarters United States Forces European Theater Military Intelligence Service Center：OI-Consolidated Interrogation Report（CIR），National Archives at College Park, MD, 第 10 页。

326. Der Spiegel, 24/1973, » Adolf Hitler: Aufriß über meine Person «, 第

103 页及下页。

327. 同上。

328. Schmidt, Paul, »Statist auf diplomatischer Bühne 1923-1945 «, Bonn 1950，第 582 页。

329. Benn, Gottfried, »Sämtliche Werke. Band I: Gedichte 1 «, Stuttgart 1986，第 46 页。

330. Giesing前述著作，下面的引语来自同一出处。

331. 吉辛在一个黄色封面的日记本中记录了希特勒的治疗情况。他给日记本上了密码锁，文字内容是用拉丁语写成，还配上了一堆自创的符号。参见 Toland, John, »Adolf Hitler«, Bergisch Gladbach 1977，第 1013 页。

332. BArch-Koblenz N1348, Eintrag Morell 5. 8. 1944.

333. Giesing 前述著作，下面两条引语来自同一出处。

334. 默克公司研制的 Psicain 除外，但这种药物对敏感病人来说，有可能导致心律失常。

335. Kershaw前述著作，第 943 页："他因服用缓解痉挛的鸦片类药物而被麻醉，或因吉辛为治疗结膜炎在眼药水中掺入的1% 浓度可卡因而导致上瘾，以上两种情况均可排除。"但医学上的事实是，他从吉辛这里得到的并非 1% 浓度的眼药水，而是 10% 浓度的鼻腔和口腔涂抹。这两者的药物作用之间有着天壤之别。希特勒传记作者费斯特（Fest）完全忽视了可卡因的影响，而费斯特本人十分看重的希特勒研究专家维尔纳·马泽尔（Werner Maser）虽然对希特勒吸毒细节做过详细描述，但并未由此得出具体结论。

336. Schenck, »Patient Hitler «, 第 507 页。

337. 参见 Giesing 前述著作，下面五条与此相关的引语来自同一出处。

338. Toland 前述著作，第 1022 页。

339. Giesing 前述著作。

340. Maser 前述著作，第 397 页。

341. BArch-Koblenz N1348, Eintrag Morell 3. 10. 1944.

342. Below, Nicolaus von, »Als Hitlers Adjutant 1937 – 1945«, Mainz 1980, 第 384 页。

343. BArch-Koblenz N1348, Eintrag Morell 23. /24. 9. 1944；另参见 Eintrag

Morells vom 17. 10. 1943。常规临床剂量为每日 0. 005 ~ 0. 01 毫克，也就是说，希特勒索要的剂量是正常剂量近 4 倍，由此导致并发症的危险明显上升，对心理造成的影响也不可避免。

344. Speer 前述著作，第 372 页。

345. BArch-Koblenz N1348, Eintrag Morell 30. 10. 1944.

346. 来源同上，Eintrag Morell 4. 10. 1944。

347. 摘自 Bericht Giesing，第 15 页，收录于 »Hitler, Adolf-A composite Picture«, Entry ZZ – 6. In: IR R-Personal Name Files, RG NO. 319, Stack Area 230, Box 8, National Archives at College Park, MD。

348. BArch-Koblenz N1348，所有引语摘自 Bericht Morells über sein Treffen mit Ribbentrop, verfasst im Münchner Regina-Palast-Hotel am 6. 6. 1943。

349. BArch-Koblenz N1348，所有引语摘自 Brief von Bormann vom 26. 6. 1944。

350. BArch-Koblenz N1348, handschriftliche Menükarte vom 3. 10. 1944.

351. 参见 Liljestrand, G.，»Poulsson's Lehrbuch für Phar makologie«, Leipzig 1944。

352. Giesing 前述著作。

353. 摘自 Katz 前述著作，第 295 页及下页。

354. Giesing 前述著作。

355. 莫雷尔采用的消毒方法肯定是不妥当的。关于注射时的消毒问题参见 »Alkohol und Instrumentensterilisation «, in: *Deutsche Medizinische Wochenschrift*, Bd. 67, 1941。其中写道："在针管注射时，不应使用酒精消毒。"

356. Giesing, a. a. O., Gespräch Giesings mit Hitler vom 2. 10. 1944.

357. Giesing 前述著作，下面两条希姆莱的引语也来自同一出处。

358. BArch-Koblenz N1348, Eintrag Morell 8. 10. 1944，另参见 Brief Bormanns an den Reichspressechef vom 10. 10. 1944。

359. 来源同上，Eintrag Morell 8. 11. 44，下面两条引语来自同一出处。

360. BArch-Koblenz N1348, Eintrag Morell 7. 11. 1944.

361. Brief an Bernhard Wenz vom 23. 10. 1944, National Archives Microfilm Publication T253/36.

362. IfZArch, MA 617, Rolle 1.

363. BArch-Koblenz N1348, Eintrag Morell 9. 11. 1944.

364. IfZArch, MA 617, Rolle 3, Brief Prof. Nißle an Morell, 1. 3. 1943.

365. IfZArch, MA 617, Rolle 1. 下面的信函摘要来自同一出处。

366. BArch-Koblenz N1348, Eintrag Morell 8. 12. 1944.

367. 来源同上, Eintrag Morell 3. 11. 1944。

368. 来源同上, Eintrag Morell 15. 4. 1945。

369. 来源同上, Eintrag Morell 11. 11. 1944, 下面的引语来自同一出处。

370. 来源同上, Eintrag Morell 16. 11. 1944, 下面的引语来自同一出处。

371. 来源同上, Eintrag Morell 20. 10. 1944。

372. 来源同上, Eintrag Morell 1. 11. 1944。

373. 来源同上, Eintrag Morell 30. 10. 1944。

374. 来源同上, Eintrag Morell 31. 10. 1944。

375. 来源同上, Eintrag Morell 8. 11. 1944。

376. Giesing 前述著作。

377. BArch-Koblenz N1348, Eintrag Morell 18. 7. 1943 und 29. 9. 1944.

378. 参见 Toland 前述著作, 第 1013 页。

379. BArch-Koblenz N1348, Eintrag Morell 30. 9. 1944, 下面的引语来自同一出处。

380. 来源同上, Eintrag Morell 21. 11. 1944。

381. 来源同上, Eintrag Morell 24. 11. 1944。

382. 来源同上, Eintrag Morell 27. 11. 1944.

383. Benjamin, Walter, »Gesammelte Schriften«, Bd. VI, Frankfurt 1986, 第 561 页。

384. Römpp, Hermann, »Chemische Zaubertränke«, Stuttgart 1939.

385. Wagner, Richard, » Tristan und Isolde « (Uraufführung 1865), 3. Aufzug, 1. Auftritt (Kurwenal).

386. Luck, Hans von, » Mit Rommel an der Front «, 3. Auflage Hamburg 2006, 第 103 页。

387. Härtel- Petri, Roland, »Crystalspeed-Crystal-Meth-Kristallines N-Methamphetamin, eine kurze Einführung«, Bezirksklinik Hochstadt, 第 50 页; 另参见 Klee, H. (Hg.), » Amphetamine Misuse: International

Perspective on Current Trends«，Amsterdam 1997，第 181～197 页。

388. 战后，很少再有人说起关于的药瘾问题。它对 1950 年代社会所造成的影响，也只是极少数人研究的课题。可参见 Billy Wilders 以柏林为背景拍摄的电影《一、二、三》（*Eins Zwei Drei*），在影片中，由詹姆斯·卡格尼（James Cagney）饰演的可口可乐经销商 C. R. MacNamara 喝咖啡的时候"只"需要再配上"两片柏飞丁，来度过这辛苦的一天。"

389. Landesarchiv Berlin, A Rep. 250 – 02 – 09 Temmler.

390. BArch – Berlin R86/4265：1944 年 1 月 17 日，泰姆勒公司获得了在该地制造柏飞丁的新颁许可证。另参见莫雷尔病人 Gorrissen 于 1944 年 11 月 8 日的来函，在信中，他描写了纳粹德国老人们的日常精神状态："话说我确实需要点儿东西来给自己打气。比如说，每次我要去城里办事（或者更麻烦的是从城里回来，面对接下来的十二分钟路程），我都习惯在之前吃上半片或一片柏飞丁，让疲乏的身体稍稍振作起来。不过，我知道这药不能吃太多，不然的话就会上瘾。这是我的社区医生告诉我的。您可以想象一下，一个人身体上已经步入暮年，思想上却还充满干劲，以为自己的精力还像十年前一样旺盛，这是多么糟糕的一种感觉。"参见 National Archives Microfilm Publication T253/38。

391. BArch-Freiburg RH 12 – 23/1930. 会议日程可以说明一切："9：30，'能量剂（特别是咖啡因和柏飞丁）的化学结构与合成'，斯特拉斯堡帝国大学药学所教授施莱默博士（Dr. Schlemmer）；10：00，'能量剂药理学分析'，柏林空军医学院校尉军医布洛克博士（Dr. Brock）；10：20，'能量剂的临床应用'，上校军医、教授乌伦布鲁克博士（Dr. Uhlenbruck）。"

392. BArch-Freiburg RH 12 – 23/1611, Stabsarzt Dr. Soehring,» Verwendung von Morphin-Pervitinbei Verwundetentransporten«，23. 11. 1944，下面的引语来自同一出处。

393. »Interrogationreporton one German Naval PW«, in: Entry 179, Folder 1, N 10 – 16, RG NO. 165, Stack Area 390, Box 648, National Archivesat College Park, MD.

394. OKW 829/44. Geh.，引语摘自 Pieper 前述著作，第 142 页。

395. Whitman, Walt,»Specimen Days & Collect«, Philadelphia 1883, 第 80 页。

396. Below 前述著作, 第 366 页。

397. Nöldeke, Hartmut, und Volker Hartmann,» Der Sanitätsdienstin derdeutschen U-Boot-Waffe«, Hamburg 1996, 第 211 页。

398. 1942 年 10 月, 奥热霍夫斯基也曾在卡纳克与兰克会面, 两人在会面时究竟谈了些什么, 在文献中没有记载。在战争后期, 奥托·兰克很少再与柏飞丁打交道, 而是转行研究军人生理学的其他课题。战后, 兰克出任埃朗根大学生理学系教授, 并于 1959 年因心脏病去世。在《医学周刊》(Bd. 38, H. 8, 1960, S. 414/415) 发表的纪念文章中, 作者对"柏飞丁"只字未提。

399. BArch-Freiburg N 906, Unveröffentliches Kriegstagebuch Armin Wandel, 26. 2. – 12. 4. 1944.

400. 同上。

401. Bekker, Cajus, » Einzelkämpfer auf See-Die deutschen Torpedoreiter, Froschmänner und Sprengbootpiloten im Zweiten Weltkrieg«, Oldenburg und Hamburg 1968, 第 160 页及下页。

402. BArch-Freiburg N 906, aus dem »Bericht über Gesundheitslage des Kdo. d. K. und Hygiene des Einzelkämpfers«, Geheime Kommandosache. 部队膳食清单为:"白面包, 饼干, 巧克力, 葡萄糖, 适量水果, 用暖水瓶盛放的热咖啡, '海豹'部队外加肉罐头。"这种低纤维饮食的目的是:"在保证热量摄入的前提下, 减少大便次数。"

403. BArch-Freiburg RM 103 – 10/6, Ärztliches Kriegstagebuch des Kommandos der K-Verbände, 1. 9. 1944 – 30. 11. 1944, von Dr. Richert, 第 5 页, Eintrag vom 11. 10. 1944, 下面的四条引语来自同一出处。

404. 海耶少将对集中营用犯人做试验向来没有反感。例如, 他曾从达豪集中营由霍尔茨洛纳 (Holzlöhner) 博士主持的残忍的"人体抗冻试验"中获得启发, 着手"改进其手下水兵的冬季军服", 以保证"在水温极低的情况下也能够随时出战"。由于霍尔茨洛纳教授对防寒问题颇有研究, 因此被邀请出任顾问。BArch-Freiburg, RM 103 – 10/6, Kriegstagebuch Richert, Eintrag vom 23. 10. 1944.

405. 另参见 Sudrow, Anne, » Der Schuh im Nationalsozialismus-Eine Produktgeschichte im deutsch-britisch-amerikanischen Vergleich «, Göttingen 2010, 第 511 页及下页。

406. Gottfried, Claudia: »Konsum und Verbrechen-Die Schuhprüfstrecke im KZ Sachsenhausen«, in: LVR-Industriemuseum Ratingen: Glanz und Grauen: Mode im »Dritten Reich«, Ratingen 2012, 第 48 页。

407. BArch-Freiburg RM 103 – 10/6, Ärztliches Kriegstagebuch des Kommandos der K-Verbände, 1. 9. 1944 – 30. 11. 1944, von Dr. Richert, Eintrag vom 16. bis 20. 11. 1944, sowie Richerts Bericht über die Versuche in Sachsenhausen.

408. Nansen, Odd, »Von Tag zu Tag. Ein Tagebuch«, Hamburg 1949, 第 228 页。

409. BArch-Freiburg RM 103 – 10/6. Ärztliches Kriegstagebuch des Kommandos der K-Verbände, 1. 9. 1944 – 30. 11. 1944, von Dr. Richert, Eintrag vom 16. bis 20. 11. 1944, sowie Richerts Bericht über die Versuche in Sachsenhausen. 所有引语均来自同一出处。

410. »Interrogation report on one German Naval PW«, 第 12 页。

411. 每击沉一艘敌舰，箭鱼的鱼鳍上就会加一道红线。同上，第 5 页。

412. Nöldeke 前述著作，第 214 页及下页，下面的两条引语来自同一出处。

413. 同上书，第 216 页及下页，下面的两条引语来自同一出处。

414. BArch RM 103/11, Funkspruch Heye vom 3. 4. 1945.

415. US-Report prepared by A. H. Andrews Jr. , Lt Cdr. （MC）USNR, und: T. W. Broecker Lieut. USNR, in RG NO. 319, Stack Area 270, IRR Files, Box 612, National Archives College Park, MD.

416. 达豪是巴伐利亚首都的"大门"，1933 年，这里建成了德国第一座集中营。在这里，从一开始，纳粹的"卫生运动"便与生物学意义上的种族主义紧密联系在了一起。最典型的例子是武装党卫军头目希姆莱依照党卫军营养总监君特·申克（Günther Schenck）建议，在这里设立的"草药学与营养研究所"。在这个全欧洲规模最大的草药园里，犯人们在 200 余公顷的土地上遵照有机施肥规定，种植德国在战争中所需的所有植物类毒品和草药。国防军和武装党

卫军对天然草药和膳食调料的需求，几乎全部在达豪种植、干燥和
包装。正如帝国卫生局局长所说，这样做的目的同时也是摆脱对进
口的依赖："在战争中，鉴于对植物类药品的巨大需求，我们必须
要建立一个机构，以保障在现有条件下，及时填补国外药品进口断
货所造成的缺口。"这里种植的唐菖蒲属植物可以作为维生素 C 原
料，园中甚至还栽种了一种能够代替胡椒的植物，希姆莱骄傲地称
之为"达豪胡椒"。正如 1936 年起担任达豪集中营主管助理并于
1940 年出任奥斯威辛集中营指挥官的鲁道夫·胡斯（Rudolf Höß）
所言，这样做的目标是"让德意志人民远离有害健康的外国调料和
人工药物，改用美味无害的天然草药"（Pieper 前述著作，第 282
页）。所有德意志之物都应当变得更健康，所有非德意志之物都必
须被铲除。达豪"种植园"的工作是一项艰巨任务，种植园紧邻
集中营中央区，看守十分严密，暴力事件频频发生。在被抽调到种
植园做苦工的犯人当中，最多的是波兰学者精英：要让草从他们的
血液中生长出来。在希姆莱眼中，"草药园"是把武装党卫军扩建
成为经济帝国计划的重要基石。他要利用集中营里花样无穷的剥削
手段开展研发和生产，将其麾下的恐怖组织变成跨国公司，由其本
人担任"首席执行官"。这个公司将由武装党卫军的各类健康产业
组成，如"德意志营养与膳食试验有限公司""自然疗法和生活方
式休养所有限公司""德意志医药有限公司"，另外还包括对欧洲
占领国矿泉水资源的控制，调料和天然药物生产（在达豪）以及
人体医学实验等。在集中营里，人体医学实验是由空军率先实行
的，其目的是了解人体能够承受的飞行高度极限，以及人在冰冷的
海水中最长能够坚持多久。为此，人们将犯人关进压力舱，进行高
度模拟实验，或让犯人泡在冰冷的浴盆中。此外，在集中营进行的
还有生化实验，如伤口感染实验、疟疾实验等。后者是为德国人未
来到苏联南部地区——如克里米亚、高加索等地——进行开发做准
备。在这种以伪科学为幌子的虐囚行为中，同样也包括药物和毒品
试验。

417. 1942 年主持空军海水低温试验的恩斯特·霍尔茨洛纳早在 1938 年，
便曾在集中营犯人中做过麻醉剂和毒品对中枢神经影响的试验。当
时的试验药物中也包括柏飞丁，其内容包括"在跳伞过程中，柏飞

丁对人体机能的影响"等。(Mitscherlich, Alexander und Fred Mielke, »Medizin ohne Menschlichkeit. Dokumente des Nürnberger Ärzteprozesses«, Frankfurt/M. 1978，第 28 页。)

418. Canetti, Elias 前述著作，第 317 页。

419. Harvard University/Francis D. Countway Library of Medicine/Henry K. Beecher Papers/H MS c64/Box 11，f75，U. S. Naval Technical Mission in Europe：Technical Report no. 331 – 345，下面的引语来自同一出处。

420. 这些在达豪集中营中进行的试验，成为胡伯特·斯图格霍尔特（Hubert Strughold）与美国人谈判时的核心资本。在"回形针行动"（Operation Paperclip）中，他与设计 V2 火箭原始模型的沃纳·冯·布劳恩一道成为美国航天事业的先驱，其研究成果包括曾在 1980 年代冷战中发挥重要作用的潘兴 – II 型导弹。

421. Picker, Henry（Hg.），»Hitlers Tischgespräche im Führerhauptquartier«, München 2003. 引语摘自 Pieper 前述著作，第 270 页。

422. BArch-Koblenz N1348，Eintrag Morell 9. und 10. 12. 1944.

423. 来源同上，Eintrag Morell 8. und 9. 12. 1944。

424. 来源同上，Eintrag Morell 11. 12. 1944。

425. 摘自 Schmölders, Claudia,» Hitlers Gesicht: eine physiognomische Biographie«, München 2000，第 210 页。

426. Shirer, William L.，»Aufstiegund Fall des Dritten Reiches«, Köln/Berlin 1971，第 997 页。

427. BArch-Koblenz N1348，Eintrag Morell 11. 12. 1944.

428. 来源同上，Eintrag Morell 19. 12. 1944。

429. 来源同上，Eintrag Morell 31. 12. 1944。

430. Goebbels, Joseph, in：*Das Reich-Deutsche Wochenzeitung*，31. 12. 1944, Leitartikel，第 1 页及下页。

431. BArch-Koblenz N1348，Eintrag Morell 2. 1. 1945.

432. Pieper 前述著作，第 103 页。

433. Young, Neil,» The Needle and the Damage Done «, Album *Harvest*, 1972.

434. »Conditions in Berlin, March 1945 «, in SIR 1581 – 1582，RG NO. 165, Stack Area 390, Row 35, Box 664, P. 1. National Archives at

College Park, MD.

435. Fischer, Hubert, »Die militärärztliche Akademie 1934 – 1945«, Osnabrück 1985 (1975), 第 23 页。

436. BArch-Koblenz N1348, Eintrag Morell 17. 2. 1945.

437. 这些药剂并不是没有问题的, 这点就连莫雷尔本人也一清二楚。他曾在 1945 年 3 月 22 日的谈话记录中写道: "接到通知, 在奥洛穆茨的检验中发现, 所有新出厂的注射用肝脏制剂均有毒性, 不得出售。"在另一封由莫雷尔寄往科索鲁普染料厂的电报中同样写道: "奥洛穆茨的针剂检验结果显示, 所有药剂均不合格, 因消毒不严且含有毒性, 故严格禁止使用。莫雷尔教授。" National Archives Microfilm Publication T253/39.

438. "我谨在此请求批准销售 Hypophysen-Total-Extrakt 药剂, 该药物将以口服药和针剂的形式投放市场。" 摘自 Brief Morell vom 24. 2. 1945, National Archives Microfilm Publication T253/35。

439. "At the beginning of 1945 the situation became somewhat tense with regard toalcaloids, the manufacturers being unable to produce sufficient quantities owing to the continual air raids", 摘自 Eintrag vom 10. 4. 1945 aus: 0660 Germany (Postwar) 1945 – 1949, Bureau of Narcotics and Dangerous Drugs: Subject Files, 1916 – 1970, Record Group 170; National Archives at College Park, MD。

440. BArch-Koblenz N1348, Eintrag Morell 13. 2. 1945 und 17. 2. 1945.

441. Bezymenskii, Lev, » Die letzten Notizen von Martin Bormann: ein Dokument und sein Verfasser «, München 1974, 第 191 页。

442. BArch-Koblenz N1348, Eintrag Morell 22. /23. 3. 1945.

443. Haffner 前述著作, 第 51 页。德国影片《帝国的毁灭》中由布鲁诺·甘茨 (Bruno Ganz) 饰演的希特勒在表现病痛时的表演太过夸张, 与现实相去甚远。在表现毒品戒断所导致的身体痛苦方面, 由戴米恩·刘易斯 (Damian Lewis) 在美国电视剧《国土安全》(Homeland) 中扮演的角色相对更为可信。

444. BArch-Koblenz N1348, Eintrag Morell 5. 3. 1945.

445. »Der Prozessgegen die Hauptkriegsverbrecher vor dem Internationalen Militärgerichtshof Nürnberg, 14. November 1945 – 1. Oktober 1946 «,

Bd. 41, München 1984, 第 430 页。

446. BArch-Koblenz N1348, Eintrag Morell 20. 4. 1945.

447. Brief Morell an seinen Chemiker Mulli vom 20. 4. 1945，摘自 Schenck,»Patient Hitler«，第 50 页。

448. "Life History of Professor Dr. Med. Theo Morell"，第 6 页，XE051008, National Archivesat College Park, MD。

449. Long, Tania, »Doctor Describes Hitler Injections«, in: *New York Times* vom 22. 5. 1945, 第 5 页。

450. Abschrift eines Schreibens der Fa. Hamma an das Finanzamt für Körperschaften in Hamburg, National Archives Microfilm Publication T253/39.

451. Hartmann, Christian, »Unternehmen Barbarossa: der deutsche Krieg im Osten 1941 – 1945«, München 2011, 第 81 页。

452. BArch-Koblenz N1128, Nachlass Adolf Hitler, Hitlers persönliches Testament.

453. 参见 Bekker 前述著作。

454. BArch-Koblenz N1348, Nachlass Theodor Morell. 参见 Bericht Karl Brandt über Morell vom 19. 9. 1945, 第 2 页。

455. Thukydides,»Der Peloponnesische Krieg«, Wiesbaden 2010.

456. Haffner 前述著作，第 97 页及下页。

457. Eckermann, Johann Peter, » Gespräche mit Goethe «, Frankfurt/M. 1987, 第 496 页。

参考文献

本书的参考文献中，最重要的一部分是由未发表的文献资料构成的。对我的研究工作帮助最大的，是德国联邦档案馆和美国国家档案馆中那些公开不久的档案，那些以往从未公开的资料以及数量庞大的报告和文件。另外给我提供莫大帮助的，是与时代见证者和军事历史学家的一次次谈话。在此值得一提的是，伦敦档案局在涉及第三帝国某些领域的档案解密方面迄今没有作为。在莫斯科，政府对学术界接触苏联秘密档案仍然有着严格限制。

1. 未公开发表的资料

Ärztliches Kriegstagebuch des Kommandos der K-Verbände, 1.9.1944– 30.11.1944, von Dr. Richert, BArch-Freiburg RM 103–10/6.

Ärztliches Kriegstagebuch des Kommandos der K-Verbände, Armin Wandel, BArch-Freiburg N 906.

Ärztliches Kriegstagebuch des Kreuzers »Prinz Eugen«, 1.1.1942 – 31.1.1943, Bd. 2, Geheime Kommandosache – Ärztlicher Erfahrungsbericht über den Durchbruch des Kreuzers »Prinz Eugen« durch den Kanal in die Deutsche Bucht am 11.2.1942 bis 13.2.1942, BArch-Freiburg RM 92–5221/ Bl. 58–60.

Ärztliches Kriegstagebuch Waldau, Chef des Luftwaffenführungsstabes: März 1939 bis 10. 4. 1942, BArch-Freiburg ZA 3/163.

Bericht über die Kommandierung zur Gruppe Kleist, 12.7.1940, BArch-Freiburg RH 12–23/1931.

Bericht über Gesundheitslage des Kdo. d. K. und Hygiene des Einzelkämpfers, Geheime Kommandosache, BArch-Freiburg N 906.

Conditions in Berlin, March 1945, in: SIR 1581–1582, RG NO. 165, Stack Area 390, Row 35, Box 664, P. 1. National Archives at College Park, MD.

Germany (Postwar) 1945–1949, in: Bureau of Narcotics and Dangerous Drugs: Subject Files, 1916–1970, Record Group 170; National Archives at College Park, MD.

Giesing, Erwin, »Bericht über meine Behandlung bei Hitler«, Wiesbaden 12.6.1945, Headquarters United States Forces European Theater Military Intelligence Service Center: OI – Consolidated Interrogation Report (CIR), National Archives at College Park, MD.

»Hitler, Adolf – A composite Picture«, Entry ZZ-6, in: IRR-Personal Name Files, RG NO. 319, Stack Area 230, Box 8, National Archives at College Park, MD.

»Hitler as seen by his doctors«, No. 2, October 15, 1945 (Theodor Morell), sowie No. 4, November 29, 1945 (Erwin Giesing), National Archives at College Park, MD.

Hitlers Testament, BArch-Koblenz N1128, Nachlass Adolf Hitler.

Institut für allgemeine und Wehrphysiologie, BArch-Freiburg, RH12–23, insbesondere RH12–23/1882 und RH12–23/1623.

Interrogation report on one German Naval PW, in: Entry 179, Folder 1, N 10–16, RG NO. 165, Stack Area 390, Box 648, National Archives at College Park, MD.

Landesarchiv Berlin, A Rep. 250-02-09 Temmler.

»Life History of Professor Dr. Med. Theo Morell«, XE051008, National Archives at College Park, MD.

Nachlass Joseph Goebbels, BArch-Koblenz N1118.

Nachlass Theodor Morell:
– BArch-Koblenz N1348.
– Institut für Zeitgeschichte München: IfZArch, MA 617.
– National Archives, College Park, MD, Microfilm Publication T253, Rolls 34–45.

Suchenwirth, Richard, »Ernst Udet – Generalluftzeugmeister der deutschen Luftwaffe«, BArch-Freiburg ZA 3/805.

Suchenwirth, Richard, »Hermann Göring«, BArch-Freiburg ZA 3/801.

Unveröffentliches Kriegstagebuch des Heeres-Sanitätsinspekteurs, Sanitätsakademie der Bundeswehr.

Waldmann, Anton: Unveröffentlichtes Tagebuch, Wehrgeschichtliche Lehr-
sammlung des Sanitätsdienstes der Bundeswehr.

2. 已出版的资料和文献

Bekämpfung der Alkohol- und Tabakgefahren: Bericht der 2. Reichstagung
Volksgesundheit und Genußgifte. Hauptamt für Volksgesundheit der
NSDAP und Reichsstelle gegen den Alkohol- und Tabakmissbrauch, Berlin-
Dahlem, Reichsstelle gegen den Alkoholmissbrauch, 1939.

Das Deutsche Reich und der Zweite Weltkrieg, herausgegeben vom Militär-
geschichtlichen Forschungsamt, Bd. 4: Der Angriff auf die Sowjetunion,
Stuttgart 1983, sowie Bd. 8: Die Ostfront 1943/44. Der Krieg im Osten
und an den Nebenfronten, Stuttgart 2007.

Der Prozess gegen die Hauptkriegsverbrecher vor dem Internationalen Mi-
litärgerichtshof Nürnberg, 14. November 1945 – 1. Oktober 1946, Bd.
41, München 1984.

Heeresverordnungsblatt 1942, Teil B, Nr. 424, S. 276, »Bekämpfung des Miss-
brauchs von Betäubungsmitteln«, BArch-Freiburg Rh 12–23/1384.

Kriegstagebuch des Oberkommandos der Wehrmacht, herausgegeben von
Percy Ernst Schramm, 8 Bde, Frankfurt/M. 1982 (1961).

Reichsgesetzblatt I, 12.6.1941, S. 328: »6. Verordnung über Unterstellung
weiterer Stoffe unter die Bestimmungen des Opiumgesetzes«.

3. 相关书籍

Aldgate, Anthony, und Jeffrey Richards, »Britain can take it: The British Ci-
nema in the Second World War«, Second Edition, London 2007.

Ballhausen, Hanno (Hg.), »Chronik des Zweiten Weltkrieges«, München 2004.

Bekker, Cajus, »Einzelkämpfer auf See – Die deutschen Torpedoreiter, Frosch-
männer und Sprengbootpiloten im Zweiten Weltkrieg«, Oldenburg und
Hamburg 1968.

Below, Nicolaus von, »Als Hitlers Adjutant 1937–45«, Mainz 1980.

Benjamin, Walter, »Einbahnstraße«, Frankfurt/M. 1955.

Benjamin, Walter, »Gesammelte Schriften«, Frankfurt/M. 1986.

Benn, Gottfried, »Provoziertes Leben: ein Essay«, in: Benn, Gottfried, »Sämt-
liche Werke. Bd. IV: Prosa 2«, Stuttgart 1989.

Benn, Gottfried,»Sämtliche Werke. Bd. I: Gedichte 1«, Stuttgart 1986.

Bezymenskii, Lev,»Die letzten Notizen von Martin Bormann: ein Dokument und sein Verfasser«, München 1974.

Binion, Rudolph,»... daß Ihr mich gefunden habt«, Stuttgart 1978.

Bloch, Marc,»Die seltsame Niederlage: Frankreich 1940«, Frankfurt/M. 1995.

Böll, Heinrich,»Briefe aus dem Krieg 1939–45«, Köln 2001.

Bonhoeffer, Karl,»Psychopathologische Erfahrungen und Lehren des Weltkriegs«, in: Münchener medizinische Wochenschrift, Bd. 81, 1934.

Bradley, Dermot,»Walther Wenck, General der Panzertruppe«, Osnabrück 1982.

Burroughs, William,»Naked Lunch«, Reinbek 1959.

Canetti, Elias,»Masse und Macht«, Frankfurt/M. 1994.

Churchill, Winston,»Zweiter Weltkrieg«, Bde. I u. II., Stuttgart 1948/49.

Conti, Leonardo,»Vortrag des Reichsgesundheitsführers Dr. Conti vor dem NSD-Ärztebund, Gau Berlin, am 19. März 1940, im Berliner Rathaus«, in: Deutsches Ärzteblatt, 1940, Bd. 70, H. 13.

Dansauer, Friedrich, und Adolf Rieth,»Über Morphinismus bei Kriegsbeschädigten«, Berlin 1931.

Eckermann, Johann Peter,»Gespräche mit Goethe«, Frankfurt/M. 1987.

Falck, Wolfgang,»Falkenjahre. Erinnerungen 1903–2003«, Moosburg 2003.

Fest, Joachim C.,»Hitler«, Berlin 1973.

Fischer, Hubert,»Die Militärärztliche Akademie 1934–1945«, Osnabrück 1985 (1975).

Fischer, Wolfgang,»Ohne die Gnade der späten Geburt«, München 1990.

Fleischhacker, Wilhelm,»Fluch und Segen des Cocain«, in: Österreichische Apotheker-Zeitung, Nr. 26, 2006.

Flügel, F. E.,»Medikamentöse Beeinflussung psychischer Hemmungszustände«, in: Klinische Wochenschrift, Bd. 17 (2), 1938.

Fraeb, Walter Martin,»Untergang der bürgerlich-rechtlichen Persönlichkeit im Rauschgiftmißbrauch«, Berlin 1937.

Fränkel, Fritz, und Dora Benjamin,»Die Bedeutung der Rauschgifte für die Juden und die Bekämpfung der Suchten durch die Fürsorge«, in: Jüdische Wohlfahrtspflege und Sozialpolitik, 1932.

Freienstein, Waldemar,»Die gesetzlichen Grundlagen der Rauschgiftbekämpfung, in: Der Öffentliche Gesundheitsdienst, Bd. A, 1936–37.

Friedlander, Henry,»Der Weg zum NS-Genozid. Von der Euthanasie zur Endlösung«, Berlin 1997.

Frieser, Karl-Heinz, »Die Blitzkrieg-Legende – Der Westfeldzug 1940«, herausgegeben vom Militärgeschichtlichen Forschungsamt, München 2012.

Gabriel, Ernst, »Rauschgiftfrage und Rassenhygiene«, in: Der Öffentliche Gesundheitsdienst, Teilausgabe B, Bd. 4, 1938–39.

Gathmann, Peter, und Martina Paul, »Narziss Goebbels – Eine Biografie«, Wien 2009.

Geiger, Ludwig, »Die Morphin- und Kokainwelle nach dem ersten Weltkrieg in Deutschland und ihre Vergleichbarkeit mit der heutigen Drogenwelle«, München 1975.

Gisevius, Hans Bernd, »Adolf Hitler. Versuch einer Deutung«, München 1963.

Goebbels, Joseph, »Die Tagebücher 1924–1945«, herausgegeben von Elke Fröhlich, München 1987.

Gordon, Mel, »Sündiges Berlin – Die zwanziger Jahre: Sex, Rausch, Untergang«, Wittlich 2011.

Gottfried, Claudia: »Konsum und Verbrechen – Die Schuhprüfstrecke im KZ Sachsenhausen«, in: LVR-Industriemuseum Ratingen: Glanz und Grauen: Mode im »Dritten Reich«, Ratingen 2012.

Graf, Otto, »Über den Einfluss von Pervitin auf einige psychische und psychomotorische Funktionen«, in: Arbeitsphysiologie, Bd. 10, H. 6, 1939.

Grass, Günter, »Die Blechtrommel«, Neuwied am Rhein und Berlin-West, 1959.

Guderian, Heinz, »Erinnerungen eines Soldaten«, Stuttgart 1960.

Haffner, F., »Zur Pharmakologie und Praxis der Stimulantien«, in: Klinische Wochenschrift, 1938, Bd. 17, H. 38, 1938.

Haffner, Sebastian, »Anmerkungen zu Hitler«, München 1978.

Halder, Franz, »Kriegstagebuch. Tägliche Aufzeichnungen des Chefs des Generalstabes des Heeres 1939–1942«, herausgegeben vom Arbeitskreis für Wehrforschung in Stuttgart, 3 Bde., bearbeitet von Hans-Adolf Jacobsen, 1962–1964.

Hansen, Hans-Josef, »Felsennest, das vergessene Hauptquartier in der Eifel«, Aachen 2008.

Hartmann, Christian, »Unternehmen Barbarossa – Der deutsche Krieg im Osten 1941–1945«, München 2013.

Hassell, Ulrich von, »Die Hassel-Tagebücher 1938–1944, Aufzeichnungen vom Anderen Deutschland«, München 1999.

Hauschild, Fritz, »Tierexperimentelles über eine peroral wirksame zentralanaleptische Substanz mit peripherer Kreislaufwirkung«, in: Klinische Wochenschrift, Bd. 17, H. 36, 1938.

Heinen, W., »Erfahrungen mit Pervitin – Erfahrungsbericht«, in: Medizinische Welt, Nr. 46, 1938.

Hesse, Reinhard, »Geschichtswissenschaft in praktischer Absicht«, Stuttgart 1979.

Hiemer, Ernst, »Der Giftpilz«, Nürnberg 1938.

Holzer, Tilmann, »Die Geburt der Drogenpolitik aus dem Geist der Rassenhygiene – Deutsche Drogenpolitik von 1933 bis 1972«, Inauguraldissertation, Mannheim 2006.

Ironside, Edmund, »Diaries 1937–1940«, New York 1962.

Jens, Walter, »Statt einer Literaturgeschichte«, München 2001.

Katz, Ottmar, »Prof. Dr. med. Theo Morell – Hitlers Leibarzt«, Bayreuth 1982.

Kaufmann, Hans P., »Arzneimittel-Synthese«, Heidelberg 1953.

Keller, Philipp, »Die Behandlung der Haut- und Geschlechtskrankheiten in der Sprechstunde«, Heidelberg 1952.

Kershaw, Ian, »Hitler 1889–1945 – Das Standardwerk«, München 2008 (1998).

Kielmansegg, Johann, Adolf Graf von, »Panzer zwischen Warschau und Atlantik«, Berlin 1941.

Klee, Ernst, »Das Personenlexikon zum Dritten Reich – Wer war was vor und nach 1945«, Frankfurt/M. 2003.

Kocka, Jürgen und Thomas Nipperdey (Hg.), »Theorie der Geschichte«, Bd. 3, Beiträge zur Historik, München 1979.

Kosmehl, Erwin, »Der sicherheitspolizeiliche Einsatz bei der Bekämpfung der Betäubungsmittelsucht, Berlin«, in: Feuerstein, Gerhart: Suchtgiftbekämpfung. Ziele und Wege, Berlin 1944.

Kramer, Eva, »Die Pervitingefahr«, in: Münchener Medizinische Wochenschrift, Bd. 88, H.15, 1941.

Kroener, Bernhard R., »Die personellen Ressourcen des Dritten Reiches im Spannungsfeld zwischen Wehrmacht, Bürokratie und Kriegswirtschaft 1939–1942«, in: Müller, Rolf-Dieter, und Hans Umbreit, »Das Deutsche Reich und der Zweite Weltkrieg, Bd. 5.1: Organisation und Mobilisierung des Deutschen Machtbereichs, Kriegsverwaltung, Wirtschaft und personelle Ressourcen 1939–1941, Stuttgart 1988.

Leeb, Wilhelm Ritter von, »Tagebuchaufzeichnung und Lagebeurteilungen aus zwei Weltkriegen. Aus dem Nachlaß«, herausgegeben und mit einem Lebensabriss versehen von Georg Meyer, in: Beiträge zur Militär- und Kriegsgeschichte, Bd. 16, Stuttgart 1976.

Lemmel, Gerhard, und Jürgen, Hartwig,»Untersuchungen über die Wirkung von Pervitin und Benzedrin auf psychischem Gebiet«, in: Deutsches Archiv für Klinische Medizin, Bd. 185, 5. und 6. Heft, 1940.

Lewin, Louis,»Phantastica – Die betäubenden und erregenden Genussmittel«, Linden 2010.

Liebendörfer,»Pervitin in der Hand des praktischen Nervenarztes«, in: Münchener Medizinische Wochenschrift, Bd. 87, H. 43, 1940.

Lifton, Robert Jay,»Ärzte im Dritten Reich«, Stuttgart 1998.

Liljestrand, G.,»Poulsson's Lehrbuch für Pharmakologie«, Leipzig 1944.

Linge, Heinz,»Bis zum Untergang«, München 1980.

Long, Tania,»Doctor Describes Hitler Injections«, in: New York Times, 22.5.1945.

Luck, Hans von,»Mit Rommel an der Front«, Hamburg 2007.

Mann, Golo,»Deutsche Geschichte des 19. und 20. Jahrhunderts«, Stuttgart/Mannheim 1958.

Mann, Klaus,»Der Wendepunkt«, Reinbek 1984.

Mann, Klaus,»Treffpunkt im Unendlichen«, Reinbek 1998.

Maser, Werner,»Adolf Hitler – Legende Mythos Wirklichkeit«, München 1997.

Meurer, Christian,»Wunderwaffe Witzkanone – Heldentum von Heß bis Hendrix«, Essay 09, Münster 2005.

Mitscherlich, Alexander, und Fred Mielke,»Medizin ohne Menschlichkeit. Dokumente des Nürnberger Ärzteprozesses«, Frankfurt 1978.

Mommsen, Hans,»Aufstieg und Untergang der Republik von Weimar 1918–1933«, Berlin 2000.

Müller-Bonn, Hermann,»Pervitin, ein neues Analepticum«, in: Medizinische Welt, H. 39, 1939.

Nansen, Odd,»Von Tag zu Tag. Ein Tagebuch«, Hamburg 1949.

Neumann, Erich,»Bemerkungen über Pervitin«, in: Münchener Medizinische Wochenschrift, H. 33, 1939.

Neumann, Hans-Joachim, und Henrik Eberle,»War Hitler krank? – Ein abschließender Befund«, Köln 2009.

Nöldeke, Hartmut, und Volker Hartmann,»Der Sanitätsdienst in der deutschen U-Boot-Waffe«, Hamburg 1996.

Osterkamp, Theo,»Durch Höhen und Tiefen jagt ein Herz«, Heidelberg 1952.

Overy, Richard, J.,»German Aircraft Production 1939–1942«, in: Study in the German War Econowy, zugl. Diss., Queens College, Cambridge 1977.

Pieper, Werner,»Nazis on Speed. Drogen im 3. Reich«, Birkenau-Löhrbach 2002.

Pohlisch, Kurt,»Die Verbreitung des chronischen Opiatmissbrauchs in Deutschland«, in: Monatsschrift für Psychiatrie und Neurologie, Bd. 79, 1931.

Püllen, C.,»Bedeutung des Pervitins (1-Phenyl-2-methylamino-propan) für die Chirurgie«, in: Chirurg, Bd. 11, H. 13, 1939.

Püllen C.,»Erfahrungen mit Pervitin«, in: Münchener Medizinische Wochenschrift, Bd. 86, H. 26, 1939.

Ranke, Otto,»Ärztliche Fragen der technischen Entwicklung«, in: Veröff. a. d. Geb. d. Heeres-Sanitätswesens, 109 (1939).

Ranke, Otto,»Leistungssteigerung durch ärztliche Maßnahmen«, in: Deutscher Militärarzt, H. 3, 1939.

Reko, Viktor,»Magische Gifte: Rausch- und Betäubungsmittel der neuen Welt«, Stuttgart 1938.

Ridder, Michael de,»Heroin. Vom Arzneimittel zur Droge«, Frankfurt 2000.

Römpp, Hermann,»Chemische Zaubertränke«, Stuttgart 1939.

Scheer, Rainer,»Die nach Paragraph 42 RStGB verurteilten Menschen in Hadamar«, in: Roer, Dorothee, und Henkel, Dieter: Psychiatrie im Faschismus. Die Anstalt Hadamar 1933–1945, Bonn 1986.

Schenck, Ernst Günther,»Dr. Morell – Hitlers Leibarzt und seine Medikamente«, Schnellbach 1998.

Schenck, Ernst Günther,»Patient Hitler. Eine medizinische Biographie«, Augsburg 2000.

Schmidt, Paul,»Statist auf diplomatischer Bühne 1923–1945«, Bonn 1950.

Schmölders, Claudia,»Hitlers Gesicht: eine physiognomische Biographie«, München 2000.

Schoen, Rudolf,»Pharmakologie und spezielle Therapie des Kreislaufkollapses«, in: Verhandlungen der Deutschen Gesellschaft für Kreislaufforschung, 1938.

Schramm, Percy Ernst,»Adolf Hitler – Anatomie eines Diktators (5. und letzte Fortsetzung), in: Der Spiegel Nr. 10, 1964.

Schultz, I. H.,»Pervitin in der Psychotherapie«, in: Deutsche Medizinische Wochenschrift, Nr. 51–52, 1944.

Seifert, W.,»Wirkungen des 1-Phenyl-2-methylamino-propan (Pervitin) am Menschen«, in: Deutsche Medizinische Wochenschrift, Bd. 65, H. 23, 1939.

Shirer, William L.,»Aufstieg und Fall des Dritten Reiches«, Köln/Berlin 1971.

Snelders, Stephen, und Toine Pieters,»Speed in the Third Reich: Methamphetamine (Pervitin) Use and a Drug History from Below«, in: Social History of Medicine Advance Access, 2011.

Speer, Albert, »Erinnerungen«, Frankfurt/M. 1969.

Speer, Ernst, »Das Pervitinproblem«, in: Deutsches Ärzteblatt, Januar 1941.

Steinhoff, Johannes, »Die Straße von Messina«, Berlin 1995.

Steinkamp, Peter, »Pervitin (Metamphetamine) Tests, Use and Misuse in the German Wehrmacht«, in: Eckart, Wolfgang, »Man, Medicine, and the State: The Human Body as an Object of Government«, Stuttgart 2007.

Störmer, Uta (Hg.), »Am rätselhaftesten ist das Sein – Tagebücher von Burkhard Grell (1934–1941)«, Berlin 2010.

Sudrow, Anne, »Der Schuh im Nationalsozialismus – Eine Produktgeschichte im deutsch-britisch-amerikanischen Vergleich«, Göttingen 2010.

Thukydides, »Der Peloponnesische Krieg«, Wiesbaden 2010.

Toland, John, »Adolf Hitler«, Bergisch Gladbach 1977.

Udet, Ernst, »Mein Fliegerleben«, Berlin 1942.

Unger, Frank, »Das Institut für Allgemeine und Wehrphysiologie an der militärärztlichen Akademie (1937–1945)«, med. Diss., Medizinische Hochschule Hannover 1991.

Wahl, Karl, »… es ist das deutsche Herz«, Augsburg 1954.

Wellershoff, Dieter, »Der Ernstfall – Innenansichten des Krieges«, Köln 2006.

Wenzig, K., »Allgemeine Hygiene des Dienstes«, Berlin und Heidelberg 1936.

Yang, Rong, »Ich kann einfach das Leben nicht mehr ertragen – Studien zu den Tagebüchern von Klaus Mann (1931–1949)«, Marburg 1996.

Online-Materialien:
»Historische Begründung eines deutschen Chemie-Museums«. Aus www.deutsches-chemie-museum.de/uploads/media/Geschichte_der_chemischen_Industrie.pdf.

http://www.jkris.dk/jkris/Histomed/hitlermed/hitlermed.htm (Hitlers Medikamente).

http://hss.ulb.uni-bonn.de/2005/0581/0581.pdf.

4. 其他文献

Agamben, Giorgio, »Die Macht des Denkens«, Frankfurt/M. 2005.

Allmayer-Beck, Johann Christoph, »Herr Oberleitnant, det lohnt doch nicht!«, Kriegserinnerungen an die Jahre 1938 bis 1945, herausgegeben von Schmidl, Erwin A., Wien 2012.

Beck, Herta, »Leistung und Volksgemeinschaft«, Bd. 61, Husum 1991.

Bitzer, Dirk, und Bernd Wilting, »Stürmen für Deutschland: Die Geschichte des deutschen Fußballs von 1933 bis 1954«, Frankfurt/M. 2003.

Bolognese-Leuchtenmüller, B., »Geschichte des Drogengebrauchs. Konsum – Kultur – Konflikte – Krisen«, in: Beiträge zur historischen Sozialkunde, Nr. 1, 1992.

Bonhoff, Gerhard, und Lewrenz, Herbert, »Über Weckamine (Pervitin und Benzedrin)«, Berlin 1954.

Bostroem, A., »Zur Frage der Pervitin-Verordnung«, in: Münchener Medizinische Wochenschrift, Bd. 88, 1941.

Bracke, G., »Die Einzelkämpfer der Kriegsmarine«, Stuttgart 1981.

Briesen, Detlef, »Drogenkonsum und Drogenpolitik in Deutschland und den USA: ein historischer Vergleich«, Frankfurt/M. 2005.

Buchheim, Lothar Günther, »Das Boot«, München 1973.

Clausewitz, Carl von, »Vom Kriege«, Neuenkirchen 2010.

Courtwright David, T., »Forces of Habit: Drugs and the Making of the Modern World«, Cambridge 2002.

Daube, H., »Pervitinpsychosen«, in: Der Nervenarzt, H. 14, 1941.

Davenport-Hines, Richard, »The Pursuit of Oblivion: A Social History of Drugs«, London 2004.

Delbrouck, Mischa, »Verehrte Körper, verführte Körper«, Hameln 2004.

Dittmar, F., »Pervitinsucht und akute Pervitinintoxikation«, in: Deutsche Medizinische Wochenschrift, Bd. 68, 1942.

Dobroschke Christiane, »Das Suchtproblem der Nachkriegszeit. Eine klinische Statistik«, in: Deutsche Medizinische Wochenschrift, Bd. 80, 1955.

Eberle, Henrik, und Matthias Uhl (Hg.), »Das Buch Hitler«, Köln 2005.

Fest, Joachim, »Der Untergang – Hitler und das Ende des Dritten Reiches: Eine historische Skizze«, Berlin 2002.

Fischer, Hubert, »Der deutsche Sanitätsdienst 1921–1945«, 5 Bde., Bissendorf 1982–1988.

Friedrich, Thomas, »Die missbrauchte Hauptstadt«, Berlin 2007.

Gisevius, Hans Bernd, »Bis zum bitteren Ende. Vom Reichstagsbrand bis zum Juli 1944«, Hamburg 1964.

Goodrick-Clarke, Nicholas, »Die okkulten Wurzeln des Nationalsozialismus«, Graz 1997.

Görtemaker, Heike B., »Eva Braun – Leben mit Hitler«, München 2010.

Grass, Günter, »Beim Häuten der Zwiebel«, Göttingen 2006.

Greving, H., »Psychopathologische und körperliche Vorgänge bei jahrelangem Pervitinmißbrauch«, in: Der Nervenarzt, 14, 1941.

Haffner, Sebastian, »Im Schatten der Geschichte«, München 1987.

Haffner, Sebastian, »Von Bismarck zu Hitler: Ein Rückblick«, München 2009.

Hartmann, Christian, »Wehrmacht im Ostkrieg – Front und militärisches Hinterland 1941/42«, München 2009.

Herer, Jack, und Mathias Bröckers, »Die Wiederentdeckung der Nutzpflanze Hanf«, Leipzig 2008.

Hitler, Adolf und Gerhard L. Weinberg, »Hitlers zweites Buch«, München 1961.

Iversen, Leslie, »Drogen und Medikamente«, Stuttgart 2004.

Jünger, Ernst, »Annäherungen – Drogen und Rausch«, Stuttgart 1980.

Kaufmann, Wolfgang, »Das Dritte Reich und Tibet«, Hagen 2008.

Keyserlingk, H. von, »Über einen pervitinsüchtigen, stimmungsabnormalen Schwindler«, in: Deutsche Zeitschrift für gerichtliche Medizin, 40, 1951.

Klemperer, Victor, »LTI – Notizbuch eines Philologen«, Stuttgart 1998.

Kluge, Alexander, »Der Luftangriff auf Halberstadt am 8. April 1945«, Frankfurt/M, 1977.

Koch, E. und M. Wech, »Deckname Artischocke. Die geheimen Menschenversuche der CIA«, München 2002.

Koch, Lutz, »Rommel – Der Wüstenfuchs«, Bielefeld 1978.

Kohl, Paul (Hg.), »111 Orte in Berlin auf den Spuren der Nazi-Zeit«, Köln 2013.

Kuhlbrodt, Dietrich, »Nazis immer besser«, Hamburg 2006.

Kupfer, Alexander, »Göttliche Gifte«, Stuttgart 1996.

Kutz, Martin, »Deutsche Soldaten – eine Kultur- und Mentalitätsgeschichte«, Darmstadt 2006.

Langer, Walter C., »Das Adolf-Hitler-Psychogramm«, München 1982.

Läuffer, Hermann (Hg.), »Der Spaß ist ein Meister aus Deutschland: Geschichte der guten Laune 1933–1990«, Köln 1990.

Laughland, John, »The tainted Source«, London 1998.

Ledig, Gert, »Vergeltung«, Frankfurt/M. 1999.

Leonhard, Jörn, »Die Büchse der Pandora«, München 2014.

Ley, Astrid und Günther Morsch (Hg.), »Medizin und Verbrechen: Das Krankenrevier des KZ Sachsenhausen 1936–1945«, Berlin 2007.

Maiwald, Stefan, »Sexualität unter dem Hakenkreuz«, Hamburg 2002.

Manstein, Erich von, »Verlorene Siege«, Bonn 2009.

Misch, Rochus, »Der letzte Zeuge«, München und Zürich 2008.

Neitzel, Sönke, und Harald Welzer, »Soldaten – Protokolle vom Kämpfen, Töten und Sterben«, Frankfurt/M. 2011.

Ostwald, Hans, »Sittengeschichte der Inflation«, Berlin 1951.

Overy, R.J., »Hermann Göring – Machtgier und Eitelkeit«, München 1986.

Paul, Wolfgang, »Wer war Hermann Göring?«, Esslingen 1983.

Pauwels, Louis, und Jacques Bergier, »Aufbruch ins dritte Jahrtausend – Von der Zukunft der phantastischen Vernunft«, Bern und Stuttgart 1962.

Piekalkiewicz, Janusz, »Krieg der Panzer – 1939–1945«, München 1999.

Pynchon, Thomas, »Die Enden der Parabel«, Reinbek 1981.

Quincey, Thomas de, »Confessions of an English Opium Eater«, London 2003.

Raddatz, Fritz J., »Gottfried Benn: Leben – niederer Wahn. Eine Biographie«, Berlin 2003.

Reese, Willy Peter, »Mir selber seltsam fremd – Die Unmenschlichkeit des Krieges Russland 1941–44«, Berlin 2003.

Richey, Stephen W., »The Philosophical Basis of the Air Land Battle. Auftragstaktik, Schwerpunkt, Aufrollen«, in: Military Review, Vol. 64, 1984.

Schlick, Caroline (Hg.), »Apotheken im totalitären Staat – Apothekenalltag in Deutschland von 1937–1945«, Stuttgart 2008.

Schmieder, Arnold, »Deregulierung der Sucht«, in: Jahrbuch Suchtforschung, Bd. 2, Münster 2001.

Schmitt, Eric-Emmanuel, »Adolf H. – Zwei Leben«, Frankfurt/M. 2008.

Schmitz-Berning, Cornelia, »Vokabular des Nationalsozialismus«, Berlin 2000.

Schneider, Peter, »Die Lieben meiner Mutter«, Köln 2013.

Schulze-Marmeling, Dietrich, »Davidstern und Lederball«, Göttingen 2003.

Schütte, Uwe, »Die Poetik des Extremen«, Göttingen 2006.

Sharp, Alan (Hg.), »The Versailles Settlement – Peacemaking after the First World War 1919–1923«, 2. Aufl., New York 2008.

Stehr, J., »Massenmediale Dealerbilder und ihr Gebrauch im Alltag«, in: Paul, B. und H. Schmidt-Semisch (Hg.): Drogendealer – Ansichten eines verrufenen Gewerbes«, Freiburg 1998.

Stern, Fritz, »Kulturpessimismus als politische Gefahr. Eine Analyse nationaler Ideologie in Deutschland«, München und Bern, 1963.

Störmer, Uta (Hg.), »Am rätselhaftesten ist das Sein – Tagebücher von Burkhard Grell (1934–1941)«, Berlin 2010.

Theweleit, Klaus, »Männerphantasien«, Reinbek 1982.

Traue, Georg, »Arische Gottzertrümmerung«, Braunschweig 1934.

Twardoch, Szczepan, »Morphin«, Berlin 2014.

Van Creveld, Martin, »Kampfkraft – Militärische Organisation und Leistung der deutschen und amerikanischen Armee 1939–1945«, Graz 2009.

Volkmann, Udo, »Die britische Luftverteidigung und die Abwehr der deutschen Luftangriffe während der Luftschlacht um England bis zum Juni 1941«, Osnabrück 1982.

Wegener, Oskar, »Die Wirkung von Dopingmitteln auf den Kreislauf und die körperliche Leistung«, Flensburg/Freiburg 1954.

Weiß, Ernst, »Ich – der Augenzeuge«, München 1966.

Wette, Wolfram, »Militarismus in Deutschland«, Darmstadt 2008.

Wissinger, Detlev, »Erinnerungen eines Tropenarztes«, Books-on-Demand 2002.

Wisotsky, S., »A Society of Suspects: The War on Drugs and Civil Liberties«, in: Gros, H. (Hg.): Rausch und Realität. Eine Kulturgeschichte der Drogen, Bd. 3, Stuttgart 1998.

Wulf, Joseph (Hg.), »Presse und Funk im Dritten Reich«, Berlin 2001.

Zuckmayer, Carl, »Des Teufels General«, Stockholm 1946.

图片来源

第 10、40、80、81 页：Temmler Pharma GmbH & Co KG，Marburg

第 11 页（上图）：Norman Ohler

第 11 页（下图）：Joachim Gern，Berlin

第 24 页：Bundesarchiv Berlin

第 28 页：Hiemer, Ernst,»Der Giftpilz：ein Stürmerbuch für Jung und Alt«，Nürnberg 1938

第 42、101、120：Landesarchiv Berlin

第 52、54 页：Archiv Erbengemeinschaft Heinrich Böll，© Samay Böll

第 60、61、62、67、76、104、231、235、238 页：Bundesarchiv-Militärarchiv Freiburg

第 115 页：Peter Steinkamp

第 132、229 页：Militärhistorisches Museum der Bundeswehr，Dresden/Foto：Andrea Ulke

第 148、176 页：ullstein bild，Berlin

第 151、262、263：National Archives at College Park，MD

第 163、166、185、194、198：Bundesarchiv Koblenz

第 196、208 页：laif

第 224 页：Picture alliance / WZ-Bilderdienst

第 227 页：© Humboldt-Universität zu Berlin，Universitätsbibliothek

第 240 页：Historische Sammulung der Marineschule Mürwik

人名、事件及地名索引

（以下页码皆为原书页码，即本书边码）

图书在版编目（CIP）数据

亢奋战：纳粹嗑药史 /（德）诺曼·奥勒
（Norman Ohler）著；强朝晖译 . -- 北京：社会科学文
献出版社，2018.10（2024.8 重印）
　　ISBN 978 - 7 - 5201 - 2806 - 3

　　Ⅰ.①亢… 　Ⅱ.①诺… ②强… 　Ⅲ.①德意志第三帝
国 - 毒品 - 社会生活 - 史料　Ⅳ.①K516.44 ②D751.68

　　中国版本图书馆 CIP 数据核字（2018）第 103638 号

亢奋战：纳粹嗑药史

著　　者 /［德］诺曼·奥勒（Norman Ohler）
译　　者 / 强朝晖

出 版 人 / 冀祥德
项目统筹 / 董风云
责任编辑 / 张金勇　张　骋
责任印制 / 王京美

出　　　版 / 社会科学文献出版社·甲骨文工作室（分社）（010）59366527
　　　　　　地址：北京市北三环中路甲 29 号院华龙大厦　邮编：100029
　　　　　　网址：www. ssap. com. cn
发　　　行 / 社会科学文献出版社（010）59367028
印　　　装 / 北京盛通印刷股份有限公司

规　　　格 / 开　本：889mm × 1194mm　1/32
　　　　　　印　张：10.625　字　数：247 千字
版　　　次 / 2018 年 10 月第 1 版　2024 年 8 月第 4 次印刷
书　　　号 / ISBN 978 - 7 - 5201 - 2806 - 3
著作权合同
登 记 号　/ 图字 01 - 2016 - 7552 号
定　　　价 / 69.00 元

读者服务电话：4008918866